GUANGFUWENHUA

第6辑

纪德君 曾大兴

廣府文化

中国社会科学出版社

图书在版编目（CIP）数据

广府文化．第6辑/纪德君，曾大兴主编．—北京：中国社会科学出版社，2020．5

ISBN 978－7－5203－6250－4

Ⅰ．①广…　Ⅱ．①纪…②曾…　Ⅲ．①文化史—研究—广东　Ⅳ．①K296．5

中国版本图书馆CIP数据核字(2020)第059368号

出 版 人　赵剑英
责任编辑　郭晓鸿
特约编辑　张金涛
责任校对　王佳玉
责任印制　戴　宽

出　　版　中国社会科学出版社
社　　址　北京鼓楼西大街甲158号
邮　　编　100720
网　　址　http://www.csspw.cn
发 行 部　010－84083685
门 市 部　010－84029450
经　　销　新华书店及其他书店

印　　刷　北京明恒达印务有限公司
装　　订　廊坊市广阳区广增装订厂
版　　次　2020年5月第1版
印　　次　2020年5月第1次印刷

开　　本　710×1000　1/16
印　　张　20．25
插　　页　2
字　　数　255千字
定　　价　99．00元

凡购买中国社会科学出版社图书，如有质量问题请与本社营销中心联系调换
电话：010－84083683

目　录

侨乡文化与海外传播

文学与地理

历史与文献

侨乡文化与海外传播

开平碉楼文化琐记

陈　方

2007年6月，“开平碉楼与村落”获称联合国世界文化遗产，成为中国第35处、广东首处世界文化遗产。对于它的价值认定，诚如国际古迹遗址理事会的推荐语所说：“中西建筑艺术在这里巧妙结合，与优美的自然环境和谐共生，它直观而又集中地展现了近代中外文化在乡村交流的历史进程，不仅传递着如今遍布全球的千千万万华侨丰富的历史信息，而且记载着美洲、欧洲、大洋洲和亚洲等国家发展的历程和文化特征。”这是其价值主体。同时，“它有着悠久的历史渊源，其发展与本地稻作农业社会的生活习俗和文化传统密不可分。”这也揭示了它的历史文化价值所在。本文就碉楼的历史文化做点追溯。

碉楼原非是一个专名，甚至连权威的辞书也不立词条。[①] 古代文献用它时，是汉族人指称西南羌藏蛮夷地区一种塔楼式防御性建筑——碉。如较早记载的《后汉书·南蛮西南夷列传》说：“冉駹夷者，武帝所开。元鼎六年，以为汶山郡。至地节三年，夷人以立郡赋重，宣帝乃省并蜀郡为北部都尉。其山有六夷七羌九氏，各有部落。……皆依山居止，累石为室，高者至十余丈，为邛笼。”唐李贤

① 参见《中国大百科全书·建筑园林城市规划》，中国大百科全书出版社1988年版。

注“邛笼”曰：“按今彼土夷人呼为‘雕’也。”[①] 雕即碉，按分两种，一种是专门用于战事的碉堡，如清代羌人对付乾隆征伐大小金川的碉堡；另一种是可居可守的碉房，至今仍是羌藏地区的特色建筑。近人徐珂《清稗类钞》对后者有述介：“川边蛮房之大者名碉。式如立方体，建楼数层。最上一层即房顶，平坦如地，以石砾和黄泥面之，厚尺许，为天沟，防雨水积滞下漏。蛮民收获庄稼，往往晒晾于上。……中楼乃蛮民为经堂、厨房、小室诸处。……最下一层，为马牛羊所居，粪秽不堪。蛮民之出入必经此处，关外瘟疫时行皆由此也。墙之构造亦以石和黄泥为之，其梁之两端穿墙内，中间之节合则以柱抬之，不施钉笋，有力者能摇动之，故遇地震全部俱倾。”[②] 按现今袭用碉楼之名指称汉族建筑时，亦应有具备防卫功能和居住功能二义。从防卫功能而言，一般又称炮楼、碉堡、堡垒等；从居住功能而言，一般又称高楼、阁楼、洋楼等。总之，碉楼庶可解作具备防卫功能和栖居功能的高层或多层的土木砖石（近代用钢筋水泥）构筑。

碉楼的基本功能在于防御，而我国防御性建筑的渊源在城筑，即墨子所谓“城者，所以自守也”[③]。考古发现，早在龙山文化的中晚期（相当于文献记载的夏代初期）已有城堡建筑，比较重要的有三处遗址：王城岗城堡遗址（位于河南省登封县告成镇）、平粮台城堡遗址（位于河南省淮阳县）和城子崖遗址（位于山东省章丘县龙山镇）。[④] 可见我国城防设置历史悠久，工事成熟。春秋战国时代，战争十分频繁，筑城、守城成为争霸天下、维护国力的根本战术，列国纷纷修筑城池，扩张城防。如春秋时鲁国只算中等国力，却加固城池23

---

① （南朝·宋）范晔：《后汉书》卷86《南蛮西南夷列传》，中华书局1965年版，第2858页。

② （清）徐珂：《清稗类钞·第宅类·蛮房》，海南国际新闻出版中心1996年版，第70页。

③ 吴毓江：《墨子校注》卷1《七患》，中华书局1993年版，第36页。

④ 参见杨宽《中国古代都城制度史研究》，上海古籍出版社1993年版，第12页。

座，新筑台邑 11 座[1]，已经僭越天子之制，其他强国更是有过之而无不及。至战国七雄，则更大规模地修筑长城，有齐长城、楚长城、魏长城、燕长城、赵长城和秦长城等。秦始皇吞并六国后，在燕赵秦旧有长城基础上，缮筑连成西起临洮、东至辽东的万里长城。[2]

城防之功固然来自城墙的高峻厚实（十来米），还有赖于一系列防御设施。城墙每隔 60 步距离构建一个向外凸出的矩形墩台，俗称马面，利于观察外敌与交叉射击；城上筑起小而高的台城，占据居高临下之势，是为碉楼的原始形态。城池的四周正面都筑有门楼或敌楼，以应付敌人正面攻袭，外围四角也筑有角楼，以应对敌人围困。城上百步一楼，每楼高广四楹，上装兵器，中储粮食，还可驻扎士兵，配备指挥员。城堡另有高出的塔式候楼，亦即望楼，立于城台之上，亦可居临御敌，接收情报。至于发现敌情，发布情报，昼则举烽，夜则举火，则由烽燧（烽火台）行使。[3]

烽燧在汉代是边防关塞的军事编制，设置所在大者曰城，其次曰障、曰塞，其次曰亭、曰燧，最小曰烽、曰候。因为亭是内地固有的地区行政编制，官署所在，移置边塞，故有亭障、亭塞、亭燧、亭候等之称。塞上之亭，既管邮传、旅宿之事，也主管警备候望之事，故谓亭候。亭障较亭传、亭候、亭燧为大，有城垣，又称障城或候城，是所辖防线候官屯驻的城堡，堡内有屋舍仓库和军事设施。亭燧则是烽火台周边设置的墙垣据点，驻兵防守，因此必筑营坞，即具备门墙房屋望楼烽台的坞堡（坞壁）。[4] 近代以来，在这些西北边塞城堡出土的居延汉简和敦煌汉简都大量记录了这些关防生活。

---

① 参见（清）顾栋高《春秋大事表》卷 38《春秋城筑表》，中华书局 1993 年版，第 2146 页。

② 参见王国良《中国长城沿革考》，商务印书馆 1931 年版。

③ 参见《墨子》卷 14《备城门》《备临高》，卷 15《号令》《襍守》诸篇。

④ 参见贺昌群《烽燧考》，《贺昌群文集》第一卷，商务印书馆 2003 年版，第 134 页。

坞壁原是军事组织形态，遭逢昏乱时世，遂成豪强世族维护自身利益的军备化社会组织形态。两汉之际，时政昏暗，豪强世族加紧兼并土地，积极聚敛财富，网罗流民宾客，组织私人武装，建起坞壁庄园。像汉光武帝刘秀的外祖樊重，在南阳“开广田土三百余顷，其所起庐舍，皆有重堂高阁，陂渠灌注。又池鱼牧畜，有求必给”，“广起庐舍，高楼连阁，波陂灌注，竹木成林，六畜放牧，鱼嬴梨果，檀棘桑麻，闭门成市。兵弩器械，赀至百万。其兴工造作，为无穷之功，巧不可言，富拟封君”；其子樊宏亦“与宗家亲属作营堑自守，老弱归之者千余家”。[①] 东汉这类“豪人之室，连栋数百，膏田满野，奴婢千群，徒附万计”[②] 的坞壁庄园普遍存在。值得注意的是，豪强世族拥有家兵部曲，他们既是护卫家园的武装，又是侵害社会的力量，有时甚至直接干预国家政治，如光武“时赵、魏豪右往往屯聚，清河大姓赵纲遂于县界起坞壁，缮甲兵，为在所害”[③]。最为人所知者无过于汉末弄权一时的董卓所建郿坞，“高厚七丈，号曰‘万岁坞’。积谷为三十年储。自云：‘事成，雄据天下，不成，守此足以毕老。’”董氏被诛后，他的部曲即参与了李傕、郭汜之乱政。[④]

历史发展到今天，庄园坞壁业已荡然无存，所幸大量出土的汉代明器形象地再现了它的实况。在陶制明器中，就平面布局和结构形态看，细者井亭、灶厨、畜圈、厕所等，中者民居、仓廪、院廊、墙垣等，大者望楼、仓楼、台榭、坞壁等，甚至屋顶、斗拱、脊饰、门窗等细节，无不全景再现当时坞壁的生态状况和生活场面。陶坞壁一般为墙垣围闭的方形城堡，城墙高峻，前后开门，门上有楼，堡体四隅

① 分见（南朝·宋）范晔《后汉书》卷32《樊宏列传》，中华书局1965年版，第1119页；（北魏）郦道元《水经注》卷29《比水》，中华书局2007年版，第693页。

② （南朝·宋）范晔：《后汉书》卷49《仲长统列传》所载仲氏《昌言》语，中华书局1965年版，第1648页。

③ （南朝·宋）范晔：《后汉书》卷77《酷吏列传》，中华书局1965年版，第2492页。

④ 同上书，第2319页。

亦有楼橹。城内有轴线布局的院落宅屋，陶院呈四合院形式，楼体高大，门楼角楼都有战备设施。城堡中轴线上往往有高层望楼，三层到五层，楼顶望台设棚顶，设旗鼓，每层常见武士俑，或作弓射样子，见证豪族私家武装之史实。陶楼、陶城堡的出土从北方中原到南方岭南都有，形态略似，反映出汉武帝平定南越后中原移民迁徙岭南，促进本地汉化进程，汉越文化融合的境况。

坞壁既是豪强世族（坞主）统领宗族乡里（堡民，其中有避役流民加入）为逃避战乱或赋役而建立的小型社会组织，在战乱动荡的时世里多少也给民众带来些生活安定。当无人不道东晋陶潜所构“桃花源”这片天地是个乌托邦时，史学家陈寅恪敏锐察觉它就是当时坞壁的真实缩影。他指出，“西晋末年戎狄盗贼并起，当时中原避难之人民，其不能远离本土迁至他乡者，则大抵纠合宗族乡党，屯聚坞壁，据险自守，以避戎狄寇盗之难”，并举晋人庾衮、苏峻、祖逖、郗鉴为证，证明真实之桃花源在北方之弘农，或上洛。① 而另外两位史学家吕思勉和唐长孺则认为坞壁同样存在于南方，当时土著越蛮与流寓华族相杂，为了逃避赋役，依据险阻山川，建立坞壁以自存。② 事实上，当时广州地区也是如此，《南齐书》载：“广州镇南海。滨际海隅，委输交部，虽民户不多，而俚獠猥杂，皆楼居山险，不肯宾服。”③ 所谓“楼居”者，坞壁碉楼也。“不肯宾服”者，其武装足御官兵也。南朝刘宋时，史学家范晔与孔熙先谋反，事先联络“广州人周灵甫有家兵部曲，熙先以六十万钱与之，使于广州合兵”④。广州地

---

① 陈寅恪：《桃花源记旁证》，《金明馆丛稿初编》，上海古籍出版社 1980 年版，第 168 页。

② 分见吕思勉《山越》，《燕石札记》，商务印书馆 1937 年版，第 99 页；唐长孺《读“桃花源记旁证”质疑》，《魏晋南北朝史论丛续编》，生活·读书·新知三联书店 1957 年版，第 163 页。

③ （南朝·梁）萧子显：《南齐书·州郡志》，中华书局 1972 年版，第 262 页。

④ （南朝·梁）沈约：《宋书》卷 69《范晔列传》，岳麓书社 1998 年版，第 1013 页。

区建坞壁、拥家兵的情况一直存在，在元末大动乱时，东莞何真，南海区禹民、关敏、张仲贤、梁曾甫等率兵丁皆屯聚保境，收留流逋，兴举“义兵”，平定“贼众”①，略可窥见广州地区保聚之盛。

保聚之盛的另一重要原因，乃为南迁移民的驻扎定居。现今粤中珠三角各家族谱、官私方志，异口同声其祖先是从南雄珠玑巷南迁来的。《台山县乡土志》云：“五（吾）邑民族先祖，先后移徙安徽、西□、由（宋）理宗而至度宗之时，长江不守又移入广东南雄，以为在五岭之南，可以安全无忧，故一致住在珠玑巷。”《开平县志》卷二云：“广东南部其民族多迁自南雄珠玑巷。广州志谓中原衣冠，北宋时避金人之寇徙居南雄。广州士族多发源于此。今参查开平族姓各谱，其由珠玑巷来者，有自五季时已南徙广州，凡三迁而后至于本境。”《新会县乡土志》云：“新会县全境分三大区：曰邑城、曰东北、曰西南。乡村无虑七百余。男口逾万者十余族，千口以上者，偻指不胜数矣，综查各谱，其始迁本境之祖，皆唐以后人。至宋度宗咸淳九年，由南雄珠玑巷迁至者，约占全邑氏族之六七焉。”② 珠玑巷移民名声最著者为宋代居民罗贵南迁事件。《开平乡志》叙曰：“狮子罗村，其先世宝兆，随宋太祖渡江讨叛，至广东南雄始兴县，遂家居焉。七代贵翁（即罗贵），绍兴元年（1131）从南雄迁蓢底，即今新会良溪也。贵次子利用分居开平狮子罗村，男女人数约七千余。”③ 据各族谱载，宋度宗时，宫中苏妃被打入冷宫，乃潜逃漂泊，遇南雄府始兴郡保昌县牛田坊富民黄贮万收留，带回乡里。皇上敕命兵部行文各省缉访，经年不得。后黄氏家人走漏消息，兵部乃围剿牛田坊，时

---

① 参见（明）黄佐《广州人物传》卷11何真传、区禹民传；卷17关敏传、张仲贤传、梁曾甫传。广东高等教育出版社1991年版，第270、426页。

② 均见《南雄珠玑巷南迁氏族谱·志选集》，非营利性出版物，1994年4月，第151、170、221页。

③ 同上书，第157页。

坊中珠玑村贡生罗贵，已居此地有七代之久，主导与其他58村97户商议迁徙他乡，“素闻南方烟瘴地面（即今珠三角），田多人少，堪辟住址”（《赴始兴县告亲迁徙词》），遂率领33姓97家人南迁，并获得官府批准，“准迁移安插广州、冈州、大良都等处，方可准案曾立图甲，以定户籍，现辟处以结庐，辟地以种食，合应赋税办役差粮毋违。”（《冈州知县李丛芳批词》）终于落脚蓢底，今新会棠下良溪村。① 而良溪随后又成为各族姓移民向外迁徙的“后珠玑巷”了。如今，跨越千年的良溪村周边高地还有明代夯筑的护堡土墙，在密集村舍制高处矗立着民国初年重建的护村碉楼镇北楼，隐约可见当年移民坞堡之遗址。

粤地保聚之盛的又一重要原因，乃在乡土寇盗匪患之剧炽。粤地本来生产生活资源困窘荒废，无论官府与民众、土著蛮族与开发生民、原住民与外来民、本土与客家，无时无地不处争夺之势，复杂的社会矛盾必然导致剧烈的社会暴力，故而世人早有“百粤之民，善于为盗，见利如膻，杀人如饴，其天性也”之见②，又有“粤人性质既刚，其流而为盗贼者，则更进而为犷悍。粤盗之盛甲全国”之说，造成“外郡土客，仇杀未已，且不受官劝。乡村族居，多建炮台”之局面。③ 粤中边海局面尤为险恶，清人谢兰生有曰：“粤俗滨海，匪民滋多，始尚易缉，久则难薙。况溪峝阻深，港汊错交，潜踪混迹，耳目弗同，逮乎啸聚，不可为理。……至于新宁（今台山）一邑，自海口巡防以逮傜民、蜑民、会匪、洋匪……”云云。④ 由此，台山、开平

---

① 并见黄慈博《珠玑巷民族南迁记》，《南雄珠玑巷人南迁史话》，中山大学出版社1991年版，第1页；曾昭璇等《珠玑巷宋代居民罗贵南迁事件》，《珠玑巷人迁移路线研究》，暨南大学出版社1995年版，第171页。

② （明）王临亨：《粤剑编》卷2《志土风》，中华书局1987年版，第74页。

③ 胡朴安：《中华全国风俗志·广东》，河北人民出版社1986年版，第368页。

④ （清）谢兰生：《谢稼轩明府宦游集后序》，李若晴等整理《常惺惺斋日记（外四种）》，广东人民出版社2014年版，第353页。

等地碉楼遍地之故，不言自明。

在赋役与逃避、保聚与迁徙、盗贼与防御的巨大张力下，粤地碉楼成为几百年来广东的地标景观，它实际既营构了粤地的建筑，更改变着粤民的生活。试引明清人所见所闻以概之。明人王士性谓："南中造屋，两山墙常高起梁栋上五尺余，如城垛然，其内近墙处不盖瓦，惟以砖甃成路，亦如梯状，余问其故，云近海多盗，此夜登之以瞭望守御也。"① 明人叶权则谓："自南雄至广州可八九百里，大抵秃山怪石，人烟稀少，群蛮出没。韶州、英德近水次，舟过稍安妥，余皆荒落。有人家处，必据高山重险，筑堡壁。蛮至，驱牛羊妇女老弱居之，以毒弩自守，蛮亦不敢犯。但仓猝不能保堡则殆。"② 清人屈大均谓："广州诸大县，其村落多筑高楼以居。凡富者必作高楼，或于水中央为之。楼多则为名乡。遥望木棉榕树之间，矗立烟波，方正大小，一一相似，势如山岳之峙，皆高楼也。楼基以坚石，其崇一丈七八尺；墙以砖或牡蛎壳，其崇五六丈。楼或单或复，复者前后两楼，盘回相接。雨水从露井四注，名曰回字楼。罩以铁网铜罛，隐隐通天。楼内分为三重，每重开三四小牖以瞭望。顶为战棚，积兵器炮石其上，以为御敌之具。寇至则一乡妇女，相率登楼；男子从楼下力斗。斗或不胜，则寇以秋千架巨木撞楼，或声大铳击之，或以烟火焚熏，楼中人不能自固，争从楼窗自堕，以求缓须臾之死，惨不可言。是楼虽壮观瞻，亦寇盗之招，此乡落之莫可如何者也。"③ 清人罗天尺亦谓："顺德，割南海三都膏腴，人民富庶，水乡为多，聚族以处，烟火稠集，楼房高至五六丈，遥望之如浮阁，高出林表，参差不一。最富豪者，有回字楼，高倍之，四檐落水，内阁三层，中有八柱，厅下有井

---

① （明）王士性：《广志绎》卷4《江南诸省》，中华书局1981年版，第103页。

② （明）叶权：《贤博编·游岭南记》，中华书局1987年版，第42页。

③ （清）屈大均：《广东新语》卷17《高楼》，中华书局1985年版，第469页。

有窖，积柴米其上，虽有寇盗，可数十日守，俨若一城墉焉。”①

回眸开平，古碉楼有三：1. 迓龙楼，现存，位于赤坎区芦阳乡三门里，始建于明嘉靖年间。它背北向南，楼分3层，高约10米，壁厚近93厘米，占地面积152平方米强。全用大型红砖结砌，碉楼四角突出，每层四角均有枪眼，底层正面开有一圆顶门，门的两边各开一个四方形的小窗。每层均分中厅和东西耳房，楼顶为中国传统建筑硬山顶。2. 瑞云楼，已毁，原位于赤坎区井头里，建于明末崇祯十七年（1644）。一有贼寇扰乱，村人亦到楼躲避。3. 奉父楼，已毁，建于清初。“清初盗炽，许龙所妻某氏被虏，子益将备金议赎。某氏语使人曰：‘母不必赎，但将此金归筑高楼以奉尔父足矣。’是夜投崖而死。益将遵命筑楼奉父。”（民国二十一年《开平县志》卷44，页3）至于清代开平碉楼的情况已是文献不足，更无实物可考。“自建县以来离水火而登衽席，释干戈修礼让，曩日之荒屯废堡悉为耕牧之场矣。”（民国二十一年《开平县志》卷20前事，页30）② 自此以后，从鸦片战争到抗日战争，有了海外华侨及其侨汇，有了外来技术及其材料，侨乡碉楼也就如雨后春笋般遍地开花了。

开平碉楼按其功能，略可划分若干类型。1. 堡楼。原型乃古代坞堡敌楼，用以抗御寇侵保卫村庄。一般处于村中心脏地带，如宗祠背后，或制高点，高出村舍之上，便于瞭望与御敌。碉楼四角突出角堡枪眼（燕子窝），内存武器。楼中可贮粮食，可栖守卒。若赤坎三门里迓龙楼、塘口安荣村强亚楼、塘口潭溪村宝树楼等皆是。2. 望楼。因其用于更守，又称更楼；楼上燃灯传递情报，又称灯楼。原型乃古代坞堡望楼，用以预探敌情狙击入侵者。一般处于村口开阔地带，或

---

① （清）罗天尺：《五山志林》卷6《回字楼》，林子雄点校《清代广东笔记五种》，广东人民出版社2015年版，第135页。

② 以上见开平县华侨博物馆编《开平县文物志》，广东人民出版社1989年版，第76、121页。

制高点，村民尽可见处，便于瞭望与预警。碉楼高窄，每层只开小窗，四面布满枪眼，楼顶平台出挑，放置更鼓、灯火、旌旗等。若赤坎腾蛟村南楼、塘口方氏灯楼、蚬冈南兴里边筹筑楼等皆是。3. 门楼。原型乃古代坞堡门楼，用以门禁盘查防止入侵。一般处于村口要塞，便于截查。楼多两层，或有多层，首层门户狭窄，有的两侧设置小堡垒；二层以上前后有望孔，四面有枪眼，四角有燕子窝。若塘口朝阳里门楼、蚬冈联登村门楼、大沙大塘村迎龙楼等皆是。4. 宅楼。即屈大均所谓“高楼”者，原本粤中珠三角富豪之住宅，在开平称为“庐”，即今所谓别墅。一般有三四层，选址多是村边坦阔之处，单独建造，若赤坎蓝兴村彬庐、塘口黄金村永益居庐等皆是；个别以组群出现，若赤坎永安北村庐群、百合均和村庐群等皆是。庐层平面以传统的三间两廊为基本格局，但房间四面尽开窗户；或吸收西式别墅形式，室内间隔亦有所变化，室外或呈八角形和凸出处。宅式碉楼乃将碉楼元素融入庐中，楼身保存庐的格局，上层出挑挑台，做成柱廊形式，外围栏杆或女墙，四角凸出“铳斗”（燕子窝）。楼顶设计则充满西式建筑元素，有仿欧洲教堂式，仿伊斯兰寺院穹顶式，仿意大利穹顶式，仿罗马敞廊式，仿英国塞堡式，不一而足，亦有传统式或折中式者。若被誉为“开平第一楼”的蚬冈锦江里瑞石楼、赤坎草湾里吉祥楼、塘口自力村云幻楼等皆是。还有碉楼元素与庐宅元素融合的“裙式碉楼”，即在碉楼前部加建一座平房或两层住宅，格局多为传统的三间两廊，方便日常生活，减少动辄上楼之劳。若塘口自力村铭石楼、百合松兴村姊妹楼等皆是，但这类碉楼却不多。

（陈方：中山大学资讯管理学院副教授）

以方言、地缘和血缘为纽带的侨批传递

——以仄纸在四邑地区的传递为例

蒙启宙

仄纸在美洲①等地出现后被当地华侨用于传递家信和钱银，成为主要流通于美洲和广府地区的侨批形式。由于仄纸以银行汇票为载体，有背书转售等特点，故往往被视为一种银行票据业务，学术界很少把它放在国际移民、国际交往、国际贸易以及国际金融的形成与变迁等宏大的历史背景中加以分析研究。事实上，仄纸成为侨批后便脱离了银行汇票的母体，并被赋予了丰富的文化内涵，成为联系美洲华侨、华人与广府侨眷的精神和物质纽带，影响着广府地区的社会变迁。

侨批是特殊历史时期的侨汇形式，主要分为美洲侨批和南洋侨批两种。在某种意义上，侨批形成和发展的关键在于从事侨批活动的机构和个人能够通过侨款的汇兑获得利润：一方面通过选择最便捷的传递形式获取最大的商业利润；另一方面通过选择最可靠的买卖方式获取最高的投资利润。这些建立在族群、地缘和血缘基础上的侨款兑换活动充满了活力。

基于上述考虑，本文通过还原历史语境和文化氛围，发掘仄纸侨

① 近代广府地区将侨民的活动范围分为南洋与美洲两个区域，因此，本文所指的“美洲”是指南洋以外的区域，包括美洲、欧洲、非洲和大洋洲等区域。

批在四邑地区传递过程中所蕴含的乡土金融和侨乡文化内涵，勾勒出近代广府侨乡在中西方文化的碰撞下所呈现的多元而复杂的社会关系以及丰富而无奈的侨民生活。

一　早期的美洲信汇

美洲信汇法“约滥觞于十九世纪六十年代”[①]。而南洋票汇法也始载于19世纪中后期[②]。因此，美洲侨批与南洋侨批是同根同源的两大侨批分支，其差异主要源于不同侨居国之间以及国内不同祖籍地之间的生活习俗与文化差异。

美洲华侨的地域家族观念十分浓厚，漂泊到哪里就在哪里组织同乡会、会馆之类的华侨团体，以此来维持传统的文化和生活习俗，联络感情。19世纪60年代，美国旧金山有永用、合和、广州、勇和、三邑及恩和（分别代表当时广东省的6个县份）6家会馆，专门办理招募华工、华侨登记、仲裁纠纷以及代华侨寄递信件、转送款项等事宜，同时兼营对中国的进出口业务。每家会馆与美国各大轮船公司及中国各口岸皆有联络，并有专人往来于旧金山与中国各口岸之间，将华侨的信款带返回国。在香港或广州设有联号组织，在中山四邑等地设有代理处，每家会馆的会员人数从数百人至数千人不等，是美洲早期的侨批局。

美洲侨批局只向会员提供服务，“经办侨汇的美洲商号也有固定主顾，非同乡即同族”，是一个地域特色浓厚、以方言为主要划分依据的组织，这也导致了美洲侨汇只能在一个自我封闭、“地方色彩很深的圈子”里流动，从而制约了美洲侨批业的发展。

---

① 姚曾荫：《广东省的华侨汇款》，商务印书馆1943年版，第9页。

② 刘佐人：《批信局侨汇业务的研究》，《金融与侨汇综论》，广东省银行经济研究室1947年12月6日编印（内部资料），第55页。

仄纸的出现为美洲华侨提供了更为快捷安全的传递工具。例如，美洲华侨以传统的信汇方式传递侨汇，“经过繁琐手续之后”“交至侨眷手里时，非三两月不可”，而“一笔电汇款由纽约至台山仅费时二十四点钟”，以仄纸的方式传递侨汇“一方面免受损失，一方面可省去六分之五的时间”。①

“自新式银行的仄纸汇款法被侨民普遍利用以来，此种（早期）信汇业务便一落千尺”，美洲侨批局成为“完全是便利同乡汇款的一种组织”。② 而南洋“批局仍根深蒂固”的情况下，美洲侨批局的经营模式不仅影响了国内美洲侨批的兑换商号，也影响了美洲水客的生存。这些“来往美洲及南洋各地为侨民携带信款返国，颇著劳绩”的国外水客，“自较有组织的侨汇机关相继建立及仄纸汇款法被普遍采用后，遂逐渐趋于没落”。③ 到了19世纪末，往来于美洲与广府地区的水客已经消失了。④

二　晚期的美洲信汇

仄纸是晚期美洲信汇的主要形式，是银行汇票、支票⑤等票据的总称，取其英文check的译音而命名。在侨批领域，仄纸是指“由银行开发汇票，交与汇款人直接寄交，收款人持往付款行收款”⑥ 的整个过程。因此仄纸具有侨款和侨信两个属性，是侨批的一种形式，但习惯上仍然称为仄纸。仄纸的称谓也相当多。有从性质上称为银仄、赤纸⑦、仄票等；有从货币单位上称为港纸仄、美金仄、先令仄、佛

---

① 《台山侨汇逃港裹因》，《环球报》1948年1月27日第3版。

② 姚曾荫：《广东省的华侨汇款》，商务印书馆1943年版，第11页。

③ 同上书，第16页。

④ 刘佐人：《批信局侨汇业务的研究》，《金融与侨汇综论》，1947年12月6日编印（内部资料），第54页。

⑤ 容华绶：《广东侨汇回顾与前瞻》，《广东省银行季刊》1941年（第1卷第1期），广东省银行经济研究室编印。

⑥ 载《粤中侨讯》1947年（第5期），广州中国银行侨汇股编印（内部资料）。

⑦ 同上。

即仄、国币仄及毫券仄等；也有从功能上将美金汇票称为“通天金仄”，将香港汇票称为“港行仄纸”[①]，或将由香港各银行付款的港币汇票称为“港仄”[②]，等等。最直接的称谓是侨仄。

仄纸最早主要用于国际结算。“道光七年（1827），美国与中国的鸦片贸易已采用银行汇票，其法即由美国开出伦敦汇票，携到广东出售。而由鸦片商购入后携至加尔各答等地转售，往伦敦取款。”[③]

由于仄纸具有传统侨批所难以比拟的优势，故被美洲华侨用于传递侨款和侨信后广泛流通于美洲和广府地区之间，其中以四邑地区的流通量最多。如1937年，流入广府地区的仄纸侨汇为7200万美元，其中流入台山、开平、鹤山、恩平的仄纸侨汇为6150万美元，占比为85.4%。[④] 仄纸的来源地相当广泛，包括美洲、欧洲、大洋洲以及非洲等国家和地区。在广府地区流通的仄纸，以美国的大通银行、运通银行及万国宝通银行发出的仄纸最为常见，汇丰、渣打、有利、荷兰、安达等银行仄纸稍少，国内银行发售的仄纸并不多见。1920—1950年，代仄纸的使用达到鼎盛时期，此时恰恰是四邑地区兴建碉楼的鼎盛时期。20世纪70年代，随着侨批业务并入中国银行，仄纸逐步退出历史舞台。2013年，包括仄纸在内的侨批成为世界记忆遗产。

三　仄纸的特征

仄纸分记名票和不记名票两种。“记名票须收款人提出证件证明确为收款人，或觅具店铺证明，方能兑付。”“不记名票（即来人票）凭票

① 刘佐人：《当前侨汇问题》，广东省银行经济业书1946年编印（内部资料），第11页。

② 《广州中国银行开办港币汇款　汇兑与市价接近》，《岭南日报》1947年1月10日第7版。

③ 谭彼岸：《中国近代货币的变动》，《中山大学学报》（社会科学版）1957年第3期。

④ 姚曾荫：《广东省的华侨汇款》，商务印书馆1943年版，第38页。

即可以兑付，无须担保。”无论是记名票还是不记名票都要粘贴印花。①

仄纸兑换“手续简便”，收款人“背书后可以转售于第三者”②。背书转售是指收款人在仄纸上写明事由，签名确认后可以将所持有的仄纸转售给他人。由于仄纸通常有6个月的兑现期，侨眷可以在兑现期内到附近的银号或商铺兑换或将仄纸转售给他人。兑换和转售时，侨眷可以根据实际需要选择不同的货币。例如，“一张美金仄可以用来找换港纸或广东省券甚至白银”③。

购买或兑换仄纸的金额没有严格的限定，收入贫寒的华侨寄递的侨款往往少于100美元。美洲商号收到这些小额侨款后将其汇成整数，向当地银行购买仄纸寄往香港或国内，汇达后再由国内银行予以拆分，划拨侨眷。而富裕的侨民则可以把大额侨款拆分为若干张仄纸汇往国内。1947年9月，中国银行在美国推出“原币汇票”业务：“侨胞们在国外汇款时，可向本行国外各行处购买小额原币汇票（如拨汇美金壹千元，可嘱本行填制壹百元美金汇票十张）汇寄侨眷，俟侨眷需款时，可随时向当地本行按当日牌价折合国币提取，各侨眷既不受官价上涨之损失，又可存储美金原币，诚一举而数得也。”④

抗战时期，抗日根据地和游击区内资金奇缺，广东省银行代兑各地侨仄时“先付仄纸面额现款一半”⑤，仄纸汇送至中央银行后，中央银行则按“每批先拨现款八成”给广东省银行，“其余二成候中央银行向发票行将款收回”后与广东省银行清付。⑥ 抗战胜利后，广东

---

① 《侨资涌进后之六邑》，《粤中侨讯》1947年第1期，广州中国银行侨汇股编印（内部资料）。

② 载《粤中侨讯》1947年第5期，广州中国银行侨汇股编印（内部资料）。

③ 姚曾荫：《广东省的华侨汇款》，商务印书馆1943年版，第4页。

④ 《如何汇款回国》，《粤中侨讯》1947年第6期，广州中国银行侨汇股编印（内部资料）。

⑤ 《积压侨汇侨仄》，《侨通报》（海外版）1946年第3、4期合刊。

⑥ 钟承宗：《地方银行与战时金融政策》，《广东省银行季刊》1942年第2卷第2期，广东省银行经济研究室编印（内部资料）。

省银行将这部分仄纸作为“战时托收侨仄”予以清理，及时返还给侨眷。[①] 其他银行也沉淀了大量的仄纸侨汇。例如，“中国银行积压未付之侨胞汇款总计约数亿元，就中以广东四邑一带占数最多数”。[②] 中国银行广州分行应付未付的“侨胞汇仄”也超过侨汇总数的半数[③]。为了及时清理仄纸侨汇，四邑中国银行决定对从“（四邑的）三埠沦陷”至日寇投降期间，所有应付未付的仄纸以24倍的价格偿还，“每美元折国币五百元付给”。[④]

仄纸还有防抢防盗功能。1946年8月，台山海口埠裕源银号一本共15张由美国运通银行开出的仄纸被匪劫去。该银号连日在《大同日报》刊登声明：“仄面写明由九月三日起方能提款”，“请各银行号办庄注意”。并“向美国运通银行及香港各银行挂失停止付款外”。[⑤] 为了避免仄纸侨汇在邮寄过程中的遗失或被人盗取，中国银行在美洲指导华侨“每次将汇票寄交收款人后，一面速将该票出票行名、日期、号码、金额、抬头人姓名、付款行名及寄汇票之挂号信号码等项，逐一详细抄列，另函通知收款人”[⑥]。

仄纸的广泛使用，使广府地区成为既有“用批信方法汇款”，又有“用仄纸方法汇款”[⑦] 特殊的侨汇区。

四　仄纸侨批的传递

美洲侨批之所以主要流通于广府地区，在其他地方非常罕见，其

---

① 《积压侨汇侨仄》，《侨通报》（海外版）1946年第3、4期合刊。

② 《中国银行决定清付积压侨汇》，《金融周报》1945年第13卷第10期，中央银行经济研究处编印（内部资料）。

③ 《未付半数侨仄　国行电复洽照》，《粤中侨讯》1947年第6期，广州中国银行侨汇股编（内部资料）。

④ 《积压侨汇侨仄》，《侨通报》（海外版）1946年第3、4期合刊。

⑤ 《各银行号办庄注意》，《大同日报》1946年9月12日第1版。

⑥ 载《粤中侨讯》1947年第5期，广州中国银行侨汇股编印（内部资料）。

⑦ 姚曾荫：《广东省的华侨汇款》，商务印书馆1943年版，第3页。

原因也与族群的流动有关。

广府人或广州人“为来自广州市及广州湾一带之移民，在近代出海华侨中，广府人开端最早，彼等大都由香港澳门等地来至南洋，其中更有前往大洋洲、南北美等远地者”。① “华侨大量移殖美洲实自十九世纪中叶始”，1810 年，“巴西试种茶树，继欲经营茶叶，乃招致中国茶工数百人赴巴从事种殖”；1849 年“加利福尼亚州发现金矿时”，该处只有 323 名华人，到 1851 年底已达 2500 余名；南北战争结束，贯通东西两大干线铁路开筑时，美国在华招募华工，到 1880 年，留美华侨已达 10 万人。② 美国旧金山成为广府移民密集聚居的地方，也是广府文化最活跃的地区之一。1975 年，在旧金山萨直曼多街的一处工地中，发现了 700 多张当时的粤剧演出剧照。③ 广府文化随着广府族群的流动在美洲各地传播，直到现在，秘鲁人称中餐馆为 chifa，为广州话“吃饭”的发音。④

“四邑中山各地的美洲侨民平均五六年返国一次，他们返国时动辄将多年积蓄，以现金钞票或仄纸的方式全部携回，携回的款项通常用在两件大事上，第一件是建房舍置田园，第二件为子女婚假。待事毕款罄后再度出国重新创业。如是周而复始，往返不绝，直至其告老还乡。”⑤ “侨胞随身携带之外币，有储积十年至数十年者，缝缀衣服中，坐卧与俱，寒暑相伴，虽短褐破衲，汗渍垢污，奇臭迫人，不可向迩，积蓄数十年，梯航数万里，方始随伴归来。”⑥ 因此，真正能返

---

① 章渊若、张礼平：《南洋华侨与经济之现势》，商务印书馆 1946 年版，第 7 页。

② 区宗华：《美洲华侨与侨汇》，《广东省银行季刊》1941 年第 1 卷第 1 期。

③ 余勇：《明清时期粤剧在海外的传播》，广州市文艺评论家协会《扎根岭南》，花城出版社 2016 年版，第 211 页。

④ 王尧：《秘鲁侨胞：从契约华工到文化使者》，《人民日报》2018 年 4 月 19 日第 21 版。

⑤ 姚曾荫：《广东省的华侨汇款》，商务印书馆 1943 年版，第 16 页。

⑥ 《粤省府黄委员文山上罗主席书》，《粤中侨讯》1947 年第 3 期，广州中国银行侨汇股编印（内部资料）。

回祖国的美洲华侨凤毛麟角，绝大多数是一去不复返。即便是在广府地区，从乡下到城镇领取仄纸也不是一件容易的事情。1946 年，中山乡民陈某前往江门中国银行领取由美国芝加哥汇来的 50 万元仄纸，在乡下“筹备旅费十万元”，遭遇“诸多留难”，“旅费用去大半”后才把汇来的仄纸领到手。① 因此，美洲华侨“瀛海飘零中”，只能通过“汇款赡养家人”。②

光绪三年（1877），美国加省上议会估计美国华侨汇款每年平均高达 1.8 亿美元。③ 1930 年，“美洲华侨对港汇款”“占全国侨汇总数的百分之五十以上”，而当时“美洲侨胞人数只占侨胞总数二十分之一”。“根据美国国际贸易局的统计：由 1930 年至 1936 年，美国华侨汇款每年约国币八千万元至一万万元”，“美洲华侨汇款常占华侨汇款总数之半”。④

仄纸在美洲和广府地区的传递网络非常庞大而且错综复杂，既有同行业中的传递网络，也有不同行业间的代理网络。

在美洲，尤其是檀香山及旧金山等地的美洲信汇业务大多由华人商号兼营。在香港，承转美洲信汇的商号为金山庄。金山庄是为华侨服务的特殊行业，主要经营进出口、汇兑业务，会员商号分布在香港和海外华侨聚居地，在广府各地设有代理号。其行业组织华安金山庄公会在鼎盛时期共有会员商号 100 多个。

四邑地区经营或代理美洲信汇的机构和行业非常多，包括银行、银号、邮局、药房、五金店、火油店等商号，甚至是报纸。例如，“开平的富源银号既做美洲侨汇，也收购南洋侨汇”。⑤ 三埠是民国时

---

① 载《侨通报》（海外版）1946 年第 3、4 期合刊。
② 刘佐人：《批信局侨汇业务的研究》，《广东省银行月刊》1947 年第 8 期。
③ 姚曾荫：《广东省的华侨汇款》，商务印书馆 1943 年版，第 31 页。
④ 区琮华：《美洲华侨与侨汇》，《广东省银行季刊》1941 年第 1 卷第 1 期。
⑤ 张国雄：《赤坎古镇》，华侨出版社 2011 年版，第 98 页。

期四邑华侨归国的必经之地，散落其间的万国宝雕楼、华商公司雕楼、宝祥银行雕楼、同昌公司雕楼等可以进行仄纸兑换。[①] 1946 年，四邑女婿向在加拿大温哥华岳丈去信：“今后汇款可直汇江门众兴路永行屐庄小号，本人收可也。”[②] 而永行屐庄是江门的一家颜料油漆店。另一则写给在美国父亲的信中称：“款已收到，母亲不幸昨年尾月逝世，见字速汇款，信款由江门侨通报转，便妥。”[③] 而《侨通报》是江门地区出版的一家报纸。台山的仁安药房在光绪十六年（1890）就开始兼营侨汇业务，不仅历史悠久，而且规模很大，资本 100 万元。抗战胜利后，四邑地区规模最大的兑换商号是台山慎信银业药行。每月经营的侨汇高达 30 万元。1947 年，该药行全年经营的侨款达 460 万港元，佣金达 4.5 万元。[④] 因此，四邑地区经营仄纸的兑换商号很少用信局、批局之类的称谓。其传递方式主要有：

（永行屐庄及慎信银业药行的广告，载《侨通报》1946 年第 2 期）

---

① 叶娟：《开平碉楼的非主要用途探究》，《五邑大学学报》2015 年第 2 期。

② 载《侨通报》（海外版）1946 年第 3、4 期合刊。

③ 同上。

④ 广东省地方史志编委会：《广东省志·金融志》，广东人民出版社 1992 年版，第 290 页。

（一）银行之间的国际金融传递网络

由于国内银行在美洲各地设立的分支行非常少①，抗日战争前夕美国“东岸纽约只有中国银行，西岸仅有广东银行”②，故“美洲华侨汇款寄交祖国方法大都交外国银行汇返，经香港之金山庄代转，或直接寄交收款人”③。

在美国，为了拓展业务，“美国数家大银行皆专门聘请华人雇员，直接向侨民兜揽侨汇生意，并委托在美之华人商号代为吸收侨汇”，“以特制之仄纸委托华人商号代理发汇”。在国内，民国初期办理仄纸兑换只有中国、东亚、华侨、广东省及广东等5家银行，而且东亚银行和华侨银行只能委托其他三家银或其他机关代为转汇。④

为了摆脱外国银行对我国侨民和侨汇的“重利盘剥”，堵塞国家侨汇的“绝大漏卮”，“国内银行逐步摆脱各自为政而走上共同合作之途”。“中国、华侨、东亚、广东各行分途扩充于海外，广东省银行则大力伸展于内地，使国内外银行形成了经解侨汇的网络。”⑤ 例如，1925年9月，华侨“由美国三藩市广东银行函汇港币三千元，托广州商业储蓄银行呈上（四邑的）台端”。⑥ 1936年11月，广州市立银行与国内各大银行“分别蒂结通汇合同”，在“国内外各大商埠，多已设立通汇代理处所，接驳汇兑，通行无阻”。⑦ 抗日战争时期，广东省银行“为沟通战时侨汇，与中国银行商定将所有有关美洲汇归内地侨

---

① 姚曾荫：《广东省的华侨汇款》，商务印书馆1943年版，第45页。

② 赵锦津：《加强沟通侨汇的机构》，《广东省银行季刊》1946年复第2卷3、4期合刊，广东省银行秘书处编印（内部资料）。

③ 区宗华：《美洲华侨与侨汇》，《广东省银行季刊》1941年第1卷第1期，广东省银行秘书处编印（内部资料）。

④ 姚曾荫：《广东省的华侨汇款》，商务印书馆1943年版，第8页。

⑤ 江英志：《广州市立银行的新使命》，1937年7月，第102页。

⑥ 《美洲华侨汇回救国巨款》，《国民新闻》1925年9月4日第2版。

⑦ 江英志：《广州市立银行的新使命》，1937年7月，第102页。

款，一律由本行代为解付”。[①] 华侨也可以向外国银行提出《信汇请求书》，委托外国银行将款项汇至中国银行，再由中国银行转汇回国内。[②] 国内银行还通过在国外寻觅代理商拓展业务。1927 年，东亚银行广支行实现“凡欧美日各埠俱有代理”。[③] 抗战胜利后，“中国银行在纽约已设有分行，其他各埠亦有代理店”。[④] 1949 年 4 月，广东省银行“在美洲各属广觅代理店，并加强航电联接，使侨胞汇款回祖国尤臻便利”。[⑤] 广府地区各银行则通过跨地区设立分支机构，加大各地仄纸兑换业务合作。1927 年 4 月，台城的岭海银行广州分行“开张甫数月，各埠互订来往者极多”。[⑥] 1936 年 9 月，中国银行决定在台山设立分行。[⑦]

为了大量收购侨仄，各大银行各出奇招。抗战期间，鉴于四邑籍华侨“每年汇款归国，多购买汇仄，由香港外商银行付款，侨眷收到仄纸”后须赴香港兑现，“每感收款困难，而将仄纸就地出售与当地找换店”，又需要缴纳各种手续费，1940 年 8 月，广东省银行向四邑各行处拨款 400 万元，“并将台山所存美钞公司版省券五十八万余元尽量放出，以资收购（仄纸）”。[⑧] 1943 年，台山中国银行对在该行开立储蓄账户的侨眷给予“免觅铺保”的优惠（图见下页）。1947 年 1 月，广州中国银行宣布：“除原有英美原币汇款外，增加香港原币汇款（即港仄）”的兑换，“由该行视乎当地每日行市之价格折付国币”。由于“该行折合国币之行市有时反较市面之港仄市价为高，更

---

① 《广东省银行史略》，1946 年 12 月，广东省银行编印（内部资料）。

② 黄清海：《海洋移民、贸易与金融网络——以侨批业为中心》，社会科学文献出版社 2016 年版，第 241 页。

③ 《东亚银行广支行启事》，《美洲同盟会月刊》1927 年第 3、4 期合刊。

④ 载《广东省银行史略》1946 年 12 月广东省银行编印（内部资料）。

⑤ 载《当代日报》1949 年 4 月 2 日第 1 版。

⑥ 《岭海银行有限公司》告白，《美洲同盟会月刊》1927 年第 3、4 期合刊。

⑦ 《中国银行拟在台山设分行》，《广州民国日报》1936 年 9 月 4 日第 2 张第 3 版。

⑧ 《广东金融》，广东省政府秘书处编译室编印（内部资料）1941 年 12 月 15 日版，第 33 页。

兼该行在四邑各处均设有分支机构，兑付甚便”而受到侨眷的欢迎。与此同时，“该行并电告纽约等国外行处尽量向侨胞宣传，承接此项港币侨汇”。[①] 6 月初，鉴于当时“各华侨关怀家属生活问题，纷纷汇款接济”，而侨汇大多需要经过上海辗转回广州，“往往三数月仍未能接到汇单”。广州中国银行“采取直接汇驳办法”，使“美洲、纽约、加拿大、南美洲等处侨汇，两星期内侨眷已可收到汇单”。[②] 9 月，中国银行宣布对“侨胞家属之回信”免费“代书代转”。[③]

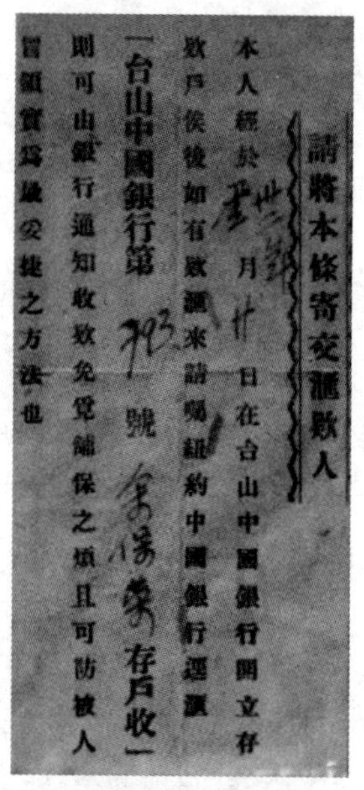
請將本條寄交匯款人
本人經於　月　日在台山中國銀行開立存
款戶俟後如有款匯來請囑紐約中國銀行逕匯
「台山中國銀行第　號　存戶收」
則可由銀行通知收款免覓舖保之煩且可防被人
冒領實爲最妥捷之方法也

（1943 年台山中国银行储蓄账户的实物）

在通常情况下，银行收购的单张仄纸平均面额较银号大。例如，1937 年，江门广东省银行收购的仄纸平均面额为 272 港元，鹤山广东

---

① 《广州中国银行开办港币汇款　兑价与市价接近》，《岭南日报》1947 年 1 月 10 日第 7 版。

② 《侨汇有捷径　侨眷两星期可收到汇单》，《广州二十四小时猛报》1946 年 6 月 7 日第 3 期。

③ 《如何汇款回国》，《粤中侨讯》1947 年第 6 期，广州中国银行侨汇股编印（内部资料）。

省银行为440港元，台山中国银行为375港元，而开平赤坎的一家兑换商号为181港元。[①]

作为一种银行汇票，仄纸理应在银行体内流动。但事实上，相当部分的仄纸是在银行系统外流动的。银行之所以没有完全掌控仄纸的流动权，主要原因有两个。一是“银行的营业范围不能遍布全省”[②]，其“触角仍未能伸及墟镇以至乡村中，而墟镇及乡村却为侨民家属聚集之处”[③]。例如，1938年“银行购买仄纸的地点，仅限于江门台城及鹤山沙坪三地”。二是银行“职员鲜能操粤闽两者各种方言者”[④]。

（二）银号与商号之间的乡镇传递网络

相反，四邑银号“对于客户接触较频，内容详悉，殷实与否了如指掌”[⑤]，“所经营之汇兑业务普及乡村小镇，远达津沪等地”[⑥]。在国际贸易中，“粤省对外贸易如丝茶等纯靠各银号信用放款以为周转”[⑦]。银号仄纸侨汇的“汇兑业务更如水银泻地，远达至全省偏僻乡村小镇”[⑧]。加上各地银号大都兼营金铺、五金、药品、杂货等买卖，是兼银号和商号于一身的综合经营体，对于仄纸侨汇具有很大的吸引力。

美洲华侨通过挂号信将所购买的仄纸寄往四邑银号或商号。四邑兑换银号或商号收到国外联号寄来的美洲侨仄后，根据寄仄人的意愿或原信转交，或拆信取出仄纸后换成现金，派伙伴按住

---

① 姚曾荫：《广东省的华侨汇款》，商务印书馆1943年版，第41页。

② 同上书，第9页。

③ 同上。

④ 刘佐人：《当前侨汇问题》，广东省银行1946年5月印刷（内部资料），第13页。

⑤ 谢绍康：《论钱业的特点及其前途》，《商业道报》1948年第1卷第2期。

⑥ 《广州银业纪要》，《穗商月刊》1948年创刊号，广州市钱商业同业公会出版。

⑦ 同上。

⑧ 《广州市银业沿革及复员后之概况》，《广州市钱银商业同业公会元旦特刊》，1948年，广州市钱银商业同业公会编印（内部资料）。

址分送到侨眷家中。原信转交一般直接将原信送交收款人，转送银号或商号根据路程远近向收款人收取 1—2 元的佣金。也可由收款人自行上门收取信款。拆信转仄纸为现金时，转送银号或商号则根据汇款数额的多寡向收款人收取佣金。通常是 500 元以下每百元收佣 2—3 元；500 元以上则款数越多取佣的百分率越减。银号和商号都特备信封和信纸以便侨眷写回头信。送信人逐户收集回头信后带回原号，寄往美洲各原经办商号交汇款人后，整个侨批业务便告结束。

为了吸收仄纸，各地银号一方面大打亲民牌，例如，广府各侨乡普遍以白银为流通货币，白银被侨眷认为是最可靠的存贮物品，因此收到美金仄后侨眷往往不要港纸或省券只要白银，四邑等地兑换商号则通过向侨眷支付白银来吸收仄纸；另一方面，在省属各地开设分号或拓展业务代理关系，例如，1941 年台城实信银号为打通与广州湾（今湛江市）的侨汇汇兑业务，“特集巨资开设胜昌银号于广州湾”，使广州湾各属及广西一带与四邑各埠之间的侨汇“快捷妥当，汇佣相宜”。[①] 赤坎的富源银号“1936 年至 1398 年增加了广州拱日路的国源银号为代理商号”。[②]

（三）邮局和“巡城马”的穷乡僻壤传递网络

“银号的营业机构虽较银行为深入与普遍，但穷乡僻壤仍非银号势力所能及，而此等区域却经常有邮寄代办所的组织。邮局现兑则总局与分局以至代办所间一脉相通，可收指臂之效。”[③] 广东邮政汇兑局

① 《台城实信银号汇通广州湾广告》，《大同日报》1940 年 3 月 27 日第 1 版。

② 刘进：《华南与北美之间的移民网络与侨乡社会转型》，福建省档案馆《中国侨批与世界记忆遗产》，鹭江出版社 2014 年版，第 74 页。

③ 姚曾荫：《广东省的华侨汇款》，商务印书馆 1943 年版，第 15 页。

为了“承办侨汇，在穷乡僻壤亦有专差送款”①。

抗日战争胜利后，大量美洲侨仄通过邮局辗转汇入广州。例如，1946年10月汇入广州邮政储金汇业局的“华侨汇款以美国加拿大为最多”。② 12月，通过邮政储金汇业局汇入广东的华侨汇票为543张，1.61亿元。其中“加拿大占百分之七十七，其余百分之二十三则属于美洲、南洋一带”。③

“巡城马”④ 是四邑地区对水客的俗称。国外水客消失后，水客主要往来于广州与四邑之间，把四邑等地银号及商号委托出售的仄纸带到省城广州或香港，再从广州将侨信及现款携返四邑。1938年3月，财政部禁止携带包括一切中外钞票在内的500元以上钞票出境后，一些携带港纸前往香港的水客改为携带仄纸，导致广州“仄纸价格竟超过港纸的市价之上，即发生贴水的现象，四邑各商号、银号把购进的仄纸，随时委托水客携往广州或香港出售牟利”。⑤ 1942年，广东省银行对水客进行收编，“给证为凭，可以享受各种利益便利”。⑥

（四）不同行业间的代理网络

不同行业吸纳仄纸侨汇的能力各不相同，为了扬长避短，四邑各地出现了跨行业的代理网络。

1938年，中国邮政储金汇业局香港分局成立后即与华侨银行订约办理华侨汇款，并雇用了大批侨汇专差向各地乡村投送侨款。出于对侨眷的信任，凡是对侨款“收款人有怀疑，可由乡长、村长或左右邻

---

① 《侨汇锐减》，《中山侨报》1946年12月30日第3期。

② 《美加侨汇》，《越华报》1946年10月5日第1版。

③ 《粤侨汇上月份总计一亿六千万》，《岭南日报》1947年1月13日第7版。

④ 姚曾荫：《广东省的华侨汇款》，商务印书馆1943年版，第7页。

⑤ 《广东中国银行历史资料汇编（1914—1949）》，中国银行广州分行行史编写组，1988年印（内部资料），第85页。

⑥ 钟承宗：《地方银行与战时金融政策》，《广东省银行季刊》1942年第2卷第3期，广东省银行经济研究室编印（内部资料）。

舍的口头证明，如确找不到上述各种人证明时，只要察看收款人家内所奉祖先神主牌确系与收款人同姓者，亦可交付。收款人如系不识字，侨汇专差可以代写回批，由收款人加盖指摸为据”①。1946年9月，邮政储金汇业局新昌办事处开业，将台山县属“划入该处兑款区域”，“侨胞在美国大通银行或其联行购买赤纸时，如声明汇至新昌储金汇业局兑款者，则存根将由大通银行直寄该处兑付，收款手续简单快捷”②，10月，广州邮政储金汇业局对美加两地的汇兑及与外国银行的联络，“均委由大通银行代理，每日将华侨在美各银行所汇之款，由在美大通银行统计，电知上海大通银行，再由大通银行通知上海邮金总局转知”。③

由于仄纸是“由收款人持票向付款行收款，而非由银行通知到领”，容易因“邮递延误，或中途遗失，或被人盗取冒领，以至收款久未得收，或竟不知有款汇返”④，仄纸被盗取冒领的也不少。1947年6月，台山邮局挂号函件组长林某“利用职务上之方便，私自将转发各墟市之挂号信件截留一部分”，取出仄纸盗买，并由台城三家银业金铺盖章担保，提取现金。事情败露后，“台城各银业甚为震惊，纷纷清查近日买入仄纸”。⑤

五　结论

仄纸是特定历史时期广泛流通于四邑侨乡的侨批形式，是外来金融文化对四邑政治、经济、金融和文化影响的结果，同时也是“我国

① 陆能柱：《广东旧邮政见闻》，广东省政协文化和文史资料委员会《广东文史资料精编》（第3卷），文史出版社2008年版，第136页。

② 《新昌储汇局明日开幕》，《大同日报》1946年9月15日第2版。

③ 《美加侨汇》，《越华报》1946年10月5日第1版。

④ 载《粤中侨讯》1947年第5期，广州中国银行侨汇股编印（内部资料）。

⑤ 《台山邮局高级邮务员林民法盗卖赤纸》，《粤中侨讯》1947年第5期，广州中国银行侨汇股编印（内部资料）。

固有的一种文化在新的处境中的复活”，“是我国固有文化的遗俗”。[①]在“一带一路”的语境下，从金融的角度，通过方言、地缘和血缘之间的关系对仄纸侨批传递进行研究分析，具有十分重要的实际意义和历史意义。

（蒙启宙：中国建设银行广东省分行高级经济师）

① 何启拔：《批信局的组织及其业务》，《广东省银行月刊》1947 年第 7、8 期，广东省银行秘书处编印（内部资料）。

评麦哲维（Steven. B. Miles）的广府文化研究

杜玉俭

海外对中国区域文化的研究中，广府一直占有重要地位，广府文化是区域文化研究关注的热点地区之一。有些学者甚至以广府研究作为主要的学术兴趣，圣路易斯华盛顿大学历史系麦哲维（Steven. B. Miles）教授就是其中突出的一位。

麦哲维教授先后毕业于德州大学奥斯汀分校和华盛顿大学，从华盛顿大学取得博士学位，师从清代思想史名家 R. Kent Guy 教授，后又赴台湾大学和“中央研究院”进修，也在广州中山大学学习过。博士毕业后先任教于南伊利诺伊大学，后来一直任职于圣路易斯华盛顿大学历史系，刚晋升为正教授。

麦哲维先生的广府研究主要围绕着两个问题展开，一是学海堂的建立及相关问题，二是南海县九江镇人口向西江上游迁移情况。下面分别介绍两个问题的著作情况，最后对麦哲维先生的研究进行分析。

一　麦哲维的著作情况

1. 学海堂研究

麦哲维博士学位论文是对学海堂的研究，他后来对博士学位论文进行修改补充，曾先后发表过《重写南汉（917—971）：十九世纪广州地方文化的产品》[*Rewriting the Southern Han*（917 – 971）: *The Production of Local Culture in Nineteenth – Century Guang zhou*，哈佛亚洲研究学报 62 卷 1 期，2002 年 6 月]、《从经常明确提到画室的谢兰生日记，综括嘉庆道光时期广州的城市生活》（*Xie langsheng's Diary from the Constantly Clear Mind Studio*: *An Overview of Urban Life in Guangzhou during the Jiaqing and Daoguang Eras*，刊于华南研究资料站通讯 33 卷，2003 年 10 月，South China Research Resource Station Newsletter）、《从小鱼苗到大鱼：对南海县九江镇兴起的描述，1395—1657》（*From Small Fry to Big Fish*: *Representing the Rise of Jiu jiang Township*, *Nanhai County*，1395 – 1657，明研究 48 卷，2003 年秋 Ming Studies）、《虞翻祠：十九世纪广州精英群体和地方认同》（*Celebrating the Yu Fan Shrine*: *Literati Networks and Local Identity in Early Nineteenth – Century Guangzhou*，晚期中华帝国 25 卷 2 期，2004 年 11 月 Late Imperial China，该文中译本刊于《清史译丛》9 卷，2010 年）、《创造朱“九江”：十九世纪广东的地方主义》（*Creating Zhu* “*JiuJiang*”: *Localism in Nineteenth – Century Guangdong*，于 2004 年 11 月发表于最负盛名的国际汉学权威期刊《通报》90 卷 4 期）。这些论文被整合进 2006 年由哈佛大学出版社出版的专著《学海堂：十九世纪广州的变化和认同》（*The Sea of Learning*: *Mobility and Identity in Nineteen – Century Guangzhou*）① 一书，与学海堂的创办人阮元有关的研究，他另外有两篇论文，第一篇是《通过学术建立威信：阮元和学海堂》，收入 Peter D. Hershock 和安乐哲（Roger T. Ames）主编的《权威的儒家文化》（阿尔伯尼：纽约州立大学出版社 2006 年版）；第二篇是参加“阮元

① 该书书名的汉语翻译最早见于程美宝教授的书评《从思想史到思想家的历史——评麦哲维〈学海：十九世纪广州的社会流动性与身份认同〉》，是根据原书名的直译，刊于《清史研究》2007 年第 2 期。2017 年广东人民出版社的中译本定名为《学海堂与晚清岭南学术》，更加简洁明白。本文为方便起见称为《学海堂》。

研究国际学术研讨会”的论文《由朔南暨：阮元学海堂与晚清岭南学术》，扬州博物馆编辑《阮元研究国际学术研讨会论文集》（文物出版社2016年版）。这两篇论文是对《学海堂》专著的深化与概括，今以专著《学海堂》为中心介绍其研究学海堂的主要观点。

该书2006年出版后，得到比较热烈的反响，能够查到的英文书评有6篇，分别发表在《美国历史评论》《跨学科历史》《亚洲研究学报》《东方经济和社会史学报》《哈佛亚洲研究学报》等主流专业期刊上，中文则只见到中山大学程美宝教授的书评。2017年该书中文版由广东人民出版社出版，沈正邦译，定名为《学海堂与晚清岭南学术》。

全书共八章，第一章对比以广州城为中心的城市精英和珠三角腹地文化精英所处地理条件及经济基础的不同。广州城的文化人主要由六种人组成：来自东北的旗人，退休高官和他们带来的来自江苏、浙江等省份的私人秘书，从浙江来的师爷和盐商，从福建来的洋（行）商，从广东东北部来的客家文士，还有从珠三角迁到广州城的人及通过各种商业冒险活动取得财富的人。珠三角腹地的世家大族，主要在广州府周围，也包括肇庆府的一部分，是一些已经在此居住数百年的南雄珠玑巷后裔。他们的经济基础主要是稻米和渔业。

第二章利用谢兰生日记手稿，描述了学海堂建立之前广州的文化环境，尤其是商业和文化互相交织的情况。

第三章叙述阮元建立学海堂的情况，描述了这一新的文化机构的基本原理及客居广州者还有暴发户们对学海堂的踊跃支持，阮元的支持使得学海堂成为汉学（考据）在岭南的桥头堡。

第四章探讨学海堂产生的地方性文献，包括历史、诗歌还有文学文献的编集。学海堂的学术活动重塑广州文化景观，在一定程度上，使外来移民及后裔建立了对广州地方文化的自信。

第五章分别讲述19世纪80年代的红巾起义和英法联军因为亚罗号事件占领广州，在这些事件中地方精英如何合作并竞争。

第六章主要论陈澧，他是外来移民的后代，其祖父从江宁迁来广州，在其父那一辈还未能入籍，科举还必须回原籍。陈澧融合汉宋，是晚清广东真正有全国影响力的大学者。

第七章重点论述朱次琦（九江）及九江镇的文化活动。

最后一章（第八章）写学海堂的影响，主要写20世纪初学海堂停止活动及在20年代短暂恢复活动及社会心态。

2. 离散研究

《学海堂》出版后，麦哲维精力主要集中在南海九江到西江上游的移民问题，这是他研究学海堂珠三角腹地的进一步深化，先后发表《广府人离散的扩大：西江流域的寄居者和定居者》[Expanding the Cantonese Diaspora：Sojourners and Settlers in the West River Basin，刊于 *Journal of Chinese Overseas* 2. 2（November 2006）]、《帝国话语、地区精英和华南边境的当地景观：1577—1722》[Imperial Discourse, Regional Elite, and Local Landscape on the South China Frontier, 1577 - 1722，刊于 *Journal of Early Modern History* 12. 2（2008）]、《"他山的石头"：明清时期华南的科举考试和跨地域实践》[Stones from other hills"：Civil Examinations and Translocal Practice in Ming and Qing South China，刊于 *Ming Qing Studies*（2010）]、《华南地区的家庭策略和科举考试：1660 - 1760》[Family Strategy and State Policy：Migration and Civil Examinations in Southern China, 1660 - 1760，刊于 *Journal of Ming - Qing Historical Studies* 40（October 2013）]，同年在《中国历史前沿》发表论文，概括其研究内容。第二年，由他人译成中文的《一个三角洲城镇的上游区域：16—19世纪西江流域的九江移民》发表在《四川大学学报》2014年第1期，《向上游的旅行：1570—1850年间华南的离散和帝国》（*Upriver Journeys：Diaspora and Empire in Southern China, 1570 - 1850*）作为哈燕社丛书出版。该书分为两个部分，第一部

分包含三章，分别讨论到西江上游的三种九江人：官员、学生和商人。明清两代多数时间，两广总督总揽广东和广西二省军政，朝廷选派广西官员时，常从广东籍获取功名者中擢升。据麦氏统计，仅九江一地，在明代44位中举的士人中就有12位有在广西任职的经历。九江因为在鱼苗捕捞和养殖上具有技术优势，从明代开始就垄断了鱼苗生意，西江上遍布九江鱼埠，因交通原因，九江商船航行到西江各支流商埠，各地粤东会馆都有九江商人身影。因广西有些地区为新开辟地区，文化较为落后，朝廷对科举移民的管理不那么严格，甚至吸引广东士子前来参加考试，九江籍考生在广西中举者不在少数。按照麦哲维的观点，明代以前广西与中国内地的联系主要通过桂林和长江流域，因为广东商人、官员的参与，广西与内地的联系遂以西江和梧州为主。通过移民，西江干流和各支流上的城镇紧密联系起来。

本书第二部分共两章，分别讨论离散家庭中的夫妻关系和定居于西江上游的九江移民与他们在九江原籍宗族之间的关系。移民定居于外，数代以后，对故乡九江的认同减弱，鱼苗捕捞和养殖技术也扩散开来。九江各大姓族谱，如关、朱、曾等，一般也包括迁到外地的支属，而在广西考取功名者，多把活动重心放在原籍九江。西江上游的广东移民，有些祖上并非迁自九江，口传材料也说成来自九江，可见九江在西江上游移民心目中的地位。

二　麦哲维广府研究的资料来源

麦哲维已经发表的几篇论文和两部专著，体现出他研究广府文化的一些特点，给人印象最深的首先是其对研究资料掌握的程度。

史料是历史学的基础，这一点中外相同。史料可分为原始材料和二手研究资料，麦哲维在两个方面都做得很出色。

从对原始资料的收集使用上看，麦哲维可谓不遗余力。他的研究不仅大量利用地方志、家谱，如《南海县志》《九江儒林乡志》《新编朱氏家谱》《黎氏家谱》《南海学正黄氏家谱》等，还利用未刊行的手稿资料，如为了描述学海堂建立之前广州城的文化景观，使用现藏于国家图书馆的谢兰生《常惺惺斋日记》手稿；为讨论陈澧与阮元关系，查阅陈澧手稿，等等。

外文资料的使用是他研究的一大优势，如在叙述桑园围经济形态时，利用19世纪中期英国人的珠江三角洲游记；为了讨论西江上游移民与国家政策关系，使用英国国家档案馆收藏的时任两广总督耆英致戴维斯信件。

除了纸上的材料，麦哲维还调查了西江上中游各圩镇的石刻遗存，如为了讨论九江鱼苗船只被各地勒索问题，使用1780年的梧州《奉宪禁止拦封九江民船勒石用永遵》，西江上游及各支流重要圩镇会馆的刻石，如苍梧县戎圩粤东会馆、平南县大乌圩粤东会馆、桂平县江口粤东会馆的刻石等。除了文字资料，麦哲维通过田野调查，也收集口传资料。如在九江做田野调查时收集到地方志未曾记录的明禄海从广西归来时航船遇险材料，“广东明禄海，船到石头开”等传说，还通过调查了解移民后裔的九江观。

如果按照兰克学派的观点，历史学就是史料学，麦哲维研究学海堂和九江移民，真不愧是“上穷碧落下黄泉，动手动脚找东西”①。

在二手资料方面，即对中外学者相关研究的借鉴上，麦哲维既广泛又深入。中国学者的相关研究成果，如中大历史系陈春生、程美宝、蔡鸿生等学人的论著自不必说，广西研究城镇发展及与广东商人关系的论著也搜罗殆尽，时常用西方学者和日本学者对珠江三角洲的研究论著来与自己的观察相对照。通过麦氏的著作，我们真切感受到

① 傅斯年：《历史语言研究所工作之旨趣》，收入《傅孟真先生集》，“国立”台湾大学1952年版，第4册，第181页。

广府研究绝非局限在广府范围之内，实际上很早就成为国际化的学问。

从资料的使用上看，麦哲维的研究建立在扎实的基础上，遵守真正的学术规范，为研究的高质量提供了最基本保障。

三　麦哲维广府研究方法的启示

仅有完备的资料还不一定能保证研究的成功，麦氏的研究方法也有特别值得我们借鉴之处，今从两个方面进行分析。

其一，麦氏的研究始终贯穿比较的意识，注重分析社会生活中的同中之异与异中之同。

在对学海堂的研究中，注意广州城中外来移民及移民后代对学海堂为中心的汉学方法的认同与支持，他们与珠三角腹地有深厚基础的本地世家大族以宋学为中心的学风不同，陈澧与朱次琦仅是两个典型的例证。外来移民中的知识精英通过编辑广州本地文献，尤其是重写南汉历史，达到对广州文化的认同。珠三角腹地的本地世家大族有意识对抗学海堂的汉学方法，注重地方事务，强调道德榜样的力量，但二者最终都走向汉宋间一定程度的融合。

对九江移民的研究也贯穿着比较意识。官员、科举移民和商人同是向西江上游迁移，但他们同中有异：官员和科举移民与朝廷巩固西南边疆的政策有关，商人的迁移与交通条件有关，但三者又互相联系，科举移民一般迁往九江商人经商之地。

其二，是把研究对象放在复杂的历史环境中，探讨研究对象与政治、社会、经济、文化等方面的联系，采用跨学科的综合研究。在学海堂的研究中，注重学海堂建立之前，尤其是18世纪广州城文化与商业的关系、文化精英在重写南汉历史时面临的困境及心理状态，把平面的史料重构为立体的有温度的活的历史画卷。作者关注与论题相关的研究，如其他区域的研究，海外对福州、婺州（金华）的研究，并用来与九江相对比。麦哲维还注意到东南亚常见的江河上下游经济分工模式与西江流域的相似性，把研究对象放置在更为宏大的网络中观察。

麦氏的两部专著，在研究方法上都可以给我们一些启发。

《学海堂与清末广州学术》的中译本在英文版出版 11 年后才出版，希望《上游旅行：华南的离散和帝国》能尽快翻译出版。目前，麦氏正准备展开“城市生活随季节而变动的节律感”的研究，这一视角颇为新颖，其研究成果也颇值得期待。

（杜玉俭：广州大学人文学院副教授）

探寻多方博弈的平衡：开平碉楼遗产文化生态学

文一峰

开平碉楼是指以开平为代表的、广泛分布在五邑侨乡地区的、由当地人建造的集住居与防御功能于一体的多层塔楼式传统民居建筑，其风格有一定代表性和独特性，是由民间创造的体现东西方建筑文化互相混杂的产物（见图1）。开平碉楼的建筑风格，与分布于我国的其他地区的建筑大不一样。不论是闽粤赣的碉楼还是山西的碉楼，不论是福建土楼还是江南或者徽派民居，唯有开平碉楼融中西方建筑艺术于一域，集防卫与民居于一体，既有欧美风情，又有中国特色，乃中西合璧的建筑作品，被誉为“令人震撼的艺术长廊”“活生生的近现代建筑博物园”。现存的1833座开平碉楼中，有古希腊的廊柱，有古罗马的柱式、拱和穹隆，有欧洲中世纪的哥特式尖拱和伊斯兰风格拱，还有欧洲城堡构件、葡式骑楼等等，具有巴洛克风格的浪漫与夸张，表现出折中主义的多样浮华，令人眼花缭乱，大开眼界。开平碉楼的历史虽然不能算“很长”，却实属“稀有”。如果说，它被称为“一种已消逝的文明”，可能有一些过誉，但它确实代表一种特殊时代背景下的华侨文化。从物质文化遗产而言，开平碉楼以其规模之大、数量之多、特色之奇，在我国建筑文化史上绝无仅有。

图 1　开平碉楼遗产

一　开平碉楼：世界遗产与旅游发展的问题

（一）申遗过程

2000 年，开平市委市政府决定启动开平碉楼申报世界文化遗产工作，得到了广东省的大力支持。2001 年，开平碉楼被国务院公布为全国重点文物保护单位；2004 年，联合国教科文组织接受审理开平碉楼世界文化遗产申报；2007 年，开平碉楼与村落被联合国教科文组织列为世界文化遗产名录。开平碉楼申报世界文化遗产前后历经 8 年时间，过程充满艰辛。刚开始，国内权威评估专家都对开平碉楼申遗工作并不看好；在连续几年作为中国向联合国教科文组织提交的“二选一”申遗项目而开平碉楼均落榜之后（均由另一项目入选），2007 年，开平碉楼以中国唯一申报项目最终入选世界文化遗产名录。这个故事离不开这样的背景：广东改革开放以来一直是中国各方面发展的排头兵，在全国有着重要的地位，当时中国已有30多项世界遗产地，而广东一个也没有，显出了广东在文化建设工作方面相对落后的局面。因此，广东的申遗工作甚至得到了中央领导的特别支持。开平碉楼及村落的“申遗”过程投入超过一亿元人民币，尽管投入巨大，但其意义十分重大，用当时广东省旅游局副局长曾维炳的话说，“开平碉楼的申遗成功是为广东旅游正名树碑的大事”①。

（二）世遗标准

开平碉楼之所以能够列入世界文化遗产，归根结底是符合世界教科文组织的世界文化遗产标准，具有突出的普遍价值，即作为人类天才的创造力的杰作；在一段时期内或世界某一文化区域内人类价值观的重要交流，对建筑、技术、古迹艺术、城镇规划或景观设计的发展产生重大影响；能为延续至今或业已消逝的文明或文化传统提供独特的或至少是特殊的见证；是一种建筑、建筑或技术整体，或景观的杰出范例，展现人类历史上一个（或几个）重要阶段；是传统人类居住地、土地使用或海洋开发的杰出范例，代表一种（或几种）文化或人类与环境的相互作用，特别是当它面临不可逆变化的影响而变得脆弱；与具有突出的普遍意义的事件、活传统、观点、信仰、艺术或文学作品有直接或有形的联系（委员会认为本标准最好与其他标准一起使用）。

另外还强调，只有同时具有完整性和/或真实性的特征，且有恰当的保护和管理机制确保遗产得到保护，遗产才能被视为具有突出的普遍价值。

（三）开平碉楼遗产价值

比照世遗标准，开平碉楼是当地华侨早年回国兴建的一种中西合

---

① 戎明昌、钟达文：《江门市旅游局长透露“开平碉楼酝酿提高门票价格”》，《南方日报》2007年9月2日第004版。

壁、居守兼备的独具特色的乡土建筑。它遍布城乡，姿态各异，与周边的稻田、河流、竹林、果园相互映衬，构成了一道迷人的历史文化景观。同时，开平碉楼又具有丰富的历史、艺术和科学价值。它是中国社会转型时期不可多得的主动接受外来文化的重要历史文化景观。据开平市碉楼办有关负责人的介绍，开平碉楼“申遗”的四条理由，是由国内“申遗”专家和著名学者高度概括提炼而产生的，完全合乎世界文化遗产的评定标准。这四条理由为：

◆开平碉楼与村落在建筑、规划和景观设计等方面，既是自古以来一种独特文化传统的延续，又是人类不同文明交融的美丽结晶，展现了不同文化价值的交汇以及岭南侨乡建筑和景观设计理念与实践的演变与发展，符合世界文化遗产评定标准Ⅱ。

◆开平碉楼与村落是稻作文化区域历史上长期动乱的社会生活形态的见证和综合产物，也显现出传统乡村社会向近现代文明发展的进程以及移民文化的特殊历程，符合世界文化遗产评定标准Ⅲ。

◆开平碉楼与村落最典型地代表着一种独具艺术风格、地域特色、时代标志和审美价值的建筑类型和乡村规划，展现了人类建筑文化交流与景观组合的一个杰出品类，符合世界文化遗产评定标准Ⅳ。

◆别致、挺拔的碉楼与传统、质朴的村落、竹林、果园、山水和稻田，共同构成优美的文化景观，杰出地展现了人与自然和谐统一的生产、生活和居住方式，符合世界文化遗产评定标准Ⅴ。

广东开平碉楼与村落的“申遗”，是中国岭南文化独特性的一次完美展示，使我国的世界文化遗产分布更加合理。

（四）旅游发展

开平碉楼申遗成功，旅游似乎由冷骤热。[①] 申遗成功后的世遗效

① 陈惠芬：《开平碉楼：申遗成功由冷骤热》，《中国旅游报》2007 年 7 月 16 日第 005 版。

应一段时间内促进了旅游业的发展，2007年开平碉楼游客接待数量迅速增加，与申遗之前的对比十分明显，当年接待游客达100多万人次。但后来游客逐渐冷清下来，仅仅过了两年，以两个遗产核心区村落为例，2009年自立村接待游客26.9万人次，马降龙村15.7万人次[①]，相比于大多数中国世界文化遗产地，游客数量明显相对较少。很多文化遗产地因为过度的旅游发展带来一些负面效应、负面问题，而开平碉楼世界文化遗产却陷入了另一种尴尬：绝大多数遗产建筑在绝大多数时间陷入了门可罗雀的窘境和“一把锁”的关闭命运。对于不少景点来说，成为世界遗产就意味会带来大量的旅游收入以及更好的遗产保护与开发。但开平碉楼申遗成功三年后，碉楼的开发与保护竟成为一个沉重的包袱，存在资金缺乏、托管难和开发不足等问题。[②]

目前开平碉楼的主要旅游客源来自广东的广州、佛山、江门、珠海和深圳等周边地区，而且游客身份多为政府人员、教师、学生和华侨身份。对于开平碉楼而言，其资源禀赋较多偏向于满足文化旅游，研学旅游者有较高水平的满意度，对休闲娱乐的旅游者而言带来的却是较低的满意度。

从《雅典宪章》强调世界文化遗产所在地的背景（setting）完整性来看，“开平碉楼村落”与附近的山坡、水塘、竹林、榕树等自然环境合为一体，表现了文化景观融合物质文化遗产与自然环境的特色，但在整体上还缺乏震撼效果（见图2）。目前，对于开平碉楼的开发限于博物馆模式和民宿模式，这两种模式由于自身资源条件的局限性，发展状况不能令人满意。开平碉楼的建筑和外部景观环境有一

---

① 杨英：《基于产权制度视角的旅游资源开发与保护机制研究》，硕士学位论文，暨南大学，2006年。

② 倪珊珊：《开平碉楼申遗后所面临的困境与开发策略》，《中国集体经济》2011年第2期（下），第172页。

定特色，但对其深度欣赏却受限于游客和探寻人员的文化学识背景。而开平碉楼更主要的问题存在于建筑的内部：一是碉楼内部文物太少，不足以支撑展现整个华侨文化，而且从根本上来说，五邑侨乡的移民文化和碉楼的历史文化背景也很难对广泛的游客产生持续的吸引力；二是碉楼内部装饰与空间效果相对简陋，所展示文物基本雷同，容易产生审美疲劳。

图 2　开平碉楼乡村景色

从旅游的根本要素来看：一是存在一定的旅游资源，这是旅游产生的客观基础。文化遗产是一种重要的文化旅游资源，因此，如何保护延续好遗产资源显得极其重要，特别是要保护好遗产的原真性（真实性）和完整性。二是旅游的主观体验，这是旅游产生的根本动力。从相关于遗产的文化旅游而言，原真性的主观体验有两种根本方式：一是观赏他者的真实生活和场景；二是幻想性地生活在自己的另一种“别样人生”。上述两种体验经常交织在一起，其实质是产生一种充满魅力的“异托邦”心境，从而从日常的角色和习惯中摆脱出来。以存在主义的观点而言，旅游关涉自我的“原真性”（主观的原真性）的建构，也就是我们通俗所言的“真我的风采”。这正是很多古镇古村旅游开发成功的秘诀所在。

二　遗产的研究与保护开发策略

开平碉楼建造兴盛的时期是20世纪20年代及其前后①（辛亥革命至抗日战争爆发前后），有近百年历史；与极少早期遗留下来的传统防御性碉楼建筑不同，这一时期代表了与外来文化结合的建筑样式和装饰风格特点，西方国家的建筑样式和符号——外廊、拱券、山花开始流行，开平现存比较著名的、具有典型意义的和较高艺术价值的碉楼几乎都是此时期建造的，这也是开平碉楼世界文化遗产的主体部分。开平碉楼是广东华侨文化和乡村社会转型的历史见证，其东西方结合的建筑艺术具有独特意义。对开平碉楼的研究主要体现在两个方面：一是从建筑特征入手；二是从文化内涵入手。以往我们对遗产的保护和研究，强调物质遗产方面，近年来则转移到注重提升遗产的公众教育功能和着眼于社区文化的延续和发展。以这样的着眼点，可以重新看待开平碉楼的开发所存在的问题。

（一）开平碉楼的社会和经济价值

开平碉楼，过去曾为开平人防涝、御匪、抗敌、居住发挥了重要作用。今天，开平碉楼仍具有重要的社会和经济价值。有学者认为，经过修缮和有效保护，可以用于游览观光，也可以建成主题公园，进行历史和文化的教育，造福于子孙后代。经过统一规划，分步分点建设，可形成集旅游、传统村落文化和饮食于一体的碉楼风景区，以带动开平相关产业的发展，为开平地方经济和社会发展发挥更大的作

① 杜凡丁：《开平碉楼历史研究》，硕士学位论文，清华大学，2005年。

用。但在实际操作过程中仍存在不少棘手的问题。

相关学者对于开平碉楼的开发从不同学科不同角度提出建议。如，从政府管制、社区参与、公众监督到评估体系、资源开发管理模式等角度进行研究；从利益相关方的不同视角，阐述矛盾产生的主要原因是由于各利益主体之间的权力、资产、技术等不对等而产生的利益分配的不均衡。开平碉楼仅在旅游开发过程便已牵涉各方面利益相关者，总结起来主要有六个：文物局、旅游局、旅游者、当地政府、当地居民、广东开平碉楼旅游开发有限公司。① 如果从更广阔的遗产保护视角来看，还涉及相关学者和研究机构、各级文化遗产管理人员、社会文化遗产保护关怀者，等等。

（二）保护性规划中存在的不足

对遗产地进行规划是学者和研究机构介入遗产保护的重要方式。目前对于开平碉楼的保护规划，主要有北京大学制定的“整体规划”以及华南理工大学拟就的“详细规划”。二者各有侧重点，但均对碉楼的保护管理方式或过于简略或绝少涉及。另外，对碉楼本体的规划涉及较多，针对碉楼维修与保护也提出了保护原则与具体的方法，但对碉楼非物质形态的保护涉及较少。张惠婕认为，开平碉楼遗产不仅是独特的建筑艺术，而且是华侨文化的典型代表，蕴含着独特的历史文化价值。开平碉楼与村落的整体景观与民俗文化的保护同样非常重要，因此保护规划好碉楼文化和当地村民的生产、生活方式十分必要，应当就民俗文化的保护规划制定一套体系，规划中不能忽视这方面的保护方案的制订。② 对于开平碉楼来说，碉楼本体的保护与非物质形态文化的保护同等重要。古今中外的实践也表明，只有保护文化

---

① 杜凡丁：《开平碉楼历史研究》，硕士学位论文，清华大学，2005 年。

② 张惠婕：《开平碉楼保护性规划研究》，《生态环境保护》2013 年 8 月下半月刊。

遗产的真实性和完整性，才能凸显文化遗产的科学和历史文化价值，才能源源不断地吸引风景和自然文化的需求者。

（三）遗产活化再利用

在 19 世纪末 20 世纪初这一特定历史时期内，防御贼匪、抵御洪涝、抵御械斗是开平碉楼最重要的三大历史用途，也是开平碉楼建造的原因。[①] 时至今日，开平碉楼原有的这些历史用途已基本丧失。根据开平市文物局第三次文物普查数据，现存 1833 座碉楼中，仍在使用（含村民改建后使用）的碉楼仅 60 余座，其余的都处于空置状态。张万胜根据自力村配套设施的情况现状、遗产地对外展示、乡土文化传承、村民需求及游客需求等情况，提出四种活化模式，即建立“开平漂洋华工纪念馆”“五邑侨乡非物质文化体验馆”“游客及居民交流中心”及“乡土旅社”。

“开平漂洋华工纪念馆”将对开平地区华侨远渡重洋的历史进行展示和缅怀，重新唤起大家对开平华侨们的记忆和尊敬；“五邑侨乡非物质文化体验馆”将对五邑地区的非物质文化进行专题推广和展示，使游客及民众能够更深入地了解五邑地区手工艺等非物质文化遗产；“游客及居民交流中心”的作用是提升遗产地的配套设施水平，同时增进游客与村民的情感交流；“乡土旅社”将重新激活云幻楼等原有居住功能，传承和推广开平传统人居生活理念。四种活化模式既延续了碉楼原有的使用功能，又赋予其新时代的内涵。[②] 然而，无论赋予碉楼何种新的使用功能，均需对其进行改造，如改善自然通风采光、加装水电暖通支撑系统等。新的改造干预无可避免地会对碉楼产生影响，如何将影响程度降到最低是要解决的

---

① 张国雄：《开平碉楼》，广东人民出版社 2005 年版。

② 张万胜：《开平碉楼活化利用探索——以自力村四座碉楼为例》，《五邑大学学报》（社会科学版）2016 年第 3 期。

后续问题。

地处岭南地区的开平碉楼可以看作是华侨文化反哺的成果，无论从外部造型到内部空间结构、使用功能，都充分体现出岭南建筑的特点。如建筑物顶部功能上的多层斜坡顶，可隔热遮阳；外立面色彩以浅色和灰色为主，装饰自然。因气候温和，露台、长廊等开放性空间得到充分利用，人们的活动空间与自然的接触更为紧密和融洽，形成岭南建筑装饰空间的自由、流畅、开敞的特点，开平碉楼在面对当时外来文化冲击时表现出来的包容和开放的文化态度，也正是未来设计发展的诉求。

开平碉楼在当代的活化再利用依然存在一些棘手的根本问题：开平碉楼分布广泛，1800 多座碉楼散落于开平市境内各个乡镇 1659 平方公里的土地上，旅游开发难度大，投资成本高。不同的行政地域单元不利于建立有效的统一保护与管理机制。开平碉楼原有的历史防御功能完全丧失，而其居住功能则与现代居住的生活条件有较大的差距，从而导致碉楼的使用率降低。

陈耀华基于开平碉楼与村落基本特征的研究，比照全国传统村落认为，我国传统村落保护与开发中存在普遍性问题：一是村落环境的改变；二是村落建筑本体的破坏；三是村落内在功能的蜕化；四是村落非物质文化的遗失。这些问题在开平雕楼的活化与利用中同样存在。

（四）遗产开发模式

在我国，普遍承认遗产的保护与旅游开发之间存在不可避免的矛盾和利益冲突。从遗产保护领域学者的观点来看，大多主张遗产的开发以维持遗产地文化原生态为重点；然而，从当地政府而言，遗产地旅游开发的经济效益更具吸引力。我国大多数遗产（旅游）资源开发采取了政府主导和企业主导的模式，社区参与边缘化。我国有一种流行的说法是“文化搭台、经济唱戏”，这反映了一种普遍现象甚至引发了不少极端例子。徐亚娟在研究龙母文化中涉及中国的遗产保护所提出的问题具有普遍性。她认为，在经济驱动下开发传统遗产文化，势必造成传统文化主体性的丧失，进而造成传统文化遗产在市场经济时代的悲剧命运。这就引出了一系列问题：市场经济的时代如何处理文化与经济的关系？为经济搭台的产业文化将向何处发展？不能为经济搭台的文化我们还需要么？[①] 这样一些问题的答案变得不得而知。更极端的例子有如，重庆非物质文化遗产“铜梁火龙”成功注册商标，标识在舞龙队员的着装、龙舞套路、火花释放等项目上，使铜梁火龙与假冒铜梁火龙的龙舞有所区分，利用法律武器保护遗产。[②] 非物质文化遗产的本质本来就是长期流行于地方、大众参与的自然而然的文化生活现象，而类似“铜梁火龙”的例子则完全歪曲成了部门的经济利益和纯粹的商业活动，这不得不说，在当代何为“文化”成为真真正正的问题。

三　遗产的主位文化观

（一）原真性文化生态学钻石模型

要厘清上述遗产保护与开发存在的方方面面的问题，本文从遗产的根本价值观入手，从文化生态的角度，建立如下理论模型，形成一幅看清问题的完整图景和解决问题的路径地图。

遗产的原真性（真实性）是遗产的核心价值所在，遗产原真性文化生态学钻石模型如下图：

① 徐亚娟：《近百年龙母传说研究综述》，《广西民族研究》2007 年第 4 期。

② 梁春梅、王娟：《关于旅游产品的知识产权与非物质文化遗产的保护对策》，《中国地名》2010 年第 11 期。

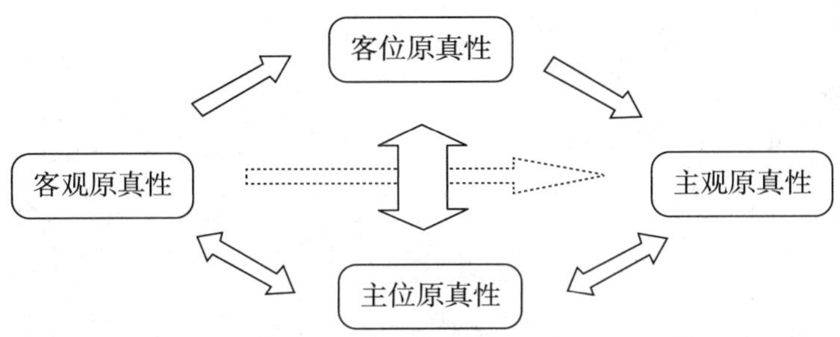

客观原真性，是指遗产物质实体的原真性。主观原真性是文化遗产所引发的主体性的存在于世的原真体验和产生的意义。主观原真性有最基本的两种方式，首先是主位的方式，其次是客位的方式。主位原真性，强调的是遗产继承延续了原住民的真实历史文脉和融入当地人的本土文化真实生活。客位原真性，是指不以主位的身份参与到文化遗产的各项活动和事业之中，而是主要以社会建构的方式完成对遗产原真性的认可、鉴定和欣赏。

文化遗产原真性生态学理论模型揭示了两个基本意蕴：其一，客观原真性、主观原真性和主位原真性、客位原真性处于一个有机的生态系统之中，遗产的原真性文化的能量在此系统中循环；其二，可以看出，主位原真性与所有其他原真性都处于直接的交互关系中，主位文化原真性处于遗产文化生态链的核心生态位。之所以强调主位文化原真性处于遗产文化生态链的核心生态位，是基于如下理由：

1. 存在某种物质遗存或空间场所，是文化遗产（尤其指物质文化遗产）存在的前提，但这种客观的原真性是由主位文化的原真性建构起来的并且需要主位文化赋予其意义，它们之间存在一种由主位文化主导的互文关系。

2. 客位的原真性本身就是相对主位原真性而言，并且前者依赖于后者。

3. 主观原真性与主位原真性有着深度的交互作用。

（二）历史文化保护区

1986年，国务院颁布转批建设部、文化部《关于请公布第二批国家历史文化名城名单的报告》，首次对“历史文化保护区”进行了定义。历史文化区域以更广阔的尺度保护历史街区、古建筑群体、传统村落所体现的某一历史时期的社会形态和文化传统。“历史文化保护区”不是“经济技术开发区”，其实质正是要限制对于经济活动迅速扩张可能带来文化安全问题的思考。同时，以文化生态学的角度来看，“历史文化保护区”也不是僵化的封存的历史文化区域，而是要形成一种良性的文化生态的循环和平衡。把开平碉楼与村落遗产看成一个“历史文化保护区”，有助于保护开平碉楼与村落遗产的完整性和真实性。历史文化保护区首先要保护一个区域的活的文化，开平碉楼的问题就在于作为物质遗产的碉楼基本空置，其原真的传统的活态文化已然消失。因此，如何修复和发展出开平碉楼遗产的新的文化生态平衡既是一个价值观的问题，也涉及一个长远的文化发展策略和出发点的问题。在这方面遗产原真性文化生态学钻石模型能够给予某些理论启示。

（三）仓东计划

仓东教育基地（驻于一座民国时期翻新过的传统祠堂内，见图3），又称仓东计划，由开平本地人五邑大学侨乡文化研究中心谭金花教授发起创办于2011年。项目以仓东村为“文化保育实验场”，旨在推广有地方性特色的文化遗产保育理念。通过传统建筑修复利用和社区营造，探索中国古村落及本土文化发展的新道路。

仓东计划秉持如下保育理念：

1. 文化遗产的保护不是拒绝发展，更非凝固历史，阻止改变，而是在时代变迁中，积极地去管理和应对遗产的改变步伐，使遗产不至于瞬间消失，让我们的后代还有认识祖先留下的遗产的机会。

图 3　仓东教育基地

2. 文化遗产保育的主要目的与精神并不是单单为了保留那些古朴华丽的建筑，还为了了解那片土地，更重要的是居民对当地文化遗产所产生的感动与认同。

3. 文化遗产保育最重要的是保护当地的居民，保护当地的文化和生活方式，建立当地人的遗产自豪感，建立归属感和文化自信心，这样的地方才能让人感动，才有地方精神。

仓东计划从“人、文、地、景、产”五个方面来营造社区。以延续乡村文脉、振兴本土文化、形成城乡良性互动体验空间与侨民回乡寻根情感空间为发展愿景，并建立研究与教育实践基地，为人们提供学习与传播文化遗产保育知识的平台。基地积极参与协助地方古迹复建工作，如重建村后对仓东村有独特意义的一座海神庙，延续了地方风物（见图 4）。仓东计划项目获得“联合国教科文组织亚太区文化遗产保护优秀奖”。笔者认为项目是以主位文化观进行遗产保护的有益探索，为修复和形成遗产历史文化保护区的良好文化生态提供了一个实践案例。

图 4　复建的仓东海神庙

四　结语

本文梳理了在开平碉楼遗产开发中所存在的问题，提出了涉及遗产价值观的原真性文化生态学理论模型，描绘了遗产保护与利用的美好的宏观愿景，进而试图引导出一种正确的遗产保护与利用的策略。本文远没有给出实践中具体操作的答案，只是希望借此抛砖引玉，以引起相关思考。

（文一峰：广州大学广府文化研究中心研究员）

全域旅游视域下开平侨乡建筑遗产保护活化更新研究

黄 莉 邓小飞

2016年初，国家旅游局提出“全域旅游”的概念，在其首批公布的262家国家全域旅游示范区创建单位名单中，广东省有7个市、县入选，开平位列其中。2018年3月国务院发布的《关于促进全域旅游发展的指导意见》标志着全域旅游正式上升为国家战略，全域旅游的概念和实施方向越来越清晰。三年来，国家旅游局相继发布了《国家全域旅游示范区认定标准》《全域旅游示范区创建验收标准》《全域旅游示范区创建工作导则》等系列文件，标志着2016年公布开始创建的全域旅游示范区的验收工作已经提上议事日程。截至目前，这两批500个全域旅游示范区都只是全域旅游创建单位，暂时还没有任何一个已被认定为国家全域旅游示范区。

一 何谓全域旅游？

党的十八大以来，我国经济增长驱动力着力于“新旧动能”转换，即通过新的科技革命和产业变革，形成经济社会发展新动力、新技术、新产业、新业态、新模式，以此来转换传统的以资源和政府为导向的经济发展模式。全域旅游是指在一定区域内，以旅游业为优势产业，通过对区域内经济社会资源，尤其是旅游资源、相关产业、生态环境、公共服务、体制机制、政策法规、文明素质等进行全方位、系统化的优化提升，实现区域资源有机整合、产业融合发展、社会共建共享，以旅游业带动和促进经济社会协调发展的一种新的区域协调发展理念和模式。①

“全域旅游”所追求的，不再是旅游人次的数量增长，而是旅游质量的提升，追求的是旅游对人们生活品质提升的意义，追求的是旅游在人们新财富革命中的转换价值。全域旅游通过消除城乡二元结构实现城乡一体化，全面推动产业建设和经济提升，是以旅游发展带动区域经济发展和乡村振兴的一套模式和方法。

二　开平侨乡建筑遗产

开平现有人口 68 万，华人华侨和港澳台同胞有 75 万，遍布世界 67 个国家和地区，境内有着非常丰富的侨乡特色的建筑遗产资源。

1. 世界文化遗产——开平碉楼与村落：锦江里、马降龙、自力村和三门里

开平境内碉楼最多的时候有 3000 多座，目前尚存 1800 多座。锦江里隶属开平市蚬冈镇，东北距开平市区 22 公里，村后并列着瑞石楼、升峰楼、锦江楼 3 座碉楼，其中“开平第一楼”瑞石楼建于 1923 年，为典型的钢筋混凝土结构的居楼式碉楼（楼高 9 层）。已入选国家级传统村落的马降龙村面临潭江水，背靠百足山，被联合国专家称为“世界最美的村落”。该村 13 座碉楼掩映于村后茂密的竹丛中，与周围民居、自然环境融为一体。自力村位于开平市塘口镇，有 9 座碉楼 6 座庐（即西式别墅），即龙胜楼、养闲别墅、球安居庐、居安楼、

① 罗文斌：《全域旅游的发展背景、本质特征和价值目标解读》，（国家旅游局内参）《旅游调研》2016 年第 8 期，第 6 页。

耀光别墅、云幻楼、竹林楼、振安楼、铭石楼、安庐、逸农楼。叶生居庐、官生居庐、谰生居庐、湛庐。最早的龙胜楼建于民国八年（1919），最晚的湛庐建于民国三十七年（1948）。三门里村因原有三个村口闸门而得名，是开平现存最古老的村落之一，迎龙楼（明朝嘉靖年间，1522—1566）是开平市现存最早的碉楼，是开平碉楼砖楼中极其珍贵的历史遗存。

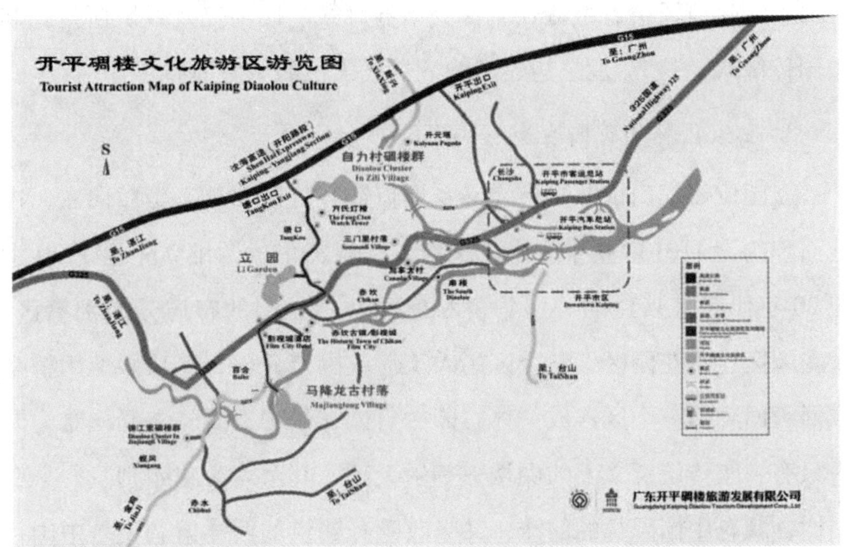

迎龙楼全景　　　　迎龙楼细部

2. 第一批中国特色小镇——开平市牛圩路赤坎古镇

赤坎镇有350多年历史，是一座具有浓郁南国特色和深厚文化底蕴的侨乡古镇，堤西路古民居多建于20世纪20年代，由侨胞、商号老板、乡村祖尝等兴建。古民居楼高一般二层至三层，其沿街部分二层以上出挑至街道红线处，用立柱支撑形成内部的人行道，立面形态上建筑骑跨人行道，是中国传统建筑与西洋建筑结合的一种商住两用建筑，根据它沿街部分的建筑形态取名骑楼。这些成规模、连片、整齐而风格各异的中西合璧骑楼门面共有600多座，延绵3公里，在传统“金”字瓦顶及青砖结构的基础上，融入当时先进的西洋混凝土建筑材料，建筑风格有哥特式、古罗马券廊式、巴洛克式、伊斯兰式和中国传统式，是20世纪初建成的最具代表性的岭南旧城。①

3. 私家园林和花园古迹——立园

立园位于江门市开平市北义乡塘口镇环圩路西侧，坐西向东，占地面积约为11013.99平方米，是塘口镇旅美华侨谢维立先生于20世纪20年代回来兴建的一座华侨私家园林。立园的布局分为别墅区、大花园区、小花园区，三个区用人工河或围墙分隔，并巧妙地用桥亭或通天回廊将三个区连成一体，园中有园，景中有景，布局幽雅。园内只有一座传统意义上的碉楼——乐天楼，其余均为花园别墅，亭台楼榭，既有中国园林的韵味，又吸收欧美建筑的西洋情调，是中国目前发现较为完整的中西结合的私家园林。

4. 华侨村庄——开平市赤坎镇灵源管区加拿大村（又名耀华坊）和邓边村

加拿大村原名耀华坊，隶属赤坎镇灵源村委会，是由旅居加拿大的华侨出资兴建而得名的田间小村落。始建于1923年，最初建有俊庐、华德楼、安庐、国豪楼、四豪楼，后期相继在1933—1936年建有耀东居庐、国根楼、春庐、郁庐、春如楼和会所等11座建筑。世易时移，如今整个村子人去楼空，村庄寂静地坐落在田间至今已经半

① 张国雄、李玉祥：《开平碉楼与民居》，江苏美术出版社2002年版，第148页。

个世纪。

开平赤坎镇加拿大村　开平赤坎镇加拿大村四豪楼　开平赤坎镇加拿大村安庐

邓边村属于三埠街道办簕冲村，这个距离大路不到20米的村庄，曾经精心选址：依山、傍水、近田，现在却一户人家也没有了，是个名副其实的“无人村”。全村长不超过800米，宽不超过600米，房子基本都是青砖建筑，每座住宅的建筑风格都一样，都是以青砖、水泥板、地砖和木板作为建筑材料。目前许多屋顶早已塌陷，门窗已被盗拆，摇摇欲坠的房门上青砖也已松动，郁郁葱葱的大榕树从墙顶冲天而出，荒芜成为村子给人最突出的印象。

邓边村村头的大户人家

邓边村茂密生长的植物

三　开平侨乡建筑遗产保护活化更新过程中面临的问题

过去的十几年间，文化遗产保护逐渐成为社会共识，但发展与保护的矛盾依然十分突出，不同村镇的遗产发展与保护的矛盾稍有差异：

1. 开平碉楼与村落

锦江里、马降龙、自力村和三门里——这几个地方的碉楼与古村落较为集中。按照法律规定，文物保护范围内为禁止建设区域，但是对于大型遗产地，当建筑文化遗产与人口分布为高度重合区域时，这一规定则面临着极大的挑战。建筑遗产保护地区村民需要现代厨卫设施和舒适生活，也不可能强制村民继续以附加值很低的耕种为生，如何在这么大的范围内进行村庄的提升、民生的改善，同时维护建筑遗产的价值是非常需要思考的问题。

2. 赤坎古镇

赤坎古镇的骑楼街前几年是一个开放式的影视城，同时也是当地人居住的地方和通行的一条街道，市井生活全部呈现在这条街上。个体商家利用赤坎原有的历史建筑进行各种商业行为，由于从事商业活动的经营者缺乏文物保护知识，地方文保部门又缺乏监管，赤坎的开发曾经处于无序状态，赤坎镇的历史、人文、建筑等方面的价值都未能得到有效发掘。

目前，赤坎镇文物保护与整体改建项目已于 2017 年 3 月 31 日全面开始房屋征收工作，保护部门或者保护维修单位在执行维修与开发行为时将原住民全部迁走，可能会导致与建筑遗产共同存在的非物质文化遗产（市井的生活气息、淳朴的民风民俗、地域生活风貌和建筑的历史背景及建筑材料与技术等）消失，仅仅保护了建筑物的躯壳，致使建筑物在保护与再利用过程中，失却自身的精神与灵魂。

3. 立园

建筑遗产被旅游部门开发利用后，文保部门难以进行实际的监管，文化遗产易因缺乏保护知识和方法而导致各种损毁甚至是建设性的破坏。同时诸多文保单位在对历史建筑遗产进行保护和维修时，未能同时考虑建筑物维修后可再利用的新功能，如：可以开发旅游或者赋予其他新用途，致使在后期利用过程中产生这样那样的问题。遗产保护与旅游发展和再利用等方面的方法欠佳，已成为文化遗产保护与活化更新道路上的障碍。

4. 加拿大村和邓边村

诸多侨乡乡村建筑遗产得不到应有的重视，完全荒芜空心的废弃华侨村落的保护与再利用是一个非常紧迫的现实课题。乡村旅游是很多地方乡村创收增收的支柱产业。在这样一个山水乡愁逐渐消弭的时代，中国的乡村旅游发展正面临着部门难统筹、文化缺深度、产品缺体验、产业缺联动、营销缺整合等问题，迫切需要结合新时代的发展需求，运用新的发展理念，实现产业发展的突破。

四 全域旅游视域下开平侨乡建筑遗产保护活化更新途径和方法

对于一个快速城市化进程中的国家，建筑遗产的保护与利用，乡村文化的发展与振兴，是一个迫在眉睫并高度复杂的问题，需要综合的策略来解决。在国家大力提倡全域旅游的行业背景下，参考全域旅游示范区创建与验收标准即规划统筹、要素体系、公共服务、资源环境、优质服务、品牌营销、体制机制、政策供给与创新八个方面内容，开平侨乡建筑遗产的保护活化更新途径和方法可以围绕以下几点展开。

1. 坚持规划统筹，促进多规融合发展

全域旅游规划包括全域旅游顶层发展规划、全域旅游规划配套实施方案和各项专项规划，其中发展规划是引领，实施方案和专项规划指明全域旅游发展路径。旅游是一种空间消费，全域旅游目的地是一个开放式的、能够全面动员资源，立足全面创新产品，可以全面满足需求的旅游目的地。

在全域旅游的视域下，从旅游消费对社会经济发展所具有的推动力来思考，旅游要从景区小旅游转向全域大旅游发展，没有空间作为支持是难以成功的。在观光旅游时代，我国的旅游发展从空间上主要依托于各类风景区、文物保护单位、宗教艺术区、森林保护区等进行走马观花的观光式游览。当我国旅游消费进入休闲时代和度假时代时，这些忽视游客旅游体验和参与度的空间形态是难以适应旅游者新的需求的。①

作为民国时期的建筑和街巷风貌遗存，开平侨乡建筑遗产像一个容器一样为旅游提供消费空间场所。因而，应该以旅游消费为平台形成空间的旅游化、要素的旅游化、产业的旅游化的发展格局，改变以往以景区为主要架构的旅游空间经济系统，构建起以景区、度假区、休闲区、旅游购物区、旅游露营地、旅游基地、旅游功能小镇、旅游风景道等不同旅游功能区为架构的旅游目的地空间系统，推动开平旅游空间从以景区为重心向以旅游目的地为核心的转型，实现旅游空间形态和旅游目的地的多样化设置以及差异性分层经营。

从实践的角度，以城市（镇）为全域旅游目的地的空间尺度最为适宜：赤坎古镇可依托古镇旅游环境，塑造休闲街区、旅游街区、旅游风景道，通过旅游购物区、旅游综合体、发展休闲旅游形成旅游目的地中间空间圈层。向内连接锦江里村、马降龙村、自力村和三门里村等世界文化遗产核心保护区，在核心保护区外围村落（如加拿大村和邓边村）建设度假区、旅游露营地、旅游主题民宿、康养社区等，发展度假康养旅游，形成旅游目的地核心空间圈层，增加游客停留的时间，产生更多实现消费的可能性。向外连接开平市大沙镇这样的生态发展区和农业生态圈，建设登山基地、骑术基地、低空飞行基地和国学基地等发展技能性学习体验旅游和康养旅居深度游，形成旅游目

---

① ［美］约瑟夫·派恩、詹姆斯·吉尔摩：《体验经济》，夏业良、鲁炜译，机械工业出版社2002年版，第57页。

的地外围空间圈层。大沙镇自然资源非常丰富，有天露山梅林、双石山、岗坪茶叶基地、岗坪村梯田和榄坑自然风景区。便捷的旅游交通、高效的旅游公共服务和智慧旅游网络服务平台，让这几个圈层和层级的旅游目的地方便快捷衔接与联通，以满足游客沉浸式的深度参与和自我体验需求。

2. 应严守生态红线，提升全域环境质量

全域旅游发展要营造全域旅游环境，提升全域自然和社会环境质量，保留城乡风貌，充分发挥旅游业的带动作用。在规划中，旅游项目布局要严守生态红线。全域旅游专项规划应在结合开平生态红线、城市总规、土地利用等情况的基础上，重点筛选出城市、水域、山乡三个层次可利用空间，在环境保护的总原则引领下，拓展和优化开平的旅游发展空间。

开平大沙镇天露山上6000多亩原生态梅林，每逢严寒季节，万花盛开雪白一片，是烟雾缥缈、深山之中的芳华绝景；双石山美丽的自然风光非常适合开展户外拓展、远足、徒步和定向越野等户外探险游和户外极限运动游。岗坪茶叶基地600亩茶叶种植基地，暮春3月至9月可进行金萱、鸿雁、白毛、英红等六大具有自主知识产权名优茶品种的游览、采摘和品尝。位于岗坪村委会门前的300多亩水田，每年4月的春耕和8月的秋耕，均能观赏到绿叶悠悠、稻谷金黄、层次鲜明的梯田美景。

天露山梅林

岗坪茶叶基地

榄坑自然风景区内资源丰富，有两条近 3 公里的天然河床，形成大小瀑布十多处，深潭飞瀑，千姿百态。风景区内有 6000 多亩原生阔叶林，森林覆盖率高，生态环境保护良好。清澈见底的小溪环绕景区四周，景色迷人，有“文化大革命”时兴建的颇具特色的小水电站 3 座。该自然风景区山清水秀、环境优美，是开平市难得的一处天然氧吧，是家庭式休闲康养旅游的理想之地。榄坑周边村庄还种植青梅 1000 多亩，每年的 11 月至 12 月是观赏梅花绽放的最佳季节，为全域旅游目的地体系外围空间圈层的市场挖掘带来很大余地。通过深挖“农游合一”开发力度，把农业观光体验游和乡村休闲度假游有机结合，打造成“生态小镇、有机乡村、休闲慢城、养生胜地”的旅游目的地，推动乡村振兴。

3. 打造“旅游景区 + 城市与特色村镇 + 产业园区”的旅游目的地体系

全域旅游是集景区、乡村、综合体、小镇、城市五个层面为一体的旅游发展架构。2018 年国务院办公厅《关于促进全域旅游发展的指导意见》中指明：全域旅游发展四个主要目标，其中之一便是旅游效益最大化，即要把旅游业作为经济社会发展的重要支撑，发挥旅游“一业兴百业”的带动作用，促进传统产业提档升级，孵化一批新产业、新业态，不断提高旅游对经济和就业的综合贡献水平。

从全域旅游的成效看，旅游人数和旅游收入以及两者的增长率并非追求的终极目标，旅游对社会经济发展的贡献率，对相关产业的穿透力、辐射力，以及对社会、经济、文化和环境发展的拉动力，才是全域旅游的关键。江门素有“中国第一侨乡”之称，下辖新会区（市）、开平市、台山市、恩平市、鹤山市五市，俗称“五邑”，是闻名世界的华侨之乡。在全域旅游的视域下，利用开平的侨乡建筑遗产，融合区域水利、农业、工业、文化等资源优势，以闻名海内外的开平侨乡建筑遗产为抓手和亮点，吸引游客的视线进入从特色产业发展而来的新业态旅游项目，从而实现对台山川岛、恩平温泉景区、古劳水乡等传统景点，对新会陈皮、新会柑普茶叶制造、新会古典家具、江海腊味、台山鳗鱼、台山海宴镇富贵竹、小冈香业、开平卫浴、鹤山制鞋、蓬江摩托车等特色产业的辐射。将特色旅游放到更加突出的位置，通过政策引导、资金支持等多种方式，鼓励社会资本积极投入旅游业。在产业园区的规划建设中，以市场需求为立足点，充分挖掘相关产业的旅游观赏、体验、休闲、度假功能，增强旅游市场主体活力。只有拥有一定数量和品质的旅游资源，具备经济结构和产业结构与旅游消费相匹配吻合的地区，全域旅游示范效应才会显著体现。

4. 精心打造雕琢“华侨文化”精神和形象核心，全力营造“华侨文化”生活场景和氛围，合理建设布局旅游餐饮、住宿、交通、购物、娱乐体系，激活开平侨乡古镇、碉楼与村落

在自助旅游和全域旅游时代，旅游要素的建设和布局是基础和核心。首先，旅游要素布局要以市场需求为立足点，以提升旅游体验品质为目标，布局位置符合旅游者行为规律，布局类型和品质符合旅游者审美需求和消费习惯。如广东江门开平市赤坎镇，是首批“中国特色小镇”，在全域旅游的视域下，2017 年 4 月启动的赤坎古镇整体保护项目。其次是对赤坎文物的保护。再次是承担一个文化窗口的作用。通过古镇对侨乡文化和岭南文化进行宣传和展示，并以这个华南地区最大的侨乡文化特色旅游风貌区带动周边特色村落全域旅游。

细数民国期间开平的华侨建筑遗产，建筑的结构、形式和用材无不与屋主和修造工匠的海外生活经历有着极大的关系。从业主到修造建筑的工匠，由于曾经在中国香港、澳门、广州以及东南亚

等地工作过，对西方建筑装饰工艺都有一定的认识和了解。开平华侨与村民主动把外国建筑文化与当地建筑文化相结合，按照自己的意愿选取不同的外国建筑式样综合在一起，自成一体，既有古希腊、古罗马的风格，又有哥特、伊斯兰、巴洛克和洛可可风格的建筑要素。① 这些具有折中主义特征的建筑，不讲求固定的建筑设计手法和式样，只注重形式美。它反映了南越本土文化、中原文化与海外文化交流、碰撞与融合的文化耦合，体现了某个特定历史时期侨乡民众自信、开放、包容的心态，折射了开平人民开放务实、博采众长的思想取向和勇于创新的精神内核。这正是开平侨乡建筑独特的地方色彩和文化魅力所在。

除了有形的古镇、碉楼与村落，开平还蕴藏着无形的传统文化非物质遗产。截至2016年，开平共有县级以上非物质文化遗产项目23项。无论是开平侨乡建筑遗产、非遗传承人还是非遗项目，都离不开特定的自然、经济与社会环境，只有让水口泮村舞灯、赛龙舟、开平锣鼓、开平小调、舞狮和全村人的祠堂大筵这些民俗和民间庆典活动，柴火黄鳝饭、开平银针粉、牛郎糍、马岗濑粉、马岗鹅、赤坎鸭粥等民间饮食和工艺兴盛活跃，让村民们成为古村复活的主角，保存他们的质朴生活方式、传统习俗和乡风民规，古镇古村才能唤醒经过时间镌刻的痕迹和时光的记忆，才能真正找到精神和灵魂，成为吸引人们争相前往的地方。

5. 注重交通网络、公共服务网络和智慧旅游网络的建设

旅游交通、旅游公共服务、智慧旅游网络三个网的充分发展，与全域旅游目的地构成了全域化发展的旅游结构。在全域旅游规划中，交通是基础和重中之重。在全域旅游规划中，要建立旅游交通及公共

---

① Qiguang Zeng, “Studies of wall painting fragments from Kaiping Diaolou by SEM/EDX, micro Raman and FT－IR spectroscopy”, *Journal of Microchemical*, Vol. 12, No. 3, May 2010.

设施的网络结构，重视旅游标识系统的打造，完善旅游厕所布局，合理布局旅游咨询服务中心，形成外部可进入性强、内部串联的交通网络，完善旅游交通配套。

自助旅游时代，互联网推动旅游，成为旅游者智慧化的全新移动生活，成为一切产业融合的主渠道与通路结构。在创意设计与优势资源整合基础上，利用“互联网＋”与“旅游＋”的概念提升休闲游憩交互体验。例如，从制香产业衍生的小冈香业城，举办香文化展示，传统手搓香制作；从古典家具行业引申的新会古典家具城，举办古典家具榫卯拼装体验等活动，吸引大量游客前往参观游览和学习体验，显示新业态旅游项目的活力，形成自主旅游生态圈，进而撬动周边地区旅游发展结构的变革。

发展全域旅游要采用互联网、物联网、O2O、移动终端的手段，建设智慧设施，开展智能导游、线上预订等智慧服务，建立以大数据为基础的运营监测中心。新会陈皮村以传统的药食同源的贡品——陈皮——为基础打造产业基地，集陈皮交易、特色餐饮、休闲养生、文化体验等功能为一体，展开新业态旅游。2018 年国庆期间举办的 2018 首届新会陈皮柑农节，利用互联网线上发布信息，线下吸引了不少省内外游客前来分享丰收的喜悦。游客可以挑选当年最早上市的一批新会柑，可以欣赏地道的咸水歌表演、新会柑丰收大巡游，参加互动游戏和文艺表演，等等。新会区 11 个产区的柑农现场直供预售，让游客和采购商都能以最实惠的价格买到正宗地道的新会柑和新会陈皮，在游玩和购物的同时，在陈皮村内品尝地道的养生美食。同时，新会柑的农业生产核心产区茶坑村、天马村、东甲村、梅江村等，都是广东最美的生态乡村，每年柑橘树开花时节，香气怡人，对人有很好的神经舒缓和镇定作用，也都成为人们争相前往的旅游目的地。

6. 优化体制机制，创新政策供给

发展全域旅游，治理机制是关键，政策创新是核心。需要构建大旅游综合管理治理体制机制，成立全域旅游创建办公室，把旅游工作纳入政府年度考核机制，建立旅游部门联席会议制度，强化涉旅部门联合执法。制定和创新全域旅游支持政策、财政投入政策、土地政策、投融资政策、旅游人才与教育政策等，都是必要的举措。

五　结语

开平的全域旅游建设，只有通过创建社会共建共享的旅游环境，通过对区域内经济社会资源、相关产业、生态环境、公共服务、体制和政策等要素在空间优化、产品建设、服务升级、民生幸福等方面的整合、优化和提升，才有可能激活开平侨乡建筑遗产，释放开平侨乡建筑遗产历史遗韵，促进开平侨乡建筑遗产保护活化更新，带动开平乡村旅游和产业的健康持续发展，实现区域内旅游与社会经济的融合发展，实现乡村振兴和城市更新。

（黄莉　邓小飞：广州大学建筑与城市规划学院副教授）

旅游地生命周期理论下“开平碉楼与村落”海外传播路径研究

谢棣英　郑少霞

一　旅游地生命周期理论的概述

旅游地生命周期理论是描述旅游目的地发展变化进程的主要理论，最早提出此概念的为德国的克里斯塔勒，他于1963年在《对欧洲旅游地的一些思考：外围地区—低开发的乡村—娱乐地》一文中认为，旅游地一般经历大概相同的演进过程，分别是发现、成长与衰落。① 目前，学术界公认并广泛应用的旅游地生命周期理论是1980年由加拿大巴特勒在《旅游地生命周期概述》文章中提出的，他将旅游目的地发展分为6个阶段，即探查阶段、参与阶段、发展阶段、巩固阶段、停滞阶段、复苏阶段或衰落阶段，每一个阶段均有其标志性特征，旅游地整体发展最终呈现一条近似S形的发展曲线。②

旅游地生命周期的影响因素大致划分为内部因素与外部因素：内部因素包括当地旅游资源和旅游产品丰富度、旅游设施设备齐全性、相关部门的重视程度、当地市民的参与深度等；外部因素包括旅游资

① 转引自谢芳主编《旅游生态与环境管理》，清华大学出版社2010年版，第23页。
② 转引自张立生《旅游经济基础理论》，经济管理出版社2014年版，第66页。

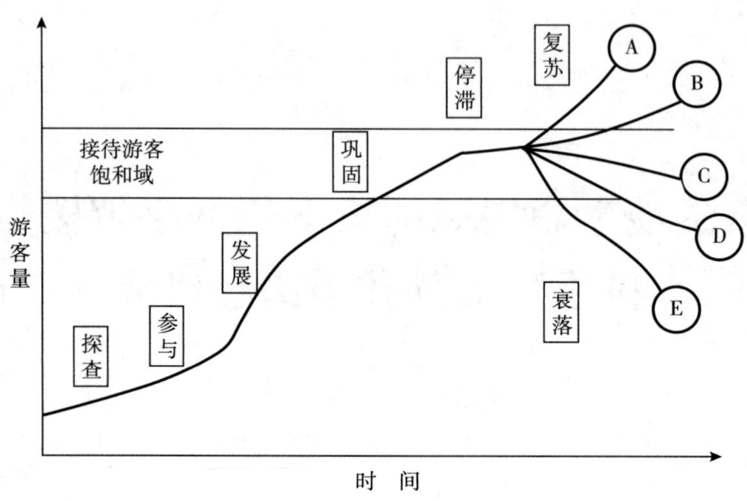

图1　巴特勒的旅游地生命周期模型

源的地理位置、大众传媒的宣传力度、区域内或跨区域各类旅游资源的融合度或竞争激烈程度，以及偶然事件的影响等。

表1　旅游地的演化6个阶段的主要特征

序号	阶段	特征
1	探查阶段	为旅游目的地发展的初始阶段，特点是只有少量的游客，没有特别的旅游基础设施；以使用当地的基础设施为主，游客的出行活动对当地的自然、社会环境以及当地的居民生活不会产生什么变化
2	参与阶段	旅游者人数逐步增多，旅游地逐渐为游客提供简便的设施；慢慢地出现旅游组织和对应管理的政府机构，广告也随之出现
3	发展阶段	在广告和宣传的效果下，逐步形成成熟的旅游市场，大量吸引外来投资，现代化设施取代简陋的基础设施，出现较多的人造吸引物，旅游地自然面貌改变比较明显

续 表

序号	阶段	特征
4	巩固阶段	主要体现为游客增长率下降,游客总量继续增加并超过本地居民数量;旅游地的娱乐和商业区界线分明;当地居民甚至产生不满情绪或反感
5	停滞阶段	旅游地的游客量达到顶峰,旅游环境容量饱和或超量并引发一系列环境、社会和经济问题;人造吸引物取代了自然或文化吸引物,旅游形象不再时兴,旅游市场依赖重游游客;旅游设施过剩
6	复苏或衰落阶段	通过增加一系列新的人造景观或开发新的自然旅游资源,旅游地可能复苏;或者是旅游地经营每况愈下或完全失去旅游功能,旅游地逐步走向衰落

二 “开平碉楼与村落”旅游地生命周期阶段的界定

结合旅游地生命周期理论阶段特征进行分析，准确判定“开平碉楼与村落”旅游所处的生命周期阶段是后续合理制定“开平碉楼与村落”旅游目的地海外传播路径的基础。

据统计，“开平碉楼与村落”于2007年申请世界文化遗产成功后，江门市通过“开平碉楼与村落”这一世界文化遗产品牌全面推进当地全域旅游的建设，使得全市游客人数及收入逐年快速增长：2016年接待海内外游客598.85万人次，旅游收入达63亿元，与2006年相比，分别增长了173.57%和471.68%。[①] 从增长的数据侧面反映出，“开平碉楼与村落”旅游地的游客量规模逐年增长，增长率变化幅度相对较大。

在基础设施设备建设上，“开平碉楼与村落”旅游地升级改造游

① 邓少军：《开平碉楼与村落申遗成功十周年在保护中谋发展》，http：//gz.naic.org.cn/2017/0718/168926.html。

客服务中心，整治交通沿线环境，提供景区间巴士接驳、建设生态停车场、无障碍通道等。2014年，“开平碉楼文化旅游区”（自力村、立园、马降龙组团）成功通过国家5A级景区景观质量评审。

在招募投资上，“开平碉楼与村落”逐步形成相对成熟的旅游市场，2010年全资国有企业广东开平碉楼旅游发展有限公司正式挂牌成立，2015年引入具有专业旅游开发管理经验的乌镇景区管理团队对开平碉楼景区进行管理，逐步建立起完善的旅游管理体制，等等。①

根据上述“开平碉楼与村落”呈现出来的动态变化，可概述出“开平碉楼与村落”呈现出如下特征：大量吸引国内外的游客慕名前来参观、现代旅游设施设备完善并增长、具有完善的相关管理机构，逐步形成较为成熟的旅游市场等，处于旅游地生命周期的“发展阶段”。

三 “开平碉楼与村落”海外传播路径的思考

对正处于旅游地生命周期发展阶段的“开平碉楼与村落”而言，拓展海外传播路径的重点是提高旅游产品质量，拓宽营销渠道，进一步提升旅游目的地的旅游形象。但是由于拓展海外传播路径的因素涉及方方面面，需要优化各个路径措施，因此本文结合4P营销理论的中产品策略（product strategy）、渠道策略（place strategy）、价格策略（price strategy）、促销策略（promotion strategy）四大营销策略，思考如何进一步开拓“开平碉楼与村落”海外传播路径，以扩大“开平碉楼与村落”的海内外知名度和影响力。

---

① 梁佳欣：《不看不知道！江门“开平碉楼与村落”申遗成功十周年有这些变化》，https：//mp.weixin.qq.com/s?__biz=MjM5NzExNDczMA%3D%3D&idx=2&mid=2665402375&sn=7764d8c21d8fe2a3e949f9a5457d2e38。

（一）产品策略

目前“开平碉楼与村落”的旅游开发活动以观光游览为主，游客到此主要旅游项目是观赏碉楼建筑形态和内部摆设等，极容易造成人们的视觉疲劳。实际上，“开平碉楼与村落”拥有丰富多样且独具地域特色的旅游资源，包括历史文化旅游资源、民俗文化资源以及自然旅游资源等，其中历史文化旅游资源得到较为充分的开发，而民俗文化旅游资源和自然旅游资源的开发力度较小。

1. 优化旅游产品

根据国家乡村振兴战略要求，“开平碉楼与村落”在优化、打造旅游产品上可围绕核心产品“碉楼文化”，打造一个村落一个重点旅游产品，开发形成“一村一品”的旅游特色，如开发设计观光型旅游产品、体验性旅游产品、娱乐性旅游产品等，村村不同景，游客可以村村走个遍。

针对观光型产品的开发设计：首先要优化历史文化资源产品，将“开平碉楼与村落”的历史文化内涵通过各种图片、多媒体、文化设计、体验式、参与式等形式传递给游客，并做好本土文化的外文版的、不同形式的传播资料。针对不同语言圈层，编写易于理解的语言来阐释碉楼文化的内涵以及提供便捷的阅读方式，如制作电子宣传画册、自助旅游手册等；在交通设施上，着力提高当地内外交通互联互通水平，旅游地内部以增加自行车交通进行绿道旅游，打造骑单车、观碉楼、赏风光的特色休闲路线，外部增加敞篷船或竹筏等水上交通，让游客尽览开平滨水景色；在讲解系统上，除了配备专业的外文导游可供选择外，建议加大投入电子语音导游系统投入和对应设备的供应，游客可以走到哪讲到哪听到哪，在游玩中进一步了解碉楼文化的深刻内涵。电子系统还可同步提供个性化的游玩推荐，让游客尽情享受当地特色区域文化。

针对体验型旅游产品的开发设计：在住宿上鼓励村民建设特色民宿、精品乡村酒店等住宿接待场所；在饮食上开发本地富有开平特色的农家菜肴，并进行特色、卫生星级评级，打造特色餐饮小吃街区，评选当地特色旅游土特产等；在购物上开发与碉楼文化和当地非物质文化遗产项目等相关的旅游纪念品，标志上碉楼文化、乡村文化、广府文化的烙印，如碉楼模型、乡间村落绘画、茶坑石雕刻等。

针对娱乐性旅游产品的开发设计：除了为游客提供日常的碉楼和古村落观光游览外，还要积极开发富有当地文化特色的乡村体验项目，如夜间篝火、民俗节庆活动等项目；大力开发农业生态旅游产品，如与当地村落农事活动相结合的农业观光、农产品买卖等农家乐活动；拓展高端休闲度假项目如温泉旅游、影视互动娱乐旅游等。

2. 打造产品包

“开平碉楼与村落”早已入选《世界遗产名录》，其本身在全国乃至国际上享有一定的文化知名度和美誉度，然而对比全世界其他文化和自然遗产而言，“开平碉楼与村落”仅仅固守本身的遗产资源，是无法最大限度发挥其海外传播效应的。要达到“1 +1 >2”的效应，必须转变狭隘的旅游区域观，突破“划景为牢”和“画地为牢”的“门票经济”模式，以现代竞合理念推动跨区域的产品整合，与周边景区实现“资源共享”“客源共享”“设施共享”。通过跨区域携手合作，将多个区域的文化遗产或是文化元素结合在一起，推出“一程多站”的旅游路线，打造类型丰富的旅游产品，制定不同的价格策略。

在粤港澳大湾区经济圈里，集合着绚烂多彩的多种文化资源，拥有较多的文化遗产项目，而“开平碉楼与村落”便是其中一个不可多得的特色文化资源的代表，即华侨文化和乡村文化相结合的文化遗产代表。鉴于此，“开平碉楼与村落”可串并其他地域文化，构建起文化旅游路线：华侨文化—乡村文化—广府文化—客家文化—潮汕文化—海洋文化等；也可在“一带一路”背景下，通过相关协议和建立制度化的文化交流机制，构建世界文化和自然遗产的旅游路线：“开平碉楼与村落”（中国）—丹霞山（中国）—吴哥窟（柬埔寨）—琅勃拉邦（老挝）—东巴耶延山（泰国）等“一带一路”沿线的世界文化和自然遗产，使各国文化遗产与国际共享，共同推动沿线国家的文化繁荣，从而提升“开平碉楼与村落”文化在海外的传播范围。

（二）渠道策略

渠道策略是指旅游产品生产者或供应者，促使产品或服务被最终的旅游消费者使用或消费的由中间各个环节连接组成的通道。[①] 在渠道策略上，应先细分客源市场，进而有针对性地制定对应的传播渠道。

1. 细分客源市场

文化遗产具有地域性和政治性，对一个区域文化进行传播必须考虑到其文化对个体、族群、民族乃至国家的意义。每一个地方的文化和政治都有地域性，对外来文化或是包容，或是抵触，或是碰撞交流相融后产生新的文化，因此文化传播的目标群体和路径方向均需要因地制宜。

由于开平碉楼大多是来自美国、加拿大、澳大利亚等地区华侨回乡兴建的、结合中西建筑风格的建筑群，是华侨历史文化的丰碑，是联系海内外华侨的重要文化纽带之一。在新的时代背景下，就传播范

① 王维克：《旅游产品营销渠道策略探析》，《新疆教育学院学报》2003年第4期。

围群体来看，海外市场传播区域主要包括以港澳台、日本、韩国、新加坡、马来西亚、印度尼西亚等地区和国家为代表的东南亚市场以及经济发达地区的欧美市场。通过对不同文化圈层的国家或区域进行划分，制定和采取不同的传播战略，有针对性、有侧重点和有层次地进行差异化渠道传播和营销，逐步扩大“开平碉楼与村落”在海外的文化影响力。

2. 海外传播路径

渠道策略的类型主要有“长、短”渠道、“宽、窄”渠道、“单、多”渠道、“直接、间接”营销渠道等，均是相对而言。对于“开平碉楼与村落”而言，海外的消费者分布广泛且市场需求量大。为了扩大“开平碉楼与村落”在海外传播的影响力及扩大营销空间，宜采用长、宽、多、间接渠道。以间接渠道为例。所谓间接渠道，指的是旅游产品生产者通过中间商经销、代理或帮助传播或销售，向旅游消费者传播和销售旅游产品和服务的流通途径。通过间接渠道，旅游目的地可获得无须支付管理费的销售队伍，简化交易过程，加上中间机构具有强于生产企业的营销能力，因此能够分摊对外传播的运营成本等。

（三）价格策略

优化现有固定的门票经济价格策略，是拓展“开平碉楼与村落”旅游地走出海外的必要条件。大致来说，可采取以下价格策略：

一是刺激优惠价格法。采取市场上最为流行的团购、会员打折等刺激性优惠方法，同时使用合理的歧视价格，如小团体出行超过 5 人，第六位游客享有门票半折优惠等，让游客因感受到满意价格而刺激消费冲动。

二是产品捆绑价格法。首先对旅游地内部而言，门票价格可精心搭配周边的酒店、餐饮或是周边的旅游景区，进行产品捆绑销售；对外而言，结合上述所推出的“一站多程”的旅游产品，实施价格优惠，以满足游客多样的价格需求，也利于“开平碉楼与村落”旅游产品的海外推广。

三是差别定价法。根据旅游的季节性、特殊事件、旅游市场的供求关系等差别定价。如在“特殊事件价格”制定上，采用最普遍的游客生日当天免费参观旅游景点（凭身份证等有效证件）或在特定的餐馆或酒店享受免费“生日蛋糕”和收到具有当地文化特色的礼物，等等，从而使得当地的旅游产品更具竞争力，进一步开拓海外市场。

（四）促销策略

促销策略是指旅游地通过广告、公共关系、互联网传播与网上营销等促销手段，向国内外的游客传递旅游产品信息，引起他们的注意和兴趣，激发他们的购买欲望和旅游行为。促销策略作为延长“开平碉楼与村落”旅游地生命周期发展阶段的重要手段和环节，其功能不仅能有效扩大旅游地知名度，还能吸引更多来自国内的投资。

在广告促销上，我们可在线上的社交圈乃至线下人流较为密集的地方投放广告，如线上社交圈有 Facebook、Twitter、LinkedIn 等，线下投放以在公交车站牌、城市轨道交通、国际机场、入境码头等重点区域为宜。

在公共关系促销方面，做大做强商务、会议等文化旅游产品，发挥多元主体方在中华文化海外传播中的重要作用。建议相关官方机构通过联合社团组织、海外企业、学校等多种性质的主体，共同推动碉楼文化走出海外，如与海外传媒机构、华人社团组织等资源举办各类交流活动，加大城市品牌和旅游品牌的推广力度；申办和举办有国际影响力的展览和会议，以此作为提升知名度的突破口，进一步提高海外传播的有效性；充分利用碉楼和古村落深厚的文化底蕴，组织院校或是国内外文化研究团体进行建筑学、历史学、考古学、美学、民俗学等方面的学习和研究；加强与海外文化媒体的合作力度，进行文化活动策划、人员交流等方式，不断地推出本土文化。

在互联网传播与网上营销方面，由于网络已经打破以往时间、空间和地域的局限，能够更加便捷地呈现碉楼文化的深刻内涵，可通过网络渠道、影视渠道等推广“开平碉楼与村落”文化，如通过旅游栏目或者专题片的方式进行报道以及借助影视进行植入式营销，融入电影、电视剧场景情节，通过场景再现，让观众留下对“开平碉楼与村落”旅游地的深刻印象，达到海外传播和营销目的。

（谢棣英：广东省非物质文化遗产项目咸水歌代表性传承人；
郑少霞：广州市民间文艺家协会）

清代小说《蜃楼志》中的广府风情

纪德君

清代小说《蜃楼志》，二十四回，约成书于嘉庆初年。作者题“庾岭劳人说，禺山老人编”，卷首罗浮居士序说：“劳人生长粤东，熟悉琐事，所撰《蜃楼志》一书，不过本地风光，绝非空中楼阁也。”该小说以广东洋行官商苏万魁及其子苏吉士两代人的兴衰际遇为主线，描绘了一幅清中叶广东沿海地区的社会生活图景，带有浓郁的时代气息和鲜明的地方色彩，可以为今人研究清中叶的广府风情等提供大量鲜活、感性的文献材料，具有很高的认识价值。

一　十三洋行的繁盛

《蜃楼志》首次真实描述了清代海禁开放后广府洋商的生活风貌。据史载，康熙二十四年（1685），开放海禁，设立江浙粤闽四海关，其中粤海关设一专任道员，名为“监督”，或称“海关道”，选满人充任。雍正六年，复成立“商总”，以处理海关有关贸易。乾隆二十二年（1757），诏令外商只准在广州互市，以利“粤民生计”。小说正是以清代这一海关贸易为背景展开故事情节的。

作品第一回就写当时广州“海关贸易，内商涌集，外舶纷来”，“一切货物，都是鬼子船载来，听凭行家报税，发卖三江两湖及各省客商，是粤中绝大的生意”。第四回写李匠山师生重阳登越秀山“倚窗望去，万家烟火，六市嚣尘，真是人工难绘。又见那洋面上，绘船米艇，梭织云飞”。这种商贸繁盛的景象，在清人所作的广州竹枝词中不时可见。如屈大均所作的竹枝词即云：“洋船争出是官商，十字门开向二洋。五丝八丝广缎好，银钱堆满十三行。”① 王时宪的竹枝词云：“珠江南口出南洋，洋里常多白底艆。远在澳门装货到，最繁华是十三行。”② 乾隆三十三年（1768）到过广州的英国商人威廉·希克也在回忆录中这样说：“当你到了这个城市后，发觉到它的景色是引人入胜而美丽如画。宏伟而新颖的建筑，经常使外来人感到惊奇。珠江上的船舶运行忙碌的情景，就像伦敦桥下泰晤士河。不同的是，河面上的帆船形式不一，还有大帆船。在外国人眼里，再没有比排列在珠江上长达几里的帆船更为壮观的了。”③

因此，小说对十三行繁盛景象的描绘是相当真实的。十三洋行威名赫赫，被视为“帝国商行”。“十三行商人不仅被刻印在普鲁士的银币上，而且被列为自古以来世界几大首富之一——他们称得上‘富可敌国’。鸦片战争中，英军侵占了广州，就是十三行首富之一伍家出了 600 万两银元当‘赎城费’。”④ 据史料记载，“在十三行衰落的末期，怡和行商人伍浩官还有价值 2600 万元的财产；同文行商人潘启官还有 1 亿法郎的财产。”⑤ 可见，十三行洋商的巨富是名不虚传的。

《蜃楼志》如实地记载了十三行洋商的泼天富贵。第一回作者介

① 屈大均：《广东新语》，中华书局 1985 年版，第 427 页。

② 陈永正：《中国古代海上丝绸之路诗选》，广东旅游出版社 2001 年版，第 259 页。

③ 龚伯洪：《广府文化源流》，广东高等教育出版社 1999 年版，第 75 页。

④ 谭元亨：《十三行的谣谚与小说》，《华南农业大学学报》（社会科学版）2009 年第 2 期。

⑤ 蒋祖缘、方志钦主编：《简明广东史》，广东人民出版社 1993 年版，第 382 页。

绍苏万魁时说："一人姓苏名万魁，号占村，口齿利便，人才出众，当了商总，竟成了绝顶的富翁。……家中花边番钱整屋堆砌，取用时都以箩筐袋捆。"第八回写苏笑官年底算账，光他人的欠款就约有五十万两银，"各处账目俱已算明，大约洋行、银店、盐商的总欠三十余万，民间庄户、佃户在城零星押欠共二十余万。"可以说，在中国通俗小说中的商人形象中，《蜃楼志》中的洋商恐怕是最富有的。《金瓶梅》中富得流油的西门庆充其量也不过十万家财。

钱财既多，难免重享乐。粤人尚奢，可以借用"世风以奢靡相高，人情以放荡为快"这两句诗概括。《蜃楼志》所写的婚丧嫁娶即形象地体现粤人尚奢的风气。第四回写苏万魁"在花田盖造房子，共十三进，百四十余间，中有小小花园一座。绕基四围，都造有两丈高的砖城，这是富户人家防备强盗的"。"万魁分付正楼厅上排下了合家欢酒席，天井中演戏庆贺，又叫家人们于两边厅上摆下十数酒席，陪着邻居佃户们痛饮，几乎一夜无眠。到了次日，叫家人入城，分请诸客，都送了'即午彩觞候教'的帖子，雇了三只中号酒船伺候，又格外叫了一班戏子。到了下午，诸客到齐，演戏飞觞，猜枚射覆。"第八回写苏吉士娶亲："这温家的嫁资十分丰厚，争光耀日，摆有数里之遥。苏家叫了几班戏子、数十名鼓吹，家人一个个新衣新帽，妇女一个个艳妆浓妆，各厅都张着灯彩，铺着地毯，真是花团锦簇。"其他写看戏庆贺的也不计其数。

粤人尚奢，也可从日常生活时兴使用舶来品中可见一斑。由于广州当时是全国唯一的通商口岸，每日洋货纷至沓来，因而人们在日常的往来酬酢中自然就会以使用舶来品作为时尚。小说第一回就写苏万魁用一块洋表贿赂赫关差的手下杜宠。第三回描写温商的园亭更是半中半洋的，除了槟榔木、紫檀雕几这些富有岭南特色的家具外，更有大量的洋藤炕席、自鸣钟等。第十八回赫广大被抄，小说更是有意罗列了大量的舶来品。

自鸣钟廿八座　洋表大小一百八十二个　洋玻璃屏廿四架　洋玻璃床十六张　洋玻璃灯一百二十对　各色玻璃灯一百八十对　四寸厚水晶桌一张　四寸厚水晶椅八把　洋玻璃挂屏一百零四件　大红、大青、元青哆啰嗦呢各八百张　孔雀裘二套　洋毯　洋玻璃盏大小八十个……

另外，小说还时不时地写到洋酒以及“西洋美人”之类的玩物。如小说第十五回“光郎道：‘晚生还带了一个劝酒美人来，也须赏他个脸。’忙向那边取出一个西洋美人，约有七寸多长，手中捧着大杯，斟满了酒。光郎不知把手怎样一动，那美人已站在吉士面前。吉士欣然饮了，又斟了酒。说也作怪，别人动他，他都朝着吉士；吉士动他，他也再不动一步。”

由此可见，当时的广州人的生活已和洋用品密切地联系在一起了。

二　粤海关的腐败与十三行的衰微

小说还通过描写洋商苏氏父子与海关关差赫广大的关系，揭示了十三行与粤海关的矛盾，揭露了粤海关“任意勒索”“病商累民”的种种情弊及其对十三行衰落的影响，有较高的认识价值。自康熙二十三年（1684）皇帝下令“开海贸易”以来，朝廷就设立了粤海关，每年都钦派满人作为关差来监督关税。由于粤海关代表天子的利益，掌握特权，到了岭南又受到极大的利益诱惑，于是关差便变得异常贪酷与腐败。而这也正是导致十三行衰歇的最主要原因之一。

《蜃楼志》第一回写赫广大出场：“且说这关差姓赫，名广大，号致甫……因慕粤东富艳，讨差监税，挈眷南来。”由于“此缺系谋干而来”，“原不过为财色起见”，因此赫广大一来就狮子大开口，巧立名目欲勒索众洋商五十万两银子，苏万魁托人求情才出三十万两了结。而“自从得了万魁这注银子，那几千几万的，却也不时有些进来。又出了牌票，更换这潮州、惠州各处口书，再打发许多得力家人，坐在本关总口上，一切正税之外较前加二，名曰‘耗银’；其不当税之物，如衣箱包裹、什用器物等类，也格外要些银子，名曰‘火烛银’”（第六回）。小说中的这些描写是很真实的。据《清代广州十三行记略》的研究，早在康熙六十年（1721）时，海关就已巧立各种名目收取税收了，“是年，广州海关需索的‘规礼’：每船，通事索费250两；买办索费150两；船只丈量费3250两，后来减至2962两。税费最初3%后增至4%，再后增至6%。”[①] 对此，日本的一位学者指出，粤海关“由于各种各样的名目，实际征收的金额比正规税额增加了大约两倍”[②]。这种现象在粤海关持续期间屡禁不止。所以小说第十八回写赫广大被抄家，且不说那一长串的奢侈品名单，光是那亏空的税饷就令人瞠目结舌，“清查税饷，共亏空一百六十四万零四百两零一钱六分六厘”。

除了贪腐，赫广大还异常贪色，堪称无耻之尤。小说开头就写他有侍妾十余人，但他“终日守着这一班雌儿，渐渐地觉得家味平常，想尝这广东的野味”（第六回），于是向乌必元又要了八名才色俱佳的“老举”（广东人对妓女的俗称）。除此之外，他还无耻地逼纳乌必元的女儿做妾。

粤海关的贪腐不仅是关差一人，整个海关、衙门几乎无官不贪。小说第五回介绍乌必元，说他“本无经纪，冒充牙行，恃着自己的狡猾，欺压平民，把持商贾，挣下一股家私，遂充了清江县的书办。缘吏员进京谋干，荣授未入流之职，分发广东，又使了几百元花边，得

① 李国荣、林伟森主编：《清代广州十三行纪略》，广东人民出版社2006年版，第26页。

② 转引自戴和《试论清前期粤海关征税用人的弊端》，《开放时代》1985年第1期。

授番禺县河伯所官，管着河下几十花艇，收他花粉之税”。又说汕尾口书办董财，“自初在广充当阜商，娶了家小后，因有了亏空，被运台递解回籍。他因恋着粤中，做些手脚，改姓钻谋。这口书办向例一年一换，都要用银子谋干的，汕尾的缺，向来是三千花边钱一年，包进才改了四千，所以被高才捷足者夺去”（第七回）。粤海关官员不仅明目张胆地营私舞弊，就连他们的家人仆役也为虎作伥，如蝇逐臭。小说第一回写赫广大刚上任就敲诈勒索众洋商，而传令者则是其跟班杜宠。苏万魁为了笼络杜宠，即时给了他一块洋表以及金花边三十元，并许事后补情。这杜宠袖着辞去，一路走着，想道：“怪不得人家要跟关差！我不意中发个小财，只是要替他出点力才好。”不过，真正的势焰家人并不是杜宠一辈，而是总管包进才。就敲诈洋商多少银两一事，杜宠对苏万魁说：“此事上边原没有定见，全是包大爷主张。”（第一回）小说中是这样描写的，“老赫问所办若何，进才禀道：‘这商人们很不懂事，拿着五万银子要求开释。小的想，京里来的人，须给他三十几万两饥荒才打得开；这商人们银子横竖是哄骗洋鬼子的，就多使唤他几两也不为过，总要给他一个利害方好办事。’老赫道：‘很是。晚上我审问他们’”（第一回）。后来众洋商向牢役宋仁远打听消息，仁远道：“弟方才进去，一一告诉包大爷，他说：‘老实告诉你说，里边五十万，我们十万，少一厘不妥，叫他们到南海县监里商量去！’看他这等决裂，实是无法。”（第一回）一名管家就能越过主人任意叫嚣，其权势之大可想而知。“征税用人中的弊端是粤海关腐败的主要表现。粤海关上自监督，下至家人、书役，无不以勒索为己任，整个粤海关有如一个分赃集团。”①

然而，清王朝对查处的粤海关关差又持包庇纵容的态度。小说十八回写赫广大被抄家之后，罪名是这样定的：“所参系是实迹，如何不真？

① 戴和：《试论清前期粤海关征税用人的弊端》，《开放时代》1985 年第 1 期。

却都做到包进才四个家人身上去，老赫拟了个‘酒色糊涂，不能约束下人，以致商民受累……题奏上去，皇上恩德如天，轸念旧臣，即将包进才四人正法，赫广大着看守祖宗坟墓，改过自新。”这不是小说夸大事实，比如乾隆年间粤海关富勒浑腐败案，乾隆认为“究念其非卖官鬻爵，贪黩不法。且历任封建宣力有年，尚知奋勉，而当金川用兵时，督办粮务，亦有微劳，是以宽免其勾决，仍牢固监禁”[①]。

总之，《蜃楼志》对官吏的腐败作了酣畅恣肆的揭露，让人窥见在封建体制下的粤海关空前贪黩、糜烂的真实情景。1835 年 6 月，《中国丛报》曾引用一个东印度公司职员的话：“老实说，广州政府的官吏，没有一个是干净的。”[②] 处于南海之滨开放前沿的广州，官吏们掌控了“生杀予夺的权柄，加上进出口贸易巨额利润的刺激，导致了人性的异化、欲望的疯狂”[③]。

在这种政治体制的重压之下，十三行洋商苟延残喘，渐渐退出了历史舞台。《蜃楼志》中洋商苏万魁的遭际就颇具有代表性。他在赫广大的无耻勒逼之下愤然道：“我横竖破家，事平之后，这行业再不干了。”（第一回）后来，他又对李匠山说：“小弟开这洋行，跟着众人营运，如今衣食已自有余，一个人当大家的奴才，真犯不着，况且利害相随，若不早求自全，正恐身命不保。”于是苏万魁急流勇退，小筑花田。“众商见万魁告退，也照他的样式，退了几个经纪人名字；要想充补的，因进才唆弄，措勒多钱，也都不敢向前。有人题诗于海关照壁‘新来关部本姓赫，既爱花边又贪色。送了银仔献阿姑，十三洋行只剩七。”（第二回）

另外，繁重的捐款、摊派也是十三行难以为继的原因之一。小说

① 卢金玲、刘正刚：《乾隆时期的粤海关腐败案》，《江苏商论》2006 年第 1 期。

② 蒋祖缘、方志钦主编：《简明广东史》，广东人民出版社 1993 年版，第 388 页。

③ 林薇：《〈蜃楼志〉新论》，《清代小说论稿》，北京广播学院出版社 2000 年版，第 75 页。

第二回赫公道："我那管他有心无心，这洋商的缺，人家是谋干不到手，他不要就罢了，那个强他！况且朝廷城工紧项，正要富商踊跃，我们怎好阻挠？"据《清代广州十三行记略》一书记载，乾隆五十七年（1792），"是年，朝廷出兵西藏平叛，要求洋商蔡世文……叶上林等巨款30万，另盐商捐30万，合计60万两，充作朝廷旱饷……洋商的日子苦不堪言。"[①] 又嘉庆六年（1801），"华北一带水灾，朝廷令各省捐款。粤海关监督佶山要求各行商捐25万两，因潘致祥最富有，勒令同文行独捐30万两"[②]。这样的例子数不胜数，小说中苏万魁也是为关陇地震捐款之后才退掉行商一职的。（第二回）

可见，十三行洋商就是清王朝赚钱的工具，是被压榨的机器，终有一天他们会被榨干。嘉庆十五年（1810），"这期间是洋商破产的高峰时期"[③]。嘉庆十九年（1814），"经过捐款的折腾，行商面临困境，十有八九濒于破产"[④]。难怪十三行的洋商们赚到钱后，不把这些资金作为扩大经营的资本，转而买田买地成为封建地主。小说第九回苏吉士焚债券就足以说明苏家良田丰广。这也许就是为什么中国资本主义刚刚萌芽就被扼杀在摇篮里一个缩影吧！

三　骚动不安的沿海与近代革命的序幕

乾嘉太平盛世，表面风平浪静，内里暗潮涌动。这种"山雨欲来风满楼"的迹象在沿海之滨早早地显露了出来。在欲望的驱使下，人心开始异化。小说中不仅写乌必元为了谄媚上司情愿让自己的女儿去做妾，第十五回还写到曲光郎等辈无端设法敲诈苏吉士，竹理黄为了

---

① 李国荣、林伟森主编：《清代广州十三行纪略》，广东人民出版社2006年版，第66页。

② 同上书，第72页。

③ 同上书，第80页。

④ 同上书，第86页。

把钱骗到手还不惜拿自己的老婆作为“诱饵”。所以作者不禁感叹“广东烂仔刁钻甚，未免英雄唤奈何”。

官吏的腐败，加上土地兼并非常严重，迫使许多无以为生的百姓铤而走险。小说中多次写到盗贼疯狂，第八回写苏家花田私宅被盗，第十七回写苏吉士往清远避难，“目下盗贼横行，夜里不能走路”。

另外，整部小说一直都笼罩着洋匪的阴影。小说有许多回目提到洋匪猖獗。如第二回庆公因患海寇出没无常，居然自己出资招募乡勇御匪。第七回惠州汕尾口书办董材因起解洋饷“至海丰县羊蹄岭左侧，陡遇洋匪五十余人蜂拥而来，手持刀铳器械，劫持饷银及行李等物”。第六回，李匠山去江西，姚霍武决定护送其前行，霍武道：“洋匪横行，他那里怕什么官府？即梅岭旱路，亦窃盗蜂生。”可见，洋匪已严重威胁粤东人民的生命与财产安全。

事实上，洋匪在广东沿海古已有之，不过，美国学者安乐博在其《中国海盗的黄金时代》一文中指出：“中国南部沿海地区海盗活动之猖獗可谓史不绝书，然而，中国海盗的黄金时代却迟至中国封建王朝几近没落之际，即大约在 16 世纪至 19 世纪期间才姗姗来迟。其间，中国海盗的发展无论是在规模上还是在范围上，一度都达到了世界其他任何一个地方的海盗均无与匹敌的地步。”①

清乾嘉之际正是海盗风生水起之时。海盗的勃兴，与清朝中叶以白莲教为主的农民起义风起云涌也有很大关系。②《蜃楼志》中就写到一个占据潮州、烧杀抢掠、无恶不作的海盗“大光王”摩剌，他是“天妃宫的和尚，本系四川神木县人，俗名大勇，白莲余党，因奸力毙六命，逃入藏中安身。为人狡猾，拳勇过人，飞檐走脊，视为儿

---

① ［美］安乐博：《中国海盗的黄金时代：1520—1810》，王绍祥译，《东南学术》2002 年第 1 期。

② 参见刘平《清中叶广东海盗问题探索》，《清史研究》1998 年第 1 期。

戏；被他窃了喇嘛度牒，就扮作番僧，改名摩剌，流入中华。在广西思安府杀了人，飘洋潜遁，结连着许多洋匪，在海中浮远山驻扎。因他力举千斤，且晓得几句禁咒，众人推他为首，聚着四千余人，抢得百来个船只，劫掠为生。近因各处洋匪横行，客商不敢走动，渐渐地粮食缺乏，他想着广东富庶，分付众头目看守山寨，自己带了一二百名勇健，驾着海船，来到省城”……

除了上述原因，洋匪之猖獗，也是官府姑息所致。小说第十回写姚霍武去惠州投奔哥哥，路遇王大海诸人。他们本是庆制府标下的乡勇，负责堵御洋匪。谁知庆大人去后，拿着洋匪无处报功，反受地方官的气。王大海说：“从前拿住洋匪，地方官协解至辕，少则赏给银钱，多则赏给职衔。我这两三县中，弟兄十五六人，也有六七个得授职衔的。如今拿住洋匪，先要赴当地文官衙门投报，复审一回，送他银子，他便说是真的；不送银子便说是假的。或即时把强盗放了，或解上去，报了那有银子人的功。那出银子买洋匪报功的，至数十两一名。所以我们这班乡勇，倒是替有银子的人出了力了。这样冤屈的事，那个肯去做他?”如此善恶不分，颠倒黑白，唯利是图，也就难怪海盗肆无忌惮，社会危机四伏了。因此，小说真实地描绘了岭南地区广阔的社会图景，让人隐隐地觉得它正在慢慢地拉开近代革命的序幕。其后不久，就爆发了广西金田起义。

《蜃楼志》所写的广府风情还有不少。例如，当时广州赌风大盛，就连闺阁亦染此风，作者赋诗慨叹道：“赌博赌博，盛于闺阁。饱食暖衣，身无着落。男女杂坐，何恶不作！不论尊卑，暗中摸索。任他贞洁，钗横履错。戒之戒之，恐羞帷薄。”（第二回）又如，娼妓业繁兴。小说写乌必元“得授番禺县河伯所官，管着河下几十花艇，收他花粉之税”（第五回）。还写“花田是粤省有名胜境，春三士女攘往熙来，高尚的载酒联吟，豪华的寻芳挟妓”（第四回）。

总之，《蜃楼志》一书描写了广阔的社会生活图景，从县衙到海关，从洋行到小铺，从街坊到市井，从府门家院到陋室敝屋，官吏商人、官军盗匪、和尚姬妾、帮闲篾片，形形色色的人物俱收笔底，具有风俗画的性质，为今人研究清中叶广府地区的风土人情等提供了大量鲜活、感性的文献资料。

（纪德君：广州大学人文学院院长，教授，
广州大学岭南文化与艺术研究院院长）

晚清广府文学的涉外书写及其文化诉求

金　琼

清朝末年，由于西方资本主义势力入侵，中华民族遭遇了前所未有的政治、军事、经济、社会和文化危机，这就迫使中国人不得不睁眼看世界，开始自觉地探究西方文明，寻求救亡图存之道。以濒海商贸著称的广府地区，由于最先受到西方文化的冲击，因而也最快地表现出了解西方文明的强烈意愿。当时，以梁启超、吴趼人、黄世仲、苏曼殊等为代表的广府精英文人，主动将其涉外见闻诉诸笔端，对西洋景观、器物制度、风土人情、人文历史等，或惊诧艳羡，或臧否讥嘲，或首肯赞扬，从而在与西方文化的碰撞、交流中开启了广府文学近代化的历程，表现了以西学开启民智、改良社会的文化诉求。

一

晚清广府文人游历海外，首先映入眼帘的自然是不同于本土的异域风光与风土人情，其内心世界也难免会产生因少见多怪而有的陌生、惊奇、诧异之情，或因水土不服而有的疑虑、不适乃至排斥之感。如广东番禺人潘飞声，光绪十三年漂洋过海，前往德国柏林大学讲授中国文化。他“出南洋，泛印度，渡红海、地中海，入罗马之国，登瑞士之山，波臣所宫，鬼母所宅，皆汇行卷，以写幽遐瑰诡之观”[①]。其所作《西海纪行卷》《天外归槎录》，详记异域风情、瑰奇景观，一新天下耳目。请看其《西海纪行卷·七洲放洋歌》：

> 云飞山岳蟒动摇，潮卷天地皆沉浮。
> 七洲濛澒走宇外，两日不见山一陬。
> 挂帆直可拂日月，击楫或恐惊蛟虬。
> 瀴溟快览诧奇异，俯仰乍觉怀深忧。

异域的海天奇诡着实让他惊诧，而苏伊士运河的景色也令其心旷神怡：

> 河一转为小富湖，则鱼庄蟹舍、芦荻秋凉；再转为大富湖，则黑草黄沙、骆驼嘶日；三转为丁萨湖，则天光云影，倒蘸冰壶。至于绿水湾环，不止虹桥九曲，粉楼高下，不减雪阁千层……

再看其《天外归槎录》中所写莱茵河的山水风光：

> 十二日：……见一山高耸，阿恩德曰：此和继神山，为德法分界地。望来因河一水如带，《瀛环志略》所谓“沿河多名山古迹，风景清美，时有远客来游者”也。十三日：船行湖中，山青水绿。绕山皆湖，绕湖皆山，日出烟消，苍翠浮动。望比拉离基诸峰，积雪晶莹，山光湖光，映带上下，真宇外之奇观也。[②]

与潘飞声同时代的广东顺德人赖学海读潘著感言：“往读兰使《西海纪行卷》，惊其雄奇刻削，为域外山川开一面孔。兹又读其《天

① 潘飞声：《西海纪行卷》（走向世界丛书），岳麓书社 2016 年版，第 89 页。
② 潘飞声：《天外归槎录》（走向世界丛书），岳麓书社 2016 年版，第 132—133 页。

外归槎录》，感时愤事，出以肮脏、沉挚之言，其诗境又一变矣。”[①] 可见域外的自然景观，不仅令诗人大开眼界，也使其诗歌所写别开生面，展现出令人惊奇叹赏的审美境界。

耐人寻味的是，目睹异域风光的广府文人，在写其所见所闻时，其审美感受与情感体验仍不脱其固有的文化心理底色。如潘飞声写苏伊士运河岸边“灯楼酒肆，人声喧哗”，感觉它“仿佛香港”；其写“红海口”则云：“才从印度扬帆过，红海风樯又杳冥。峭峡水光浮石黑，远天云气扑船青。可容貔虎屯双垒，似有鱼龙走百灵。最是客心孤迥绝，一声洋笛不堪听”。[②] 之所以觉得眼前之景“仿佛香港”，入耳的“洋笛不堪听”，不正是因为其固有的审美眼光与文化心理所导致的吗？苏曼殊在其自传体小说《断鸿零雁记》中也曾涉笔日本的乡野民居，不过其见闻感受，却是一种受唐风宋韵浸淫的审美联想的艺术体现。实际上，苏曼殊不管走到哪里，都喜欢将其所见所闻纳入其已有的文化认知图式，借域外风景寄寓其漂泊之感、故园之思和家国之念。其他广府文人，如容闳、潘飞声、伍廷芳、黄遵宪等，也不例外。他们无论是在英国伦敦、法国巴黎、美国纽约，还是在意大利佛罗伦萨、米兰、威尼斯，在西班牙、葡萄牙……异域风物不断唤醒的是与苏曼殊相似的情感体验和审美意识。内视角的根深蒂固，造成了景与情的跨时空交叠式组合，映照出华夏儿女深深的故园之思和精神根脉。

另外，异国他乡的生活习俗、风土人情等，往往也会给广府文人带来一种文化震惊的心理感受。例如，关于服饰与礼仪文化，王以宣在《法京纪事诗》里写他看到欧西妇人的衣着举止就很有些吃惊：“百裥罗裙曳地娇，酥胸微露隔烟绡。香魂记得惊羞夜，别有金诃护

---

① 张祖翼：《伦敦竹枝词等五种》（走向世界丛书），岳麓书社2016年版，第128页。

② 潘飞声：《西海纪行卷》（走向世界丛书），岳麓书社2016年版，第101页。

细腰。”① 潘飞声也对西方妇女奇装异服尤其对西方人体油画不可思议：“写真别具丹青笔，羞仿华清共浴图。”② 他们以“惊羞夜”“羞仿”来描写其观感，正是中国文人对西方文化中身体暴露与人性舒展的原生解读，骨子里是拿中国传统文化的尺子来度量西方自由主义、个性主义文化，难免觉得格格不入、触目惊心了。又如关于西方节庆与风俗文化，潘飞声在《西海纪行卷》中写道：“雅剧兰闺引兴长，耶苏生日也传觞。绿松灯下花船影，应喜佳人得婿乡。”这是写圣诞风情，西人有“戏摘花瓣为舟浮水验其所止方向，以卜择配之所”的风俗，潘人甚觉新奇，故作此诗。③ 伍廷芳则对美国饮食文化有较生动的描述，并对西人喜食牡蛎深表质疑：

> 蚝蛎亦为西方珍品，且恒生食之。余深不解何以上流妇女及绅士辈，既知其为食腐类之动物，伏处水底，吞食秽质者，而当其啖食之时，津津若有至味焉。余友某君，食蚝蛎不及数枚，至离席而去，归家以后，卧病数日。故一人于其所食之物，亦不可不审慎也。美国有慎食会，专注意于饮食之清洁，然苟其知中国僧家素食之清洁，而委人至吾丛林中考察，必当有所裨益。中国肴馔中，亦有至佳之品，为西方庖人及主妇不当忽者。如鱼翅燕窝，为中国筵宴上品，与西方鳖羹同其尊贵。④

吴趼人在小说《新石头记》第二十三章也对西洋饮食、西医等颇有微词，认为“欧美人所吃的，非煎即烤，火毒尤为利害。不懂他们是甚么意思！总不肯改良！”⑤ 还嘲笑说：“亏他们还自以为医学昌明

---

① 张祖翼：《伦敦竹枝词等五种》（走向世界丛书），岳麓书社 2016 年版，第 119 页。
② 潘飞声：《西海纪行卷》（走向世界丛书），岳麓书社 2016 年版，第 118 页。
③ 同上书，第 120—121 页。
④ 伍廷芳：《美国视察记》，岳麓书社 2016 年版，第 116 页。
⑤ 吴趼人：《世界科幻名家名作：新石头记》，海燕出版社 2015 年版，第 88 页。

呢！还有那种学西医的，也不知他学了多少，便先要把他们自己原有的中医说得个一文不值，还要说中国的医学将来要绝的。你道可笑不可笑呢！”①

诸如此类，无疑都是带着中国传统文化的有色眼镜来观照西方的风物人情，由于文化隔阂、习俗差异，因而产生了惊诧、困惑乃至鄙夷的心理。

二

广府文人在游历异域、观照其自然风物的同时，面对西方的器物文明，更是时常感到莫名的惊诧。小到洋火、留声机、电话，大到电梯、火车、轮船、大炮，广府文学粗描细绘了一幅幅五光十色的西洋器物文明图卷。如黄小配的《宦海潮》，吴趼人《发财秘诀》《糊涂世界》《新石头记》，潘飞声《旅欧三部曲》（《西海纪行卷》《柏林竹枝词》《天外归槎录》），伍廷芳《美国视察记》等，这些小说、游记文章，均曾涉笔各式西洋器物及其引起的复杂观感。

潘飞声在《西海纪行卷》中记载他所见的如小屋一般升降自如的电梯：“主人迎客至，按壁上铃，旋有小房垂下，入座则机动房升，启栏出，已登绝顶。”②《天外归槎路》描写了火车登山、铁缆牵车，“山壁峭削，山上有汽机，以铁缆牵车。驰入苍翠中，心旷神怡”③；文中还提到了望远镜。饶有意味的是，作者乘火车游览埃及古王陵，购得麦西（即埃及）古钱及古碑拓本数种，并由此得出结论，“今观麦西希腊文字，绝类钟鼎、篆籀等文，乃知文字之始，不越象形会意也”④。也就是说，中西文字的象形会意特征是共性特征，反映了人类

① 吴趼人：《世界科幻名家名作：新石头记》，海燕出版社2015年版，第88页。
② 潘飞声：《西海纪行卷》（走向世界丛书），岳麓书社2016年版，第105页。
③ 潘飞声：《天外归槎路》（走向世界丛书），岳麓书社2016年版，第133页。
④ 同上书，第138页。

创造文字思维方式的趋同性，可算是一种“世界性因素”了。[①]

吴趼人在《新石头记》第五回中则写薛蟠对留声机很是稀罕，把它隆重推介给宝玉，没承想宝玉却对“留声机器”不以为然，对薛蟠道：“你且别弄！我听得他不像人声，又不像畜声，怪讨厌的！化了钱买这个顽，真是无味！”[②] 他还说，即便是“交易”，也是外国人赚得更多，咱是吃了亏了，“咱们何苦代外国人做奴才呢？至于姓柏的这个人，简直的不是人类！怎么一个屁放了出来，便一网打尽的说中国人都靠不住。我问他可也是靠不住的，他倒说他是外国脾气！这种人，不知生的是甚么心肝？照他这等说来，我们古圣人以文、行、忠、信立教的这行字，忠字、信字，都是没有的了！这种混账东西！我要是有了杀人的权，我就先杀了他！”[③] 在《红楼梦》里说话文绉绉、行事温吞吞的宝玉，在这里倒匪气十足地扬言要杀“卖国贼”了，令人不禁莞尔。

比较滑稽的是，黄小配《宦海潮》第十九回也摹写了中国钦差与随员对西式器具的陌生、艳羡与不适感。书中说道：“那时美国火车，是地球上有名华丽的，车中分卧室、餐室，另有厕所、浴房，十分齐备。”[④] 但是，随行的一位差官却不大懂得西人的厕所用具，生生在有急时被憋出了笑话！笑话还不打紧，更离谱的是因为水龙头被拧坏造成了秽渍之水四处泛溢，惹怒了同船众人，颇令同行的中国大小官员随员觉得“有失国体”，羞惭不已。[⑤]

潘飞声的《西海纪行卷》《天外归槎录》《柏林竹枝词》，伍廷芳的《美国视察记》等，则以日记、随笔、杂感等形式，对西方的军事

---

① 陈思和：《对中西文学关系的思考》，《中国比较文学》2011 年第 2 期。

② 吴趼人：《新石头记》，《吴趼人全集》第三卷，北方文艺出版社 1998 年版，第 42 页。

③ 同上书，第 56 页。

④ 黄小配：《宦海潮》，浙江古籍出版社 1995 年版，第 120 页。

⑤ 同上书，第 122 页。

与经济状况进行了摹绘，其中除了对一般器物的新奇感受与特殊体验，最重要的莫过于对“杀人利器”的相关描述。潘飞声在中西比较视域下，感受了英国坚船利炮的威猛，感慨于英国“富强甲于欧洲各国”的繁华景象。

> 二十五日晨起，已开船入新开河。……船主苏（美亚）言此河全为英国购得，征收船税，日有起色。而红海、地中海之管钥，实为英人司之。余计由亚洲以趋大西洋，沿海捕头俱为英所占据。自香港而外，曰新嘉坡，曰槟榔屿，曰锡兰，曰亚丁，曰马耳他，曰直布罗陀，皆建炮台，屯重兵，储煤蓄粮，为东来之逆旅。其富强甲于欧洲各国，有由来也，噫。①

吴趼人的小说《上海游骖录》中，其主要人物之一若愚，还就西方的“文明利器”——手枪——发表了这样一番“高论”。

> 大至国家制度，小至儿童玩具，在外国是件件好的，移到我国来，也得要和我国人民的习惯性质程度比较比较，方可施行，不是囫囵吞枣般，是外人的全都合式的。譬如手枪，是件文明利器，我也不能作违心之论，说他不好，倘使我辈得有此物，藉以防护身家性命，岂非极好的么？然而落在坏人手里，他却仗了这个去打劫抢掠，这不是个明证么？照说我国社会中尚有坏人，这等文明利器还是不输入为妙……②

吴氏反对一味地崇洋媚外，主张输入外国利器也要合于国情，像“手枪”这种利器固然可用来防身，但也会为坏人利用，因此还是不

① 潘飞声：《天外归槎路》（走向世界丛书），岳麓书社2016年版，第138—139页。

② 吴趼人：《上海游骖录》，《吴趼人全集》第三卷，北方文艺出版社1998年版，第483页。

输入为好。这种观点虽然不无可取之处，但放在外患频仍的时代，未免不合时宜了。

吴趼人在《新石头记》中还写了一个“自由村”，村里有医用透视镜、验骨镜、验脑镜、测远镜、助明镜，叫人钟、行驶机、燃灯机、造氧气机、收废气机、发亮机、加快飞车等各色装备，这些描写既显示出他想象力的丰富、神奇，亦复说明他受到了外国器物的不少启发。尽管整本书都在拒绝西方影响，嘲笑西人举止、器物、文明的可笑，到头来，还是处处显示出拒绝的模仿、影响的焦虑式“偷学偷师”元素，打上了西方科技文明的明显印记。

三

晚清广府文人还较广泛地涉猎了丰富多元的域外制度文化方面的内容。比如，关于政治制度，梁启超就通过中西对比表达了革新中国专制体制的政治诉求。

> 自余法兰西、英吉利、葡萄牙、西班牙诸市，所在发达，近世诸新造国，其君主未有不凭借市府之力而兴者。然则欧洲封建之灭，非君主之灭，而人民灭之也，帝王既借人民以灭诸侯，义固不可不报，则民有权矣。……中国则不然，数千年来曾无有士民参与政治之事，岂惟无其事，乃并其思想而亦无之。……论者知民权之所以不兴，由于为专制所压抑，亦知专制之所以得行，由于民权之不立耶。……①

梁启超对于晚清的专制政体积重难返的弊病、众怨民愤的现实是看得颇为真切的。他在对欧洲自古希腊罗马以来的政体之衍变史以及

① 梁启超：《梁启超论中国法制史》，商务印书馆2012年版，第156页。

日本明治维新的功绩进行了简要观照之后，指出："专制政治之进化，其精巧完满，举天下万国，未有吾中国若者也。万事不进，而惟于专制政治进焉，国民之程度可想矣。"① 因此，他认为，晚清的专制政体必须废除而代之以民权，甚至与孙中山联合，意欲建立民主共和政体。这种思想意识的获得自然也与其宏阔的西方法治制度史知识结构有关，正是在熟读弥尔顿、孟德斯鸠、卢梭等人的著作后，梁启超才会反思本国政治制度的缺憾、寻求改良中国政治制度的途径。

关于教育制度，苏曼殊笔下的日本、英国、法国教育，伍廷芳介绍的美国、西班牙、秘鲁、墨西哥、古巴教育，潘飞声讲述的德国教育，容闳描写的美国小学、中学、大学教育，等等，这些广府作家对域外教育的执着探索与生动呈现，传达了中国教育近代变革的先声。容闳在《西学东渐记》中曾详叙其"小学时代""中学时代""大学时代""学成归国"各阶段的教育经历与感受，其对美国的教育体制、师资、德育内涵、教学成效，颇多赞誉。

> 玛礼孙学校于1839年11月1日开课，主持校务者为勃朗先生。先生美国人，1832年由耶路大学（Yale University）毕业，旋复得名誉博士学位。……以生平经验，从事教育，实为中国创办西塾之第一人。……校中教科，为初等之算数、地文及英文。英文教科列在上午，国文教科则在下午。②
>
> 孟松（Monson Academy）即预备学校中最著名者。……其校长为海门（Rev. Charles Hammond），亦德高望重，品学兼优者。海君毕业于耶路大学（Yale University），夙好古文，兼嗜英国文艺。故胸怀超逸，气宇宽宏，当时在新英国省，殆无人不知其为大教育家。且其为人富自立性，生平主张俭德，提倡戒酒，总其

① 梁启超：《梁启超论中国法制史》，商务印书馆2012年版，第143页。

② 容闳：《西学东渐记》，中州古籍出版社1998年版，第7页。

言行，无可訾议，不愧为新英国省师表。……而斯时中国人入该校者，惟予等三人耳。海校长对于予等，特加礼遇，当非以中国人之罕见，遂以少为贵，而加以优礼，一对于中国，素抱热诚，甚望予等学成归国，能有所设施耳。①

美国大学制，每年级分数班，每班有主任教员，专司此班中学生功课之分数。学生欲自知其功课之分数多寡者，可问主任教员。……以校中有二三年级学生，约二十人，结为一会，共屋而居，另倩一人为之司饮膳。予竭力经营，获允是职。晨则为之购办蔬肴，饭则为之供应左右。后此二年中予之膳费，盖皆取给于此。虽所获无多，不无小补。萨伐那妇女会既助予以常年经费，阿立芬特兄弟公司亦有特捐相助。此外予更得一职，为兄弟会管理书籍。兄弟会者，校中两辩驳会之一也……②

接受了美式教育的容闳，由此产生了将美式教育传入中国，使中国人受益的强烈愿望，他说："予意以为予之一身，既受此文明之教育。则当使后予之人，亦享此同等之利益，以西方之学术，灌输于中国，使中国日趋于文明富强之境。予后来之事业，盖皆以此为标准，专心致志为之。溯自1854年予毕业之时，以至1872年，中国有第一批留学生之派遣，则此志愿之成熟时也。"③

伍廷芳在《美国视察记》也曾记述、赞赏美国教育。

美国学校制度之优点，则取费廉而包涵广是也。小学及高等学校中，富贵家之子弟，与贫苦之生徒，同堂教授，无分彼此。总统之子，亦入通常之学校就读。故在美国，贫苦之人，亦不至鄙野无文。苟有求学之诚心，不难于大学校中得一学位焉。

---

① 容闳：《西学东渐记》，中州古籍出版社1998年版，第18页。
② 同上书，第24—25页。
③ 同上书，第26—27页。

> 美国学校所授之课程，科目甚繁，赅括至广。
>
> 共同教育（男女合校）在美国甚为通行，且年事进行，渐就发展，不若他国之拘泥。
>
> 且女子好高之心，较男子为尤甚，既同处一堂，则于智育上必力为竞争，思驾男子而上之，男尊女卑之说，可铲除于无形。①

相对于中国教育来说，美国教育相对公平，学习课程广泛，男女合校常见，女子好学上进，这些都令彼时的中国人大开眼界、赞叹不已，而美国教育的这些做法后来也逐渐成为中国开展教育革新的重要参照。

吴趼人在小说《上海游骖录》中则借人物对话表达了在海外设学堂，教国文，开民智，以提升华侨文明程度的想法。

> 若愚道："所以我说，尽力保护侨民，非但可以消除革命的风潮，并且也应该由领事馆在外面设法开个学堂及演说会等，一则教教国文，二则开开民智，多得一分文明程度，外人也少讨厌我们一分。"
>
> 望延道："外人到中国来，我们未曾讨厌他，中国人到外国去，他们何以讨厌我们，真是不懂?"
>
> 若愚道："须知外国人到中国的都是上等人，中国人到外国去的、除了几个钦差、随员及学生，与及近十年来几个避地的党人以外，其余都是做工的粗人，一举一动都是粗莽的，怎么不惹人厌呢？所以我说要到海外去教国文，开民智。近来终日说话是预备立宪，办事是搜捕党人，却不想到办这些事。"②

---

① 伍廷芳：《美国视察记》，岳麓书社 2016 年版，第 40—44 页。

② 吴趼人：《上海游骖录》，《吴趼人全集》第三卷，北方文艺出版社 1998 年版，第 487 页。

这种想法，听起来固然有理，但又未免可笑。如果真的可以在美国开学堂，那么为什么不让华侨学习美国先进的文化知识技能呢？那样不更有利于华侨融入美国社会吗？吴趼人教育思想之保守，由此可见一斑。

又如，关于西方的政治制度、海关制度等，广府文学也有所描述。小说《宦海潮》《康梁演义》等即记叙了美国的平等政治，针砭中国当时的政治体制，冀望君主立宪，分权于民。对于海关制度，《宦海潮》也有真切的记述。该书写钦差张任磐奉命出使美国，因所乘之船有人死亡，入关时被一律要求熏洗消毒，钦差亮明身份，希望豁免，关差怒道："坐上等位的不只是你一人，难道你一人就要抗法？况你又不是医生，那便知死者不是疫症？你休多说，快去罢了！"钦差自然不满："坐上等位虽不只我一人，只我是中国大员，又是来美国做钦差的，便是贵国总统见面时，尽有个礼数。你是甚等人，也不为我留体面罢了，然尽该为两国留个体面呢！如何要这般辱我？"不料，关差一听更怒道："法律所关，医生所说，便是我国大统领也不能违抗。你是中国什么'大员'，却把'钦差'两字来吓我！休再说，你快些去罢！休待俺来动手！"① 在一个小小的关差面前，钦差尊严尽失，只能忍气吞声。不仅如此，关吏还索要钦差证据，验国书，羞辱道："且你们中国人贪图来美做工，动不动要冒作官员，或是冒作殷商，这等伎俩，我们也见得多了，现在倒不必多说，只你拿做钦差的证据给我看也罢了。"② 当时，美国工党"志在禁制华工"，海关人员为防华工入美，故而严密稽查，借端阻止登岸。此种情形，伍廷芳在《美国视察记》中的记录亦可证之。

数年前余返自南美，船留纽约海口外四小时。先有医生上

---

① 黄小配：《宦海潮》，浙江古籍出版社 1995 年版，第 114 页。
② 同上书，第 117 页。

> 船，检验旅客身体，继则税关官吏搜查携带之行李，又有管理侨民之官，询问他国人民之欲居留美土者。所费时间至多。不经此种手续，船即不允入口。旅客虽腹中极端反对，而俯首顺受，无有敢显之于辞色者。夫医生及税吏之检查，于势固不容已，然究以迅速为贵，不可过于留难。余曾游历南美、欧洲、亚洲各地，从未见有船只进口停留若是之久者，不意竟于自由之国遇之，殊出意料之外矣。①

在海关遭遇侮慢、“留难”的经历，最终让伍先生慨叹：“本欲利民，适以扰民，文明如美犹不能免，无惑乎！滔滔者之天下皆是矣。”②

碧荷馆主人在小说《苦社会》中对华人进入美国海关的遭遇描述更为详尽：

> 内中最毒的两件事：一件是到关的华人，若然盘问有可疑情节的，要关在木屋里待审。这木屋虽还没造起，不知怎样的情形，料想不会好的。一件是华工原在美国的，同后来过路的人，都要用机器量他的身段。这件机器，……是各国监中怕犯人逃走，没处捕拿，故由法国起始，定了这个法。……如今中国人并没有犯罪，先要赤身露体，经这一量。③

吴趼人在《劫余灰》里也对华人被“卖猪仔”现象进行了描写：

> 卖到这烟园里，还是好的；若是卖到别处地方，还要受罪。然而这一个园子里，总共五百人做工，每日受他那拳脚交下，鞭

---

① 伍廷芳：《美国视察记》，岳麓书社2016年版，第57页。

② 同上书，第58页。

③ 佚名、碧荷馆主人：《苦社会 黄金世界》，毛德富编校，中州古籍出版社1985年版，第107—108页。

挞横施，捱饥受渴的苦。一个月里，少说点也要磨折死二三十个人。①

被卖猪仔的人大多是因生活所迫，或被人拐骗，或遭人利诱，在西方殖民者眼中他们就像“猪仔”一样卑贱，过着“被驱不异犬与鸡”的屈辱生活。

因之，从各种著述中我们可以发现，海关制度与华工生活的凄惨处境，是晚清广府文学深度关注的重要内容。

值得注意的是，广府文人还对外国的股票、广告企划、通商等经济状况有较具体的描述。如伍廷芳在《美国视察记》中即错愕于美国股票经纪市场的繁盛，深切体悟到不同文化背景下的经济生活，认为除了物产丰富，公民具有自由权是经济繁荣的主要原因。他对美国无处不在的广告产业、纽约的股票交易市场颇感兴趣，甚是嘉许，兴致勃勃地记录道：

> 设有人问余，美国商业之所以发达，其主因何在乎？余必答曰：“广告”。美国商人苟欲发展其所业，无不登广告者。②
>
> 余所见美国商业中最奇之事，莫如纽约之股票交易者。股票交易所，为各货买卖之大市场，然曾无丝微货物之陈列，商人在所中谈论叫嚣，往来不已，苟非先告余此为交易所者，余必将以为集人交哄之所矣。然虽叫嚣甚剧，而从未有流血互斗之事。③
>
> 交易所中，每人各有一小室，一桌一椅一电话，庶可以所中股票市价，告诸其本地及他处之特约人。如华盛顿之特约人得报告后，欲买何种股票，即由电话告之而成交焉。余曾见是等交易，成就于十分钟时，虽买者卖者之间，程途相去乃在七百英里

① 吴趼人：《劫余灰》，《吴趼人全集》第五卷，北方文艺出版社 1998 年版，第 196 页。
② 伍廷芳：《美国视察记》，岳麓书社 2016 年版，第 46 页。
③ 同上书，第 51 页。

大遥。每日股票交易所之买卖，为数其巨，恒至数百万元。①

纽约亦有各种货物之交易所，如谷米、咖啡、棉花等之买卖。故纽约全市，每日交易之总额，为数之巨，有非巧历所能算者。纽约而外，如芝加高，如波士顿，如星星难的，如圣鲁易，如费拉特尔费亚，如白尔铁麻，如华盛顿等，亦皆有股票及他种货物之交易所，然市价则恒操之纽约商人之手。是等交易之法，简易便利，至堪注意。余信欧洲及南美各市场，皆不若纽约之盛也。且美国工业及实业各事，亦皆足为各国之模范。②

作者既对股票交易充满新奇感，又对此种新兴经济手段的高效和便捷大为赞赏，可以说，在了解西方先进的经济模式后，充满了一种求知欲望和改革意识。这也正是外交家们走出国门，被西方先进的科学知识、经济发展模式深深吸引而导致的最初启蒙与触动。

综上所述，在清末民初中国社会的大变局中，以梁启超、吴沃尧、黄世仲、苏曼殊等为代表的广府文人，得风气之先，积极利用小说书写其游历海外的见闻感受，从异域风光、风土人情，到先进的器物与制度文明等，均有涉猎。这些丰富多彩的涉外书写，真切地反映了当时中国人眼中的西方世界以及中国人在西方文明的冲击下产生的文化震惊与文化自省，表达了他们渴望借鉴西方文明来开拓国人视野、革新本土文化的强烈诉求。这不仅对近代中国社会的维新改良、民主革命等发挥了导夫先路的作用，而且对于革新传统的文学观念、拓展中国文学的题材内容、开辟中国文学的新境界等都有不可忽视的重要影响。

（金琼：广州大学人文学院教授）

① 伍廷芳：《美国视察记》，岳麓书社2016年版，第51—52页。

② 同上书，第52页。

文学与地理

陈洵和他的《海绡说词》

曾大兴

陈洵（1871—1942），字述叔，号海绡，广东新会潮莲乡（今广东江门市蓬江区潮莲街道）人。曾任国立中山大学和省立广东大学教授，著有《海绡词》三卷、《海绡说词》一卷。

一　陈洵的生平与词学交往

陈洵的父亲是一个商人。陈洵小的时候，曾随父亲在佛山经商，后来又随吴道镕读书，补南海县学生员。吴道镕，字玉臣，号澹庵，原籍浙江会稽，客居广东番禺，光绪六年（1880）进士，著有《澹庵诗存》等。1890 年前后，陈洵因叔父陈昭常的推荐，任江西瑞昌知县黄元直的西席，在江西生活了十多年，其间曾游历北京、开封、上海、杭州等地。黄元直死后，陈洵回广东。1900 年，陈洵从叔父陈昭常那里借得周济《宋四家词选》，开始学习填词。

1909 年前后，陈洵到广州，在城西荔枝湾租下一处房子，设馆授徒。1911 年秋，著名诗人梁鼎芬、黄节重开“南园诗社”，陈氏应邀出席，梁氏为之延誉，称“黄诗陈词”，由此与黄节相识交好。黄节（1873—1935），原名晦闻，字玉昆，广东顺德人，光绪三十一年（1905）与邓实等创办《国粹学报》，宣统元年（1909）加入同盟会，次年加入南社，1917 年起任北京大学教授。黄节在当时的诗坛享有盛名，与梁鼎芬、曾习经、罗惇曧并称为“近代岭南四大家”，又被称为“民国诗坛祭酒”，著有《蒹葭楼诗》等。梁鼎芬把黄节的诗和陈洵的词并称，表明 41 岁的陈洵在当时的岭南已经是很有成就的词人了。

但是，此时的陈洵在内地词坛并不知名。他真正为内地词坛所知，是在朱祖谋读了他的词之后。而朱祖谋能够读到陈洵的词，则是因为粤剧名伶雪娘的介绍。刘斯翰的《海绡词笺注》引述了一段文字，讲到雪娘其人及其与陈洵的关系：

雪娘，李雪芳之昵称。李氏广东南海人，生卒年不详。20 世纪初叶广州著名女全班“群芳艳影”之正印花旦，擅演悲剧，以唱功著称，嗓音清脆高亢，气量充沛，尝以《仕林祭塔》蜚声一时，为粤剧尚用官话（又称中州音）时代之女角，与北京梅兰芳齐名，有“北梅南雪”之誉，首本戏还有《黛玉葬花》《曹大家》《夕阳红泪》等。据称海绡迷恋李氏，“虽值夏天西江水大，街巷水深盈尺，犹涉水不顾也”，尝“写词十余阕以赠……皆精心刻意之制”。①

陈洵认识雪娘，约在 1917 年。1920 年秋，浙江临海、海宁一带发生水灾，雪娘应简照南之邀北上义演赈灾。陈洵为之送行，并以所制十余阕词相赠。为提升雪娘在沪上的知名度，由南洋兄弟烟草公司出面邀沪上名流晏集于太古洋行买办甘翰臣之非园，陈三立、朱祖谋等均应邀出席。朱祖谋由此认识雪娘，并因雪娘的介绍读到陈洵的词，且大为赞赏。朱、陈二人开始了书信往来。②

1923 年秋，朱祖谋用仿宋聚珍版为陈洵刻印《海绡词》（一卷本），并请黄节作序。序云：“以彊村词宗当世，而称述叔词，且为刊

① 乐生：《一代词家陈洵词笺》，《书谱》1987 年第 5 期。引自刘斯翰《海绡词笺注》，上海古籍出版社 2002 年版，第 17 页。

② 黄镇林：《陈洵与雪娘》，《当代诗词》2004 年第 2 期。

而传焉，则知其词之有可传者矣。述叔穷老，授徒郡居，微彊村，世无由知述叔者矣。”①

1923年9月28日，朱祖谋致信陈洵，称“公学梦窗，可称得髓，胜处在神骨俱静，非躁心人所能窥见万一者，此事固关性分尔”②。1925年，朱氏作《望江南·杂题我朝诸名家词集后》，关于陈洵和况周颐的这一首写道：“雕虫手，千古亦才难。新拜海南为上将，试要临桂角中原，来者孰登坛？”其叙云：“新会陈述叔、临桂况夔笙，并世两雄，无与抗手也。”（《彊村语业》卷三）朱氏弟子龙榆生云：“自斯论一出，而《海绡词》名遂震耀海内。”③ 尔后，朱祖谋又将《海绡词》（二卷本）收入《沧海遗音集》，手批云：“神骨俱静，此真能火传梦窗者。”又称其“善用逆笔，故处处见腾踔之势，清真法乳也”。又谓其“卷二多朴素之作，在文家为南丰，在诗家为渊明”。④

1929年7月，朱祖谋向中山大学国文系主任伍叔傥推荐陈洵，陈氏由此告别私塾先生的贫窭，出任中大词学教授，月薪350元大洋，后升至420元。⑤

同年9月，朱祖谋致信陈洵，谈及撰写词论一事。

> 承示推演周吴，自为此道，独辟奥窔，若云俟人领会，则两公逮今，几及千年，试问领会者几人。屡诵致铁夫书，所论深妙处，均发前人所未发。蒙昧如鄙人，顿开茅塞。其裨益方来，岂

---

① 黄节：《〈海绡词〉序》，引自刘斯瀚《海绡词笺注》，上海古籍出版社2002年版，第495页。

② 朱孝臧：《致陈述叔书札》，引自刘斯瀚《海绡词笺注》，上海古籍出版社2002年版，第499页。

③ 龙榆生：《陈海绡先生之词学》，《龙榆生词学论文集》，上海古籍出版社1997年版，第477页。

④ 朱孝臧：《手批〈海绡词〉》，引自刘斯瀚《海绡词笺注》，上海古籍出版社2002年版，第495页。

⑤ 刘斯瀚：《陈洵年谱简编》，刘斯瀚：《海绡词笺注》，上海古籍出版社2002年版，第509页。

有涯涘。倘成一书以惠学者，自以发挥己意为宏大耳。①

接朱氏信，陈洵“由是始有意著《说词》”②。可见他的《海绡说词》一书，原是在朱祖谋的授意之下写成的。

1930年秋，陈洵赴上海见朱祖谋。龙榆生回忆说：

> 述叔先生自粤北游，彊村先生广为扬誉，遍邀寓沪词人墨客，大会于福州路之杏花楼。予时方居真如，教授暨南大学。彊村先生折简相招，有“岭表大词家陈海绡翁远来，不可不一见”之语。予因得陪末座。初识述叔先生，徒以不谙粤语，但见其神寒骨重，肃然益增钦挹而已。③

陈洵与朱祖谋“坐思悲阁谈词”，相与尽欢，月余始归。吴湖帆特意为之绘《思悲阁谈词图》，以记一时之胜。

1931年12月，朱祖谋病逝，陈洵“时欲购宅一区为终老计，署券将定，而朱氏噩耗至，乃为之流涕而罢”④，并随即致挽词《木兰花慢》（水楼闲事了），感叹“天海共苍苍，弦敛赏音亡”⑤。1933年，龙榆生主持刻印《彊村遗书》，陈洵捐资200大洋。

龙榆生在《陈海绡先生之词学》一文中说：“彊村先生晚岁居沪，于并世词流中最为推挹者，厥唯述叔、仁先（陈曾寿）两先生。而述叔居岭南，仁先居天津，不获时时会合，故寄怀之作，亦以二氏为独多。”据他统计，朱祖谋寄怀陈洵的作品有《丹凤吟·寄怀陈述叔岭南》《应天长·海绡翁客秋北来，坐我思悲阁谈词，流连浃旬。吴湖

① 朱孝臧：《致陈述叔书札》，引自刘斯瀚《海绡词笺注》，上海古籍出版社2002年版，第502页。

② 刘斯瀚：《陈洵年谱简编》，《海绡词笺注》，上海古籍出版社2002年版，第509页。

③ 龙榆生：《陈海绡先生之词学》，《龙榆生词学论文集》，上海古籍出版社1997年版，第478页。

④ 刘斯瀚：《陈洵年谱简编》，《海绡词笺注》，上海古籍出版社2002年版，第510页。

⑤ 刘斯瀚：《海绡词笺注》，上海古籍出版社2002年版，第376—377页。

帆为作图饯别。翁示新章，借其起句答之》二首，而陈洵“集中怀念彊村先生之作，竟至七八阕之多”。

陈洵与朱氏弟子龙榆生，则“谊在师友之间”。1932 年 8 月，陈洵写定《海绡说词》67 则，寄龙榆生，1934 年 7 月收入《沧海遗音集》的陈氏《海绡词》（二卷本），由龙榆生正式刊行面世。陈氏去世之后，龙榆生又为其校勘和补刻《海绡词》（卷三）和《海绡说词》各一卷，并撰《陈海绡先生之词学》一文，刊于自己主编的《同声月刊》第 2 卷第 6 号。

在传播陈洵的作品和研究成果方面，龙榆生也是起了重要作用的。龙榆生对陈氏的为人和学问很是敬重。他回忆说：

> 予以民国二十四年秋，自沪南游，任教中山大学，与海绡先生共事者年余。是时学校方迁石牌，而海绡翁家居市内，相距二十余里。每见其远来授课，扶杖登山，虽逼颓龄，而风神散朗。不甚喜与同人交接。每小时约讲词一、二首，时复朗吟，予往往从窗外窃听之。讲毕，径行返市。予尝至连庆涌边，访翁于所营小筑。门前自署集杜一联云：“岂有文章惊海内，莫教鹅鸭恼比邻。”板屋数椽，萧然四壁。翁出肃客，导登小楼。下临小溪，楼前置茉莉数本，案头陈宋儒理学书及宋贤词集若干册而已。清风亮节，于此亦见一斑。予平生不喜刺探朋侪身世，及家庭琐屑，故与翁虽谊在师友之间，而所知仅止于此。第闻人言，翁居粤中，亦颇落落寡合耳。①

1938 年 10 月，日军占据广州。11 月，中山大学内迁云南澄江，陈洵未随往，举家移居澳门，但处境并不好。夏承焘《天风阁学词日

① 龙榆生：《陈海绡先生之词学》，《龙榆生词学论文集》，上海古籍出版社 1997 年版，第 481 页。

记》1939 年 10 月 12 日载："（廖忏翁）谓陈述叔年七十，一生不能说普通话，仅一度往江西佐粤人幕，余皆课蒙为活。近闻在澳门，已老惫不堪矣。"①

1940 年春，"老惫不堪"的陈洵回到广州时，他在连庆涌边的房子已毁于兵火。陈氏移居宝华正中约。同年 10 月，陈氏就任省立广东大学词学教授。1942 年 6 月 19 日，因患喉癌卒于寓所，享年 72 岁。

陈洵与朱氏另一词学弟子汪精卫的关系也非同一般。龙榆生回忆说：

> 本年（1942）六月二十一日，国民政府主席汪公，自粤返京。甫下飞机，即驰书以海绡翁下世相告。谓翁以前两日（夏历五月初六）病逝，在粤犹及致赙云。次日晋谒汪公。谈及翁之学行，深致推挹，本拟相见，时已病不能言。汪公旋复致电粤中，从其家属商取未刊遗稿《海绡词》卷三及《海绡说词》各一卷，飞递入京，将为出赀补刻，而命予为校勘。予念翁暮年萧瑟，得彊村先生为扬誉于前，汪公为表彰于后，词客有灵，应亦可以无憾矣。②

根据以上史实，可以肯定，没有朱祖谋的启发和鼓励，陈洵不会撰写《海绡说词》；陈氏去世后，没有龙榆生的校勘和汪精卫的出资刻印，《海绡说词》不会出版问世。朱祖谋师徒可谓《海绡说词》面世之功臣。

更重要的是，由于朱祖谋"为扬誉于前"，汪精卫、龙榆生"为表彰于后"，陈洵才能在 20 世纪词学史上享有重名。朱祖谋何以如此推许陈洵？原因即在于陈洵治词，与朱祖谋同一主张，同一路数。龙

---

① 夏承焘：《天风阁学词日记》，《夏承焘集》第 6 册，浙江古籍出版社、浙江教育出版社 1997 年版，第 141 页。

② 龙榆生：《陈海绡先生之词学》，《龙榆生词学论文集》，上海古籍出版社 1997 年版，第 483 页。

榆生指出：

> 在昔朱彝尊、陈维崧，有“朱陈村词”之刻。虽二人并世齐名，而词风各异。不似彊村、海绡两先生之同主梦窗，纯以宗趣相同，遂心赏神交，契若针芥也。①

“同主梦窗”，这才是问题的关键。龙氏又讲，陈洵在中山大学时“与诸生讲论词学，专主清真、梦窗，分析不厌求详。金针暗度，其聪颖特殊弟子，能领悟而以填词自见者，颇不乏人。所谓‘岭表宗风’，自半塘老人倡导于前，海绡翁振起于后，一时影响所及，殆驾常州词派而上之”②。叶恭绰亦云：“述叔词最为彊村翁所推许，称为一时无两。述叔词固非襞积为工者，读之，可知梦窗真谛。”（《广箧中词》卷三）

20世纪前半叶，“学梦窗者几半天下”，而推崇梦窗最力者当数朱祖谋、况周颐、陈洵和杨铁夫诸人。相同的词学渊源，相同的词学主张，相同的治词路子，使朱祖谋和陈洵成为知音。

二 《海绡说词》的得与失

《海绡说词》这本书，以说梦窗词为重点，多达70首，可以说是20世纪词学史上继郑文焯《梦窗词校议》（1908）、朱祖谋《梦窗词集小笺》（1917）和夏承焘《梦窗词集后笺》（1932）之后的又一项梦窗词研究的重要成果，它的完成，比杨铁夫的《梦窗词全集笺释》（1936）早4年，比刘永济的《微睇室说词》（1960）早28年。陈洵治梦窗词，用力之处不在校勘和笺注，而在以“留”字为中心，以

---

① 龙榆生：《陈海绡先生之词学》，《龙榆生词学论文集》，上海古籍出版社1997年版，第481页。

② 同上。

“命意”和“用笔”为切入点，着意探讨它的思想内涵和艺术表现。这是他不同于郑文焯与朱祖谋等人的地方，也是他对传统词学著述的一个超越。

1.《海绡说词》在理论上的得与失

陈洵的词学观点，集中体现在《海绡说词》的“通论”部分，共12条。他在理论上的创新之处，不在“师周吴”这一条，也不在“本诗”“源流正变”“志学”“严律”“贵拙”“贵养”“由大而化”“内美”“襟度”各条，而在“贵留”和“以留求梦窗”这两条。他说：

> 词笔莫妙于留，盖能留则不尽而有余味。离合顺逆，皆可随意指挥，而沉深浑厚，皆由此得。虽以稼轩之纵横，而不流于悍疾，则能留故也。
>
> 以涩求梦窗，不如以留求梦窗。见为涩者，以用事下语处求之。见为留者，以命意运笔中得之也。以涩求梦窗，即免于晦，亦不过极意研练丽密止矣，是学梦窗，适得草窗。以留求梦窗，则穷高极深，一步一境。沈伯时谓梦窗深得清真之妙，盖于此得之。①

前一条讲什么是“留”，后一条讲谁最能“留”，两条合起来，就是陈洵所谓的“留字诀”。所谓“留”，刘永济据解释，“即含蓄甚深而不出一浅露之笔，故虽千言万语而无穷尽也”②。陈洵讲“以涩求梦窗，不如以留求梦窗”，这是他研究梦窗词的独特体会。细推陈氏之意，“涩”字似乎不是一个贬义词，它和“晦”字是有区别的；但是和“留”字相比，它的层次还是低了一点。因为“涩”可以从“用事下语处求之”，而“留”字则必须从“命意用笔中得之也”。唯

① 陈洵：《海绡说词》，唐圭璋编《词话丛编》第5册，中华书局1986年版，第4840—4841页。

② 刘永济：《微睇室说词》，上海古籍出版社1987年版，第51页。

其如此，如果以“涩”字求梦窗，就算不蹈于“晦”，也不过是“极意研练丽密”而已，而以“留”字求梦窗，则“穷高极深，一步一境”，美不胜收。《海绡说词》的“说词”部分，包括说《梦窗词》70首，说《片玉词》39首，说《稼轩词》2首，就是从“命意”和“用笔”这两个方面来寻绎所谓“留字诀”的。因此“贵留”二字，可以说是《海绡说词》的理论核心。

陈洵30岁从叔父陈昭常处借得周济《宋四家词选》，始学为词。其一生治词，亦不出周氏之范围。龙榆生指出：“近百年之词风，鲜不受常州派之影响……海绡翁少长岭南，中居江右，对于倚声之业，冥心独往。黄序称‘述叔早为词，悦稼轩、梦窗、碧山。’是所从入之途，仍在周止庵之《宋四家词选》，原不能轶出常州范围之外。”[①] 这话是符合事实的。陈洵《海绡说词》一书，即本周济论词之意。周济《宋四家词选目录序论》云：“清真集大成者也。稼轩敛雄心，抗高调，变温婉，成悲凉。碧山餍心切理，言近旨远，声容调度，一一可循。梦窗奇思壮采，腾天潜渊，返南宋之清泚，为北宋之秾挚，是为四家，领袖一代。”又云“问途碧山，历梦窗、稼轩，以还清真之浑化，余所望于世之为词人者，盖如此”。[②] 陈洵不同于周济的地方，在所谓“立周、吴为师，退辛、王为友”，而不是像周济那样把周、辛、吴、王四人并列。其言曰：

> 周止庵立周辛吴王四家，善矣。唯师说虽具，而统系未明。疑于传授家法，或未洽也。吾意则以周吴为师，余子为友，使周吴有定尊，然后余子可取益。于师有未达，则博求之友。于友有未安，则还质之师。如此，则系统明，而源流分合之故，亦从可

① 龙榆生：《陈海绡先生之词学》，《龙榆生词学论文集》，上海古籍出版社1997年版，第485页。

② 周济：《宋四家词选目录序论》，唐圭璋编《词话丛编》第2册，中华书局1986年版，第1643页。

识矣……今吾立周吴为师，退辛王为友，虽若与周氏小有异同，而实本周氏之意。渊源所自，不敢诬也。①

周济之说，不过划分派别，设立门户，有违古人“转益多师”的优良传统，原不足取。且不说一个半世纪以来，并无一人由他所指示的途径，达到所谓“清真之浑化”；就算有人真的形神俱似登堂入室，那又如何？也不过是“清真第二”，并不能卓然自成一家。周济评诸家词之优劣长短，时有精辟之见，但是他所指示的这个途径，违反文学创作的基本规律，违反文学史的基本常识，根本就是行不通的。陈洵承周济之余绪而“小有异同”，“立周、吴为师，退辛、王为友”，“统系”确实“明”了许多，因四人之中，周、吴的路子更为接近。陈洵推尊周、吴，主张“由吴以希周”，看似比周济的体认要细致，实则堂庑更小，取径更窄，更不足取。陈洵不无得意地说：“吾年三十，始学为词。读周氏《四家词选》，即欲从事于美成。乃求之于美成，而美成不可见也。求之于稼轩，而美成不可见也。求之于碧山，而美成不可见也。于是专求之于梦窗，然后得之。因知学词者，由梦窗以窥美成，犹学诗者由义山以窥少陵，皆途辙之至正者也。”② 陈洵称自己“专求之于梦窗，然后得之（美成）”，未免言过其实。即便他的词确如朱祖谋所言，“真能火传梦窗”，真得“清真法乳”，也只能归于“梦窗第二，清真第三”，不能卓然自成一家。而他所标举的这套“家法”，如果真的有人遵循，“真能火传陈洵”，也只能归于“陈洵第二，梦窗第三”，难以有自己的面貌。所以说，陈洵的“由吴以希周”，作为初学者的一种模仿之道，原无不可；然艺术贵独创而轻模仿，如果沿着这个途径一直走下去，不能超出周、吴之藩篱，那

① 陈洵：《海绡说词》，唐圭璋编《词话丛编》第 5 册，中华书局 1986 年版，第 4838—4839 页。

② 同上书，第 4839 页。

是无论如何也不可能有所成就的。

2.《海绡说词》在操作上的得与失

陈洵说《梦窗词》之“用笔”，重在其“离合顺逆”一端，也就是它的组织结构。在这方面，陈洵堪称行家里手。

梦窗词，不仅在起句、歇拍、过片和结尾等处十分用力，而且转折很多，情绪屡变。它不是一句挨着一句地说，几乎是一句一转，而其转折、承接之处又不用虚字呼应，不露痕迹，这就是陈洵所谓的“潜气内转”或“空际转身”。这是梦窗词的一大特点。陈洵说梦窗词，就善于抓住它的这个特点，看它如何起，又如何结；如何转折，又如何照应，把它的“离合顺逆”梳理得清清楚楚。例如说《霜花腴》（翠微路窄）、说《珍珠帘》（蜜沉炉暖）、说《花犯》（小娉婷）、说《瑞龙吟》（黯分袖）、说《应天长》（丽花斗靥）、说《惜黄花慢》（送客吴皋）、说《踏莎行》（润玉笼绡）、说《浪淘沙》（灯火雨中船）、说《风入松》（画船帘密）、说《塞垣春》（漏瑟侵琼管）等等，都显得准确、深细、熨帖，且要言不烦，让人不得不服。

陈洵说《梦窗词》之“命意”，则重在它的“言外之意”，主要是指它的政治寓意，还有词人的两段恋情。这个问题就比较复杂了。因为在《梦窗词》里，有的确有“言外之意”，有的则没有。例如《古香慢》（怨娥坠柳）这首词，陈洵说“此亦伤宋室之衰也”，又如《风入松》（听风听雨）这首词，陈洵说是“思去妾也”，后人都不持异议；但是他把《宴清都》（绣幄鸳鸯柱）里的“华清惯浴，春盎风露”等五句词，解成“有好色不与民同意，天宝之不为靖康者幸耳”；把《渡江云》（羞红颦浅浪）里的“明朝事与孤烟冷，做满湖、风雨愁人”等句说成是“天地变色，于词为奇幻，于事为不祥，宜其不终也”，则未免牵强附会，夸大其词，不能令人信服。类似的例子还有说《高阳台》（修竹凝妆）、说《三株媚》（湖山经惯醉）、说《齐天乐》（烟波桃叶）、说《丁香结》（香袅红霏）、说《烛影摇红》（碧淡山姿）等等，都有胶柱鼓瑟之嫌。

陈洵说《梦窗词》之“命意”，之所以出现这么多的败笔，不像他说《梦窗词》之“用笔”那样成熟老到，首先是由于他在词学观念上长期受张惠言一班人的影响，总是有一个“比兴寄托”横亘在胸中，一旦遇到这种意境稍微深沉一点的作品，他就马上想到了“风人之旨”。还有一个原因，就是他向来把梦窗的为人看得过高，不能以平常之心对待，以为他一下笔，就一定会有“言外之意”。例如他在《襟度》这一条里就这样讲：“清真不肯附和祥瑞，梦窗不肯攀援藩邸，襟度既同，自然玄契。”① 这就未免遮蔽事实，胡吹乱捧。有了这一层错误认识，于是就刻意地在《梦窗词》里寻求所谓“微言大意”，这种汉儒说诗式的搞法，怎么会不出现败笔？

虽然如此，《海绡说词》之说《梦窗词》，贡献仍然是主要的。诚如时人所云：“梦窗词沉晦数百年，最称难读。自经王半塘、朱彊村诸先生之校勘，陈述叔先生之讲述，此书乃重显于世。”② 陈洵和王鹏运、朱祖谋一样，于《梦窗词》都是有功劳的，他们在《梦窗词》的校勘、笺释、解说方面的成就，远远超过前人；而陈洵对《梦窗词》“用笔”的分析，更超过了王鹏运和朱祖谋。他的不少观点和说法，经常被人们所引述。据统计，杨铁夫的《梦窗词全集笺释》、唐圭璋的《宋词三百首笺注》和刘永济的《微睇室说词》等词学名著，征引陈洵《海绡说词》多达44处③，由此可见这本书在20世纪词学史上的影响。

（曾大兴：广州大学人文学院教授、广府文化研究中心研究员）

---

① 陈洵：《海绡说词》，唐圭璋编《词话丛编》第5册，中华书局1986年版，第4841页。

② 秋蓬：《词籍介绍·改正梦窗词选笺释》，《词学季刊》第1卷第2号。

③ 陈文华：《海绡翁梦窗词说诠评》，台湾里仁书局1996年版，第339—351页。

近代岭南报刊小说与他报关系[①]

梁冬丽

据笔者统计，1911 年以前的近代岭南报刊约有 250 份（种），发表小说约 530 篇（部）。岭南报刊内部之间有互见的小说，有相当一部分小说被上海、南洋、北美等地的报刊转载，同时也转载少量其他地区报刊的小说。从考察结果看，说明：一是近代岭南报刊原创性作品比较多，因为有专门、专业的小说写手，自产作家创作的小说能满足发表并传播报人思想主旨的需求，没有大量转载他报小说的情况；二是岭南与上海、南洋或北美报界有密切关系，岭南报人多在这些区域流动，岭南人在这些区域较为密集，是粤语文化圈辐射之地，转载作品能满足其思想文化精神的需求；三是对核实某些岭南报人小说家作品的数量（篇目）、署名、影响力有很大的帮助。但是转载过程中更换题目或署名，有可能引发该作品是转载还是抄袭的争议。

近代岭南报刊之间互见的小说

近代岭南报刊之间，互相学习、借鉴而创作主题相同、相近或相反的作品，也有转载、移载的现象。

---

① 此文为国家社会科学基金项目“近代岭南报刊小说整理与研究（17BZW018）”阶段性成果。近代岭南报刊小说研究系列之三。

1906 年第 30 期《时事画报》之《纨绔镜》是典型的作者因阅读该报作品有感而作之小说。该小说在序言中即明确提到创作思路的来源："是题乃贵报龙舟歌题也。仆爱读之，读毕，辄喟然曰：'《时事画报》之龙舟歌有价值矣！'嘻，一般之纨绔儿，梦其犹鼾乎？警钟之声，胡弗纳也。悄然有所感，爰执笔作一短篇小说，仍贵报龙舟歌之名。直叙他人之事，敢呈待斧。呜呼！是亦一镜矣！啸虎未定草。"① 这位叫"啸虎"的作者投来的小说稿件，受到《时事画报》此前刊载龙舟歌启发，觉得需要再次敲响警钟来醒纨绔儿之梦，因此换文体而"直叙他人之事"。确实，与之互见的还有其他以"镜"为主题的作品，如《时事画报》1906 年第 21、22 期的"南音"《纨绔镜》（浑公），正文前有说明："本报镜多矣，班本界有《迷信镜》，南音界有《强权镜》。悲夫，岂止此哉！作《纨绔镜》，以告一般之富家儿，聊以塞龙舟歌地位。"前有班本《迷信镜》与南音《强权镜》的启发才有南音（龙舟歌）《纨绔镜》的出现，现在又由《纨绔镜》启发，有短篇小说《纨绔镜》与之同题，共同烛照社会迷信、强权、纨绔各界之原形，揭发社会黑暗面。跟当时的谴责小说相比，这种互相呼应的作品能形成规模，对报刊主旨的宣扬与强化有十分大的帮助。该小说正文又有借人物之口讲述的一段话："张曰：'实告君，盖《安雅报》月前所刊睇戏一流人物也。'余曰：'会意会意。(《安雅报》曾刊《奶妈睇戏》一则）请君陈之。'"② 这段话引用《安雅报》发表的小说《奶妈睇戏》所塑造的人物形象来与自己小说人物的性情相类比，可以看到《奶妈睇戏》这篇小说是如何形象地反映了社会生活中的"奶妈睇戏"这一现象，以及当时岭南报刊小说传播是如何深入人心。也符合报刊小说以时事为典故的报章体特点。可惜目前

---

① 浑公：《纨绔镜》，《时事画报》1906 年第 21 期及第 22 期。

② 啸虎来稿：《纨绔镜》，《时事画报》1906 年第 30 期。

未发现该时期的《安雅报》，不能与原文核对。

当然，在模仿、续写等有感而发的小说作品中，也有与原作命旨相反的作品。如1906年第34期短篇小说《长辫梦》（作者铁苍），即是有感于同行朋友陶陶的《剪辫梦记》（1906年第28期）而作，“前两月同事陶陶梦剪辫，作《剪辫梦记》以自慰，快绝。彼至今虽仍未实践，当时固尝抱此志，梦中亦如愿以偿。乃曾几何时，余昨又梦长辫，竟与陶陶反对”，二者所叙事情相反，一在剪辫，一在蓄辫，但命意相同：必须破除陋习，剪辫易服，这是民族民主革命的前提条件。同时亦见近代岭南报人小说家群体之间互相往来，互相切磋，互相影响。

近代岭南报刊之间还存在移载的现象，《广东白话报》第1期刊载了署名“世次郎”的“续”《黄粱梦》，从第八回开始。紧承第八回之后的内容，重新从“楔子”开始补载已经刊载过的前八回内容。在题目之下用括号文字说明其移载的目的：“照前在《粤东新小说林》所出者，逐期补录，俾全真相。”此前刊载过的《黄粱梦》的刊物是《粤东新小说林》，据查，并未见此名称之刊物，当是1906年创办的《粤东小说林》别称，现存《粤东小说林》的最早期号是1906年的第3期，刊载的是《黄粱梦》的第二回，其他期号应该刊载了另七回的内容，才有《广东白话报》“续”的说法。但是随着《广东白话报》的停刊，《黄粱梦》在该报也停止连载。可是，《黄粱梦》依然由《粤东小说林》改名成的《中外小说林》《绘图中外小说林》连载至第三十四回止。黄伯耀曾任《广东白话报》编辑，同时也创办了《粤东小说林》（含《中外小说林》《绘图中外小说林》），刚开始以为《粤东小说林》停刊后，《黄粱梦》将无疾而终，遂把弟弟黄世仲的得意之作移到该报发表，也是同一报缘关系下很正常的发表方式。可能黄伯耀兄弟没有预料到的是，《广东白话报》的寿命更短，而《粤东小说林》得以借助《中外小说林》的面目重生，又维持了较长时间，终于能连载至三十四回。《南越报附张》刊载的“趣致白话　社会小说”《东游记》（欧拍鸣）第三回回目下有“编辑人按”语：“此书第一、第二两回，曾刊在《羊城日报》至第三回，则今始新撰者，本报今日已将第一、第二两回另纸排印，随报散派，如派报人有漏派者，请向其索回可也。棱附志。”① 这则材料正是《东游记》曾连载于《羊城日报》的证据，惜此报这部分版面已佚，无从查证，且这则材料也没有说明移载的原因。

也有一些小说被不同报刊以不同形式发表。1906 年 9 月 22 日至 10 月 5 日，《香港少年报》刊载过文言小说《宦海冤魂》，作者署“棣”。1907 年第 5 期至 1908 年第 11 期，《中外小说林》刊载了《宦海潮》，标为“广东近事小说”，作者署“世次郎撰”。《中外小说林》的《宦海潮》是以通俗的语言，写了《宦海冤魂》同样的人物，不过主题有了相应的转变，也更符合当时革命宣传的需要，批判意味比文言的《宦海冤魂》更浓烈。同样，香港《世界公益报》于 1909 年 1 月出版《宦海潮》二卷三十二回单行本，卷端标“广东近事小说”，署“黄小配撰”，以单行本的形式参与了黄世仲这部近事小说的传播。

近代岭南报刊小说被其他报刊转载

在岭南报刊发表的小说，常常被上海、南洋、北美报刊转载，这些地区多属岭南文化圈的辐射域。据目前发现，至少有以下 31 篇（部）小说被转载过。

1906 年 12 月 11 日，上海《通学报》第二卷第 14 册，总第 32 册刊载《说蛋》，注“录《时敏报》”，标“谐谈小说”，署“麟笔”；《问心》，注“录《羊城报》”，标“谐谈小说”，署“有心人”。

1907 年 1 月 11 日，上海《通学报》第二卷第 17 册，总第 35 册

① 欧拍鸣：《趣致白话　社会小说：东游记》，《南越报附张》1910 年 2 月 21 日。

刊载《盗道》《宦情》2 篇，注“羊城”，即录自《羊城日报》，未署作者。《宦情》前注“谐谈小说”。

1907 年 1 月 21 日，上海《通学报》第二卷第 18 册，总第 36 册刊载《官盗》，注《羊城（日）报》，未署作者名。

1907 年 2 月 1 日，上海《通学报》第三卷第 1 册，总第 37 册刊载《盗官》，标“谐谈小说”，注“《羊城（日报)》”，未署作者名。

1907 年 3 月 1 日，上海《通学报》第三卷第 4 册，总第 40 册刊载《官娼》，标“谐谈小说”，注“《羊城（日）报》”，未署作者。

1907 年 8 月 28 日，新加坡《中兴日报》附刊《非非》之《狮醒》，标“醒警小说”，作者署“斧”。先见于 1906 年 10 月 12 日《香港少年报》，原名《醒狮》，标“警醒小说”，作者署“斧”。

1907 年 9 月 10 日，新加坡《中兴日报》附张《非非》刊载《喜怒哀乐怨》，标“七情小说”，作者署“虎军”。先见于 1906 年 10 月 21 日《香港少年报》，原名《听》，标“七情小说”，作者署“斧”。又被 1909 年上海《庄谐杂志》第 1 期转载，题目改成《万籁声》，标“短篇小说”，作者署“斧”。

1907 年 9 月 23 日，新加坡《中兴日报》附张《非非》刊载《锦囊》，标“短篇小说”，作者署“斧”。先见于 1906 年 10 月 13 日《香港少年报》之《锦囊》，标“短篇小说”，作者署“斧”。

1907 年 11 月 24 日，新加坡《中兴日报》附张《非非》刊载《阮古》，标“短篇小说”，作者署“虎军”。先见于 1906 年 10 月 22 日《香港少年报》，原名《熊》，标“短篇小说”，作者署“斧”。

1908 年 7 月 4 日，旧金山《中西日报》“杂录”连载《一落千丈》，先见于 1908 年《半星期报》第 1 期至第 12 期刊载《一落千丈》，标“离奇小说”，作者署“治惧”。

1908 年 8 月 20 日、21 日，旧金山《中西日报》连载《偷儿术》，标“社会小说”，作者署“治惧”。先见于 1908 年《半星期报》第 13

期、第14期刊载《偷儿术》，标“社会小说”，作者署“治惧”。

1908年11月8日，杭州《著作林》第21期刊载之《厌世之富翁》，标“社会小说”，署“英国霍尔克尼著，日本右野良原译，中国陶报癖（陶祐曾）重译”。先见于1907年12月17日《中国日报》，同名《厌世之富翁》，标“短篇小说”，作者署“英国霍尔克尼著”，未署译者名。

1907年8月3日《时事画报》第16期刊载，题名《错认夫婿》，标“短篇小说”，署“述奇”，1907年9月16日，北京《风雅报》刊载《错认夫婿》，未署作者名。1909年8月12日、13日，旧金山《中西日报》再次转载《错认夫婿》，标“短篇小说”，未署作者名。

1910年7月7日至11日，《国民报》刊载《剃头失妻》，标“近事写真”，作者署“不剃头者”。1910年7月22日至27日，新加坡《星洲晨报》刊载《剃头失妻》，标“白话写真”，作者署“不剃头者”。1910年8月17日，旧金山《中西日报》转载，标“再续稿”，不知何时开始连载，标“近事小说”，作者未详。

1910年7月1日，《国民报》刊载《京华梦》，标“短篇小说”，作者署“过来人”。1910年7月13日，新加坡《星洲晨报》转载《京华梦》，标“短篇小说”，作者署“过来人”。

1910年7月6日，《国民报》刊载《睇出神》，标“白话小说”，作者署“百罹子”。1910年7月19日，新加坡《星洲晨报》转载《睇出神》，标“白话小说”，作者署“百罹子”。

1910年6月30日《国民报》刊载《米中蠹》，标“箴规小说”，作者署“百罹子”。1910年7月22日，上海《图画日报》第332号转载《米中蠹》，标“短篇箴规小说”，未署作者名。

1910年7月14日《国民报》刊载《三大》，标“诙谐小说”，作者署“一棒”。1910年7月25日、26日，上海《图画日报》第335号转载《三大》，标“短篇诙谐小说”，未署作者名。1910年8月5

日，新加坡《星洲晨报》又转载《三大》，标“诙谐小说”，作者署“一棒”。

1910年7月18日，《国民报》刊载《会客》，标“活动写真”，作者署“岁”。1910年7月29日，新加坡《星洲晨报》转载《会客》，标“活动写真”，作者署“岁”。

1910年4月4日至5日，《天趣报》刊载《某州牧》，标“短篇小说”，署“大哀”。1910年7月30日、8月1日，宁波《四明日报》转载，标“短篇小说”，作者署“奇”。

1910年7月12日至16日，《国民报》刊载《暴虎》，标“短篇小说”，作者署“过来人”。1910年8月2日，新加坡《星洲晨报》转载《暴虎》，标“复仇小说”，作者署“过来人”。

1910年7月25日，《国民报》刊载《一文钱》，标“寓言小说”，作者署“哲”。1910年8月3日，新加坡《星洲晨报》转载《一文钱》，标“寓言小说”，作者署“哲”。1910年8月9日开始，上海《图画日报》又转载《一文钱》，标“短篇寓言小说”，未署作者名。

1910年7月20日，《国民报》刊载《亚如》，标“短篇小说”，作者署“碎”。1910年8月8日，新加坡《星洲晨报》转载《亚如》，标“短篇小说”，作者署“碎”。

1910年7月23日，《国民报》刊载《香海车尘》，标“短篇小说”，作者署“过来人”。1910年8月11日，新加坡《星洲晨报》转载《香海车尘》，标“短篇小说”，作者署“过来人”。

1910年7月22日，《国民报》刊载《大虫》，标“短篇小说”，作者署“雷”。1910年8月16日，上海《舆论时事报》转载《大虫》，标“寓言小说”，未署作者名。

1910年2月21日至4月6日《南越报附张》之《东游记》。1911年1月1日台北《台湾日日报》转载时改名为《猪八戒东游记》，署“雅棠”。

1910年12月23日至27日《天趣报》刊载《捕熊谈》，未署作者名。1911年4月22日，旧金山《中西日报》转载《捕熊谈》，标“短篇小说”，未署作者名。

1906年第6期《赏奇画报》刊载《毒蟒》，未署作者名。1911年8月15日，旧金山《中西日报》转载《毒蟒》，标“短篇小说”，作者署“芸”。

1910年3月2日至4月3日，《天趣报》刊载《过墟志》，标“开国艳史”，未署作者名。1912年1月2日至9日，北京《民视报》转载《过墟志》，标“秘本小说”，未署作者名。

近代岭南报刊小说刊载其他地区报刊

1902年4月8日，横滨《新民丛报》第5号的《麈初新语》刊载之《人肉楼》被近代岭南报刊作品集《时谐新集》（1904年，郑贯公）选入“小说”部。

1902年7月19日，横滨《新民丛报》第12号“杂俎”一栏载“海外奇谭”，有《百合花》一篇，未署作者名。被《广东日报》于1906年1月4日至8日“小说”栏转载，题名《百合花》，署名外有“选录”二字；香港《新小说丛》1908年第1期刊载署名“菽园”（邱炜萲）的“新小说品”，对《百合花》的品语是：“如卓氏文君，远山眉抚。”

1904年6月28日，汕头《岭东日报》刊载“《潮州白话报》第九期目录预告”中的小说《英雄国》，有可能转载自1903年5月11日《游学译编》第7册所载之译作《英雄国》。

1908年11月21日，上海《神州日报》刊载《天上之国丧》，标“短篇小说”，未署作者名。被1908年《时事画报》第28期转载，标“短篇小说　神怪小说”，作者署“录神州报”。1909年1月11日、

12 日，旧金山《中西日报》“杂录”再次转载《天上之国丧》，标“短篇小说”，未署作者名。

1909 年 1 月 22 日至 24 日，上海《申报》载《密约案》，标“短篇侦探小说”，署“［英］勒克维廉著”，未署译者名。1910 年 4 月 12 日至 14 日，旧金山《中西日报》转载《密约案》，标“侦探小说”，署“英国勒克维廉著”，未署译者名。《香山旬报》1910 年第 83 期再次转载《密约案》，标“小说”，署“英勒克维廉著、中兴译”。

1910 年 8 月 14 日、15 日，上海《神州日报》刊载《堕指录》，标“短篇小说”，作者署“鲁源”。《香山旬报》1910 年第 70 期转载《堕指录》，标“短篇小说”，作者署“鲁源，录《神州日报》”。1910 年 10 月 11 日、13 日，旧金山《中西日报》再次转载《堕指录》，标“短篇小说”，作者署“鲁源”。1910 年 10 月 16—23 日，台北《台湾日日报》又转载《堕指录》，作者署“鲁源”。

1911 年 12 月 2 日，上海《神州日报》刊载《煤山梦》，作者署“遁庵”。1911 年 12 月 13 日，《南越报附张》转载《煤山梦》，标“寓言短篇小说”，作者署“遯”。

从上述文献信息看到，近代岭南报刊小说在南洋或北美的传播速度很快，特别是《国民报》的小说，几乎都很快地被新加坡的《星洲晨报》与旧金山的《中西日报》转载。如 1910 年 7 月 1 日《国民报》刊载《京华梦》，不出当月，新加坡《星洲晨报》（1910 年 7 月 13 日）就转载了该篇小说，其速度如此之快，说明二者联系密切、交通或通信方便，最有可能的应该是趁其代售该份报刊之便利而即时转载。幸好这三份均为日报，日月标示清晰，又保存得比较完整，所以如此相近的日期也能辨别是哪份报刊先发表，哪份报刊后转载。如果是出版日期标示不确切的期刊，那就很容易引发孰先孰后、谁转载谁的争议。

结论及其意义

近代岭南报刊小说原创性很强，被转载的小说多，转载其他地区小说数量较少。这是因为岭南报刊培养了自己的小说创作队伍，专门负责说部作品，《时事画报》的黄小配、述奇、亚剑、喆、劳人等人以专业的精神创作了系列作品，多角度多层次地写照近代岭南社会风貌，成为独一无二的岭南系作品，保证满足报刊每期更新的快捷发表需求，无须转载来充数。又如被转载作品较多的王斧，最先被郑贯公聘请来专门负责《唯一趣报有所谓》的“小说林”，该报停刊后曾一度停止发表作品，后来，黄伯耀创办《香港少年报》，又专门聘请他“从事说部”①，保证稿源与质量，因此两份报刊的小说多为他个人操刀，精确地传达报刊思想精神，创作的小说除了艺术精湛之外，还符合报刊风格与需求。近代岭南报刊被转载的小说还成规模，定向性强，如《国民报》小说相对固定地被新加坡的《星洲晨报》和旧金山的《中西日报》转载。

近代岭南报刊小说与上海、南洋、北美报刊关系密切。在其内部互相转载、移载，基于各报人群体之间有报缘关系，如郑贯公为中心的报刊有《中国日报》《广东日报》《香港少年报》《唯一趣报有所谓》《广东白话报》等，王斧的小说在这几份报刊之间流传，也是正常的。王斧又到过新加坡，参与了《中兴日报》的编撰，其作品被该报转载，也属常理。黄世仲、黄伯耀兄弟在《中国日报》供职过，与自创的《香港少年报》《中外小说林》之间，有转载、移载，也是正

---

① 《香港少年报》之《贼情小说：醋海波》（1906 年 9 月 2 日至 3 日）前有语：“贯公逝，而《有所谓》亡。《有所谓》亡，而亚斧之小说得以藏拙。今者，同志黄君，复命从事说部，而亚斧之小说，又觉献丑，献丑于《少年报》矣。”该报“新说部”共发表小说 27 篇，王斧一个人的作品就 16 篇，占了过半，对《香港少年报》小说风格的形成做出了重要的贡献。

常的流转关系。陈树人、黄世仲、计伯（杨计伯）在《时事画报》《南越报》之间有供稿关系，互见小说也是合情合理的。

至少31篇（部）岭南报刊小说被上海、南洋或北美的报刊转载，有的甚至被多地报刊多次转载，如《国民报》刊载的《一文钱》分别被新加坡的《星洲日报》和上海的《图画日报》转载，上海的报刊也被岭南、南洋与北美报刊转载，如上海《神州日报》的《堕指录》，分别被岭南的《香山旬报》、旧金山的《中西日报》、台北的《台湾日日报》转载，大约可以说明一些问题：广州与上海、南洋、北美的报界联系紧密。首先是广州与上海报界之间有既竞争又互相影响、借鉴的关系：

> 二十世纪开幕，为吾国小说界发达之滥觞。文明初渡，固乞灵于译本；迄于今，报界之潮流，更趋重于小说。发源沪渎，而盛于香港粤省各方面。①

19世纪时，报刊发源于岭南，而兴盛于上海；进入20世纪，小说发兴于上海，而盛于粤港，报刊小说由依赖翻译到自创成熟，是值得关注与思考的发展趋势。至少说明两地之间随时易势，对报刊兴盛与小说发达有极大的促进作用。“发源于沪渎，而盛于香港粤省各方面”的小说潮流，很难不引起上海报界注意。上海与广州、香港在近代是重要的交通枢纽，海外殖民者或游学外洋归国者，须从广州经上海，才能北上京津或东渡日本；而京津南下或日本方向航海来者，得经上海沿海南下广州，再出海到达南洋、欧美。报刊也随着这样的航线交流、传播，上海、岭南两处之间的小说也是顺着这样的海航途径传播，两地报人与小说家交往密切，互通有无，互相借鉴与学习。甚至像吴趼人这样的岭南报人活跃在上海报界，以报人小说家的面目为

① 耀公：《小说与风俗之关系》，《中外小说林》1908年第5期。

上海小说界增色，交流、穿插在所难免。方容均是广东香山人（现广东省中山市），岭南“旅沪”人士，一度出现了“方容均来稿”现象。如1908年2月16日、17日，上海《时报》刊载了方容均的《某留学生之艳史》；1908年2月28日、29日，上海《时报》刊载《黄家村》，标“时事小说”，作者署“方容均”，等等。同时，岭南报人小说家方容均在上海工作时，不忘关心乡梓，曾捐款给《香山旬报》，大力支援《香山旬报》的创办工作，并给报刊投稿。1909年第24期之《香山旬报》刊载《杨女士》，标“近事小说”，作者署“方容均来稿”，1910年第74期、第75期之《三韩泪》，标“侠情小说”，作者署“容均寄稿”。

岭南与南洋、北美报刊之间互相转载小说，也源于两地之间互相代理报刊、报人互有交流。或是岭南报人到南洋、北美谋生、谋发展、谋避祸，或是曾在南洋的报人回岭南谋事业，都将此前办报、小说创作的经验加以延续。岭南报人王斧在《中兴日报》供职之前，首先在广州、香港的《香港少年报》《唯一趣报有所谓》供职，主要负责小说编撰工作。到南洋之后，同样担任《中兴日报》的小说编撰工作，趁此转载此前的小说，所以1907年8月28日新加坡《中兴日报》附刊《非非》之《狮醒》，标“醒警小说”，作者署“斧”，先见于1906年10月12日《香港少年报》，原名《醒狮》，标“警醒小说”，作者署“斧”；1907年9月10日，新加坡《中兴日报》附张《非非》刊载《喜怒哀乐怨》，标“七情小说”，作者署“虎军”，先见于1906年10月21日《香港少年报》，原名《听》，标“七情小说”，作者署“斧”；1907年9月23日，新加坡《中兴日报》附张《非非》刊载《锦囊》，标“短篇小说”，作者署“斧”，先见于1906年10月13日《香港少年报》之《锦囊》，标“短篇小说”，作者署“斧”。可以说，南洋、北美转载岭南报刊小说，是扩大岭南文化在海外传播阵地的一种手段。南洋、北美集中了较多的岭南华人，是岭南报刊小说接受的海外余波。这说明，好的小说作品总会传扬久远，哪怕远涉海外，也无法阻挡其趋势。

通过考察近代岭南报刊小说与他报关系，获取同一作品被不同报刊转载时的署名信息，可作为考察近代岭南小说家姓名、字号或笔名的依据，从而进一步确定岭南报人小说家作品的数量（篇目）。如1907年9月10日，新加坡《中兴日报》附张《非非》刊载《喜怒哀乐怨》，标“七情小说”，作者署“虎军”，对比曾刊于1906年10月21日《香港少年报》“新说部”之《听》，标“七情小说”，作者署“斧”，可知，王斧的又一笔名是“虎军”，那么“虎军说部”[1]这部小说集是王斧之作，无疑就成立了，这对核实王斧小说的数量和篇目有很大的帮助。

但是，更改原小说的篇名，更换署名，会给小说的归属工作造成一定困难。如《香港少年报》之《醒狮》《听》与《中兴日报》的《狮醒》与《喜怒哀乐怨》。转载时更换题目或署名的初衷，一方面，有可能是为了掩人耳目，混淆视听，让人不知道这是转载作品，以为是原创作品；另一方面，有可能是让转载时的题目比原来的题目更加精简、独到或切题，或者更有艺术性，吸引读者。可是，如果研究者对作品内容不是很熟悉，就会以为是不同的两篇作品，产生错误的判断，对该作品的影响力或传播力度有所保留或怀疑，无形中给甄别近代岭南报刊与他报关系增加了难度。所以说目前能够看到的互相转载情况如上，可是随着研究的深入和报刊小说整理的完善，可能还有更多的关系。

有些小说在他报出现时，遭到了质疑，是“转载”还是“抄

---

① 《中兴日报》1908年2月13日、14日《斧军说部出版广告》，3月26日、27日、28日又有《斧军说部经已出版》的广告，两者内容相同，后者只是增添了约售处。通过广告列举的篇名与《香港少年报》《唯一趣报有所谓》和《中兴日报》比勘，可知这是王斧的小说集，也是目前可见最早的岭南报刊小说集。

袭”，引起争论。如1907年8月26日至11月1日，新加坡《中兴日报》附张《非非》连载《崖山哀》，作者署名为“沧桑旧主”（原名何虞颂），被王斧认为是何虞颂“抄《珠江镜》报之旧料，非彼手笔”。[①] 这篇小说原名《崖门余痛》[②]，载于《珠江镜》报时，署名“崖西六郎”。《中兴日报》所载《崖山哀》部分文字比较模糊，但经将残存的文字拿来与《崖门余痛》对比，发现《崖山哀》与《崖门余痛》文字基本相同，王斧也并不否认这小说“稍有些民族思想”，可是却认为这是“抄袭”，似为不妥。因为如果将转载作品改名发表认为是“抄袭”的话，那王斧自己就是最大的抄袭者，如前所述，他刊载在《中兴日报》的《狮醒》《喜怒哀乐怨》仅改变了题目，更换了笔名的写法，如果不知道这两个笔名是同一个作者，那也可以下结论说“虎军”抄袭了“亚斧”的作品，或者说《中兴日报》偷了《香港少年报》的作品。这样的推论显然有违情理。从《中兴日报》的《崖山哀》与《珠江镜》的《崖门余痛》关系看，有可能这本来就是何虞颂的作品，不过在《珠江镜》的时候用的是笔名“崖西六郎”，到《中兴日报》时用了笔名“沧桑旧主”，与“亚斧”和“虎军”的关系同理。如果非要批评，应该批评《振华五日大事记》的作者“轩辕之胄”，他所创作的《海镜光》小说写的也是宋水军后裔赵玉的故事，相同的故事情节，不过将男主公名字更换，内容细节组织得更加丰满，感情基调渲染得更加缠绵细腻而已，这样的一篇小说是不是更应该受到当头一击？当然，王斧攻击、批评《崖山哀》作者虞颂，出于当时革命与保皇两派政治势力斗争的需要，有一定的先进性与先见性。但从近代模仿翻译小说、互相借鉴、以满足报刊每日更新

---

① 1908年5月2日“来函”《总汇报记者何虞颂之丑相》之后，有“斧按”文字，该段长篇按语认为何虞颂既非革命党，亦无保皇思想，只不过是“自私自利的食饭嫖舍党而已”。

② 崖西六郎：《崖门余痛》，《珠江镜》1906年6月20日至7月3日。

小说需要为目的的编写历史潮流来看，却是再正常不过的创作现象。

最后要提醒的是，有些小说是不同人翻译同一部外国作品，分别登载在不同报刊上，并没有转引关系，这就要稍加留意、甄别。如1903年5月6日开始，上海《大陆报》第6号至第10号连载的《一千一夜》，与1902年9月27日广州《安雅书局世说编》之《千一夜夫妻》，还有《二十世纪军国民报》1907年第1期、第2期刊连载的小说《一夜夫妻》，和1904年2月《绣像小说》第11期开始连载的《天方夜谭》，都翻译自阿拉伯故事集《天方夜谭》，今译之《一千零一夜》，但译者、行文风格及所取片段不同，不存在转引关系，这种作品就不应该列入研究。

（梁冬丽：广西师范大学文学院教授，

广州大学广府文化研究中心研究员）

从《托氏宗教小说》看近代岭南西方传教士翻译小说的特色

李梦玲

近代岭南，随着闭关锁国政策被打破及其独特的地理条件，逐渐成为西风东渐的前沿之地，西方传教士纷纷来此传教。其中，通过翻译西方小说来传播宗教，是其惯用的一种方式。《托氏宗教小说》便是近代岭南西方传教士的译作之一。该小说集原著者为俄国文豪列夫·托尔斯泰，这是国内发现的最早的托尔斯泰作品中译单行本。清光绪三十三年（1907），《托氏宗教小说》经由德国牧师叶道胜[①]和华人麦梅生[②]合译，由香港礼贤会[③]出版，在日本横滨印刷，于香港和中国内地发行，从而进入国人的视野。然而这本中式排印与线装的翻译小说集并不是直接由俄文翻译而来，而是“根据英国尼斯比特·贝

① ［德］叶道胜（Immanuel Gottlieb Genähr，1956－1937），德国传教士，牧师叶纳清（Ferdinand Genähr，1823－1864）之子，1882年叶道胜被德国礼贤会派往香港传教，1890年至1927年，叶道胜在东莞传教，并有王谦如相助，东莞遂发展成礼贤会在广东的布道中心。

② 麦梅生（1870—1943），广东东莞人，幼时修文艺，学八股，暇则习武，又研读佛经，涉猎堪舆占卜医相，1898年信奉耶稣，由牧师叶道胜和王谦如领洗，1905年，被叶道胜牧师聘助译新约土话圣经，1909年被推举为香港礼贤会长老。

③ 香港礼贤会（Rhenish Missionary Society），香港基督教信义宗之教派。原名巴冕会。该会由德国传入香港始于1847年。叶纳清、王谦如、叶道胜牧师都在香港礼贤会工作过。见陈乔之主编《港澳大百科全书》，花城出版社1993年版，第116页。

恩翻译的《托尔斯泰小说集》转译的”[①]。“转译”是近代翻译小说的一大特色，“这种翻译上的寄生与依附性在五四之前的翻译界是很普遍的现象，这是外语人才短缺下的无奈之举”[②]。当时从英译本、日译本转译而来的翻译小说不在少数。

翻开《托氏宗教小说》，其首页是托尔斯泰的肖像，接着是叶道胜的英文前言，以及岭南华人王炳堃[③]和叶道胜分别写就的两篇序文，正文由12篇短篇小说构成，包括《主奴论》《论人需土几何》《小鬼如何领功》《爱在上帝亦在》《以善胜恶论》（即《蜡烛》）、《火忽火胜论》《二老者论》《人所凭生论》《论上帝鉴观不爽》《论蛋大之麦》《三耆老论》《善担保论》（即《教子》），其中已有6篇先于单行本刊登在《万国公报》《中西教会报》上。[④]《托氏宗教小说》是目前国内发现的最早的托尔斯泰作品中译单行本，可以说是俄国文学在国内翻译小说界占据一席之地的先声，并且该书多次再版发行。[⑤] 本文以最早出现的香港礼贤会本[⑥]为研究对象，试图透过《托氏宗教小

① 戈宝权编：《中外文学因缘　戈宝权比较文学论文集》，华东师范大学出版社2013年版，第82页。

② 苏畅：《俄苏翻译文学与中国现代文学的生成》，社会科学文献出版社2013年版，第12页。

③ 王炳堃（1847—1907），广东东莞人，字谦如，华人传教士王元深次子，谦如跟随其父，信仰基督教，与传教士叶纳清、花之安等人有师承关系，其成为传教士后，在东莞、桥头、虎门等地传道，与叶道胜牧师为同工，建设教堂，设立教会，传授神学，除帮助西牧译述之外，还独立撰写了《宅墓诠真》《真理课选》等书。

④ 叶道胜曾于1906年8月6日用德文与托尔斯泰通信，信中说明已有六篇翻译小说在上海的教会刊物上发表，在《托氏宗教小说》的序文里亦有提及。笔者通过检索发现其中四篇小说的刊载情况：《论人需土几何》发表于《中西教会报》1905年第120、121期；《小鬼如何领功》发表于《中西教会报》1906年第132期；《不灭火便为火灭论》（《火忽火胜论》）发表于《中西教会报》1907年第174、175期；《仁爱所在上帝亦在》（《爱在上帝亦在》）发表于《万国公报》1907年第216、217期。

⑤ 如1908年上海广学会再版了叶道胜、王炳堃合译的《托氏宗教小说》，可参见《广学会图书目录》目录分类第十九“故事”，转引自宋莉华《传教士汉文小说研究》，上海古籍出版社2010年版，第332页。又如民国十四年（1907），上海广学会再次出版了《托氏宗教小说》。

⑥ 该书现藏于香港大学图书馆。

说》来探索近代岭南西方传教士翻译小说的特色。

一 价值诉求：宗教启蒙

作为一部由传教士翻译、出版的宗教小说集，《托氏宗教小说》最突出的特色无疑是其浓厚的宗教启蒙性。托尔斯泰晚年深切同情苦难的下层人民，于是有了民间故事的诞生。揭示社会矛盾、表现人民苦难是托氏的创作动机，但是列宁指出："在托尔斯泰的笔下，描绘社会矛盾的严峻而清醒的现实主义，却与宗教宣传、与勿抗恶以及拒绝社会斗争的号召搅混在一起了。"① 确实如此，托氏晚年创作的民间短篇小说，除了民间性，还有着浓厚的宗教色彩。也正是由于这些宗教意味，才促使传教士对其进行翻译。然而经过叶道胜、麦梅生的翻译，小说的宗教启蒙性得以凸显，更以"宗教小说"来命名这一小说集，使得耶稣信仰成为文中之旨。

值得注意的是，除了小说本身具有的宗教意味，《托氏宗教小说》中译本诞生的过程更加增添了浓厚的宗教启蒙色彩。一是译者的传教士身份，该小说集由牧师叶道胜和基督徒麦梅生合译；二是教会出版社、教会杂志等传播路径，该小说由香港礼贤会出版，先前还在教会杂志上刊行，足见其与宗教关系密切。叶道胜在书前作序称：

> 托尔斯泰者，俄国有名之著作家也，生于一千八百二十八年，所著之书甚伙……鲜未翻译他国之文，无论何国何种，凡男女老幼皆喜玩索，不第觉有娱目悦耳之趣，且有修心养性之理，以训诲人，警惕人，所获之益，诚非浅鲜。弟因如是，故迩来乘有暇时，与本会麦梅生先生译，托氏所著数篇，颜曰宗教小说，

① ［苏］洛穆诺夫（К. Ломунов）：《托尔斯泰传 1828—1910》，李桅译，天津人民出版社 1981 年版，第 265 页。

供与众览，无非本己立立人，以达达人之旨，欲华人知俄国亦有至善之著作家。所出之书，亦有能与他国所出最美之书，等量齐观焉。①

在叶道胜看来，托氏小说有“娱目悦耳之趣”“修心养性之理”，可以“训诲人，警惕人”，言下之意，读者可以通过阅读有趣之《托氏宗教小说》来获得心灵的洗涤，依靠宗教获得解脱，从而信奉耶稣。实际上介绍俄国文学倒在其次，传道才是首要的，后文更为直接地道出了这一目的：

托氏著此小说，命意甚善且深，无非欲人改恶从善，体上帝之心为心。然其中略有数语，不甚合《圣经》之理，有若劝人行补赎善功，依己力而挽前非等说，皆天主教、希腊教之旧酵种也。览是编者，幸毋以意害志，而弃其中之正理，亦勿为书中之异说所惑，且以惑人也。圣保罗曰：凡事宜考验，惟执其善（帖撒前五章二十一节）。此之谓也，愿阅者念兹在兹，方得书中之益，是所厚望。②

这段文字，俨然如热诚的传教士在向信徒宣扬新教教会宗旨的口吻，他希望信徒能够甄别其中不合《圣经》之理的“旧酵种”“异说”，体会托氏小说“改恶从善，体上帝之心”的深切命意，最终“得书中之益”。于此宗教的说教一览无遗。

此外，从小说题目的命名，也可以看出宗教启蒙的特点，如“爱在上帝亦在”“论上帝鉴观不爽”“以善胜恶论”这三篇，明显地从题目上表达上帝的至高无上性，以及仁爱、善良的宗教教义。另外，这12篇小说中有10篇小说题目出现了“论”字，俨然一篇篇有关布

① ［俄］托尔斯泰：《托氏宗教小说》，［德］叶道胜译，香港礼贤会1907年版，第1页。
② 同上。

道、解经的小说式的“论文”。这些“论文”可分为两类，一是“某某论”，如“主奴论”“以善胜恶论”“火忽火胜论”“二老者论”“人所凭生论”“三耆老论”“善担保论”；二是“论某某”，如“论人需土几何”“论上帝鉴观不爽”“论蛋大之麦”，仿佛要通过一番立论来说服信徒，只是论点、论据化身为一个个巧妙的宗教故事。

直接在文中引入《圣经》的原文并注明出处，是达到宗教启蒙目的的又一途径。有的直接在小说开篇即宣扬教义：

> 耶稣曰：“尔闻有言云：目偿目，齿偿齿，惟我告尔，勿御恶。”（《以善胜恶论》）①

马太五章二十八二十九节罗马十二章十九节：“尔闻有言，目偿目，齿偿齿，惟我语汝，勿敌恶，有人批尔右颊，转左颊向之，凡我良朋，毋伸己冤，宁宽尔怒，记有之，主曰：‘伸冤在我，我必报之。’”（《善担保论》）②

引用《圣经》的章节，着意传达上帝的旨意——面对暴力，不要抗击，向上帝祈祷，上帝自有安排。宗教教义的直接引用在小说行文之中亦有出现：

> 材料一：（路加福音书）四十六节曰：“尔何称我主也，主也，而不行我言乎，凡就我，闻我言而行之者，我示尔等将何以譬之，譬人建屋，掘地而深之，置基于磐上，至潦水涨溢，横流冲屋，不能震动，因置基于磐上也，惟闻不行者，譬人未置基，而建屋于土上，横流冲之，即倾颓，而屋之颓坏者大矣。”（《爱

① ［俄］托尔斯泰：《托氏宗教小说》，［德］叶道胜译，香港礼贤会1907年版，第43页。

② 同上书，第93页。

在上帝亦在》)①

材料二：此乃主训吾侪者也，有人批尔左颊，当转右颊向之。(《火忽火胜论》)②

材料三：撒马利亚人：见路加十章三十节下。(《二耆老论》)③

在文中出现的宗教训诫，多为小说人物在阅读宗教经典之时，例如材料一，是鞋匠马丁在深夜读《路加福音书》之时阅读的内容；或者以宗教信仰上的领路人的口吻来传达，如材料二，借伊稳老父之口劝诫伊稳不要与邻居斗恶；再就是在书中偶有注明见圣书某卷几章几节，以备读者查考，如第三条材料便是利用宗教经典来注解生词，这种加注的形式在早前的宗教翻译小说中就有了，1853 年宾为霖翻译《天路历程》，以及之后俾士的译本均采用加注的形式，叶、麦二人的这一做法可谓承袭前人。

小说中最能体现宗教启蒙这一特点的地方在于仁爱、宽恕、善良的主题。《火忽火胜论》告诫人们要隐恶扬善，邻里之间要和谐相处；《论上帝鉴观不爽》的主人公被人嫁祸流放 26 年，后来在流放地遇到真凶，但依然帮助真凶隐瞒越狱事实，堪称以善报恶的典范；《以善胜恶论》写奴隶被监督压迫，但其中一名奴隶因信仰上帝毫无怨言，最终用善行使监督良心有愧而离世；《人所凭生论》通过天使在人间的经历，揭示仁爱就是人赖以生存的东西的道理；《善担保论》通过谊子的赎罪经历，传达“不以暴力抗恶”的训诫，劝人行善；《二老者论》描绘两位朝圣的老者，传达出行善就是朝圣最快之途径的寓意；《主奴论》写暴风雪中，一名商人历经一番内心的斗争，最终献出自己的生命保护了奴隶。在实现仁爱的历程中，上帝直接或间接地

① ［俄］托尔斯泰：《托氏宗教小说》，［德］叶道胜译，香港礼贤会 1907 年版，第 37 页。

② 同上书，第 53 页。

③ 同上书，第 67 页。

成为他们的指引，最后他们纷纷选择跟随上帝，成为仁爱、善良、懂得宽恕的人。

由此可见，作者劝人行善的真诚动机是对仁爱亲睦理想的热切向往，但是这样的信仰却略显天真，一味强调信仰得救，使得社会上的种种恶行被掩盖，如《论上帝鉴观不爽》虽然显示了上帝的无上权威，但却忽视了司法执行者的昏庸与草率；《善担保论》中的保父认为谊子打击盗贼、击毙强盗、救其父母，居然患有罪恶，需要赎罪；《以善胜恶论》企图通过宗教来感化利益至上的压迫者，这无疑带有一定的理想性，暴露出作者宗教道德理想之脆弱无力及其缺陷危害，这是托氏观点和创作中存在的弱点。1908 年，鲁迅曾在东京出版的《河南》月刊上以迅行的笔名发表了《破恶声论》一文，对托尔斯泰的著作和思想发表了自己的见解，他既赞美了托氏著作“伟哉其自忏之书，心声之洋溢者也”，又指出了其不抗恶思想的不合理之处：“其所言，为理想甚善，而见诸事实乃佛戾初志远矣。”[①] 更有甚者，这些基督教的教义很容易被政治利用，“他们喋喋不休地向教徒灌输：‘要爱你们的邻舍’，‘要爱你们的仇敌’，‘敌人打你的左脸，你把右脸转过来也给他打’，‘凡动刀的必死在刀下’，‘上帝爱世上所有的人，所以你们也要彼此相爱’等等说教，这些都是明显地利用宗教语言的政治宣传。”[②] 这是宗教启蒙在特定时代所伴随的消极意义。

需要指出的是，其他几篇小说的主旨也可看作宗教训诫。《论人需土几何》宣扬乐天知命、贪欲害人；《三耆老论》强调要虔诚信仰上帝，不囿于宗教形式；《小鬼如何领功》传达享乐容易滋生罪恶的训言；《论蛋大之麦》通过寓言故事，揭示了安分守己的真理。“礼贤

① 陈建华：《丽娃寻踪》，中央编译出版社 2014 年版，第 248 页。
② 顾长声：《传教士与近代中国》，上海人民出版社 2013 年版，第 220 页。

会十诫”第十诫：“毋贪人宅地、妻室，仆婢，牛驴。与凡系于人者。”① 有关欲望的这几篇寓言小说，表达了贪欲害人的观点，劝诫信徒安分守己，杜绝无谓的贪念。

托氏的这12篇宗教小说中，现实主义的成分占重要地位，但也不乏通过各式神奇因素来体现宗教伦理思想的虚幻成分。此外，文中频频出现一些宗教用语，如称谓“上帝”“基督”，如礼节“弥撒”“画十字”“接吻”，如节日“复生节”“安息日”，再如宗教书籍“福音书”“新约书”，宗教概念“真我”等，这种潜移默化的方式无疑有助于传教。还有的在小说结尾进行一段评论，如《火忽火胜论》写伊稳宽恕了邻居恶行之后，邻里之间得以和解，文末云：“伊稳能如是，补救其非，其为人实远胜于前矣。”② 用意在于引导读者施行仁爱，通过皈依宗教，得到高尚的灵魂与强大的力量，从而实现救赎，归于永恒。

二 文化内蕴：双重地域文化

作为诞生于近代这一特殊历史阶段的翻译小说集，《托氏宗教小说》在文化内蕴上，一方面显示出浓郁的西域风情，特别是对俄国文明的介绍；另一方面蕴含着难以割舍的本土文化，尤其是岭南文化，从而呈现出双重地域文化的特点。

1. 域外文化特色

王炳堃在《托氏宗教小说》前有序文曰：

这段文字道出了当时国内域外翻译小说的现状，即“译者多

① “礼贤会十诫”即《圣经》“摩西十诫”。参见东莞县政协文史组编《东莞文史资料选辑》1983年第1期，第49页。

② ［俄］托尔斯泰：《托氏宗教小说》，［德］叶道胜译，香港礼贤会1907年版，第56页。

英美小说，鲜译及俄文”。《托氏宗教小说》作为一部俄国文豪创作的文学作品，代表着俄国文明，这在当时充斥着英美文明的近代文坛，无异于打开了一扇了解世界文学的新窗户。细读文本可以发现，《托氏宗教小说》从多个角度向国人展示了俄国的风土人情，小到人名、地名的称谓，社会风物的描写，度量单位的介绍，以及俄国民间习俗的阐释、谚语的引用，大到各色社会身份的人物刻画，俄国社会现状与宗教信仰的反映等等，无一不在托氏笔下展示出俄国的地域文化特色。

首先，俄国的人名、地名等称谓向我们描绘了域外的语言特点与空间地理。笔者统计了小说中出现的人名，例如：花士利、尼基打、马大、保罗逊、彼得、美罗挪（《主奴论》）；花士理、西面、亚尼闪、觅彼得（《以善胜恶论》）；伊稳、加伯列、宜尹挪非、他拉示加、哑喇拿（《火忽火胜论》）。小说中的人物名字皆由英文转译而来，迥异于传统小说中的人物名称，读者通过阅读这些佶屈聱牙的俄国人的名字，可以了解外国语言文字。

关于文中出现的一系列地名，笔者也作了详细的统计，如：哥勒坚拿、巴述努、加林利士和、责加罗非记、马喇哥和、基哩士基那、摩斯球、摩罗加那加（《主奴论》）；耶路撒冷、希腊国、根斯旦笫挪伯①、土耳其、士每拿、也花②、抹大拉、马利亚、雅各、叙利亚、伯利恒、伯大尼（《二老者论》）。此外还有河名和山名，如窝利加河、约但河、亚拖土山、各各他山。诚然，这些地名、河名和山名，皆由英文转译而来，与人名一样陌生而佶屈聱牙，但在当时却为中国读者打开了一扇了解域外文明的窗户。耶路撒冷是神圣的朝圣之地，土耳其国的京都叫作根斯旦笫挪伯，西比里亚是犯人流放之地，此外

① 其下有小注云：即土耳其国之京都。

② 其下有小注云：即耶路撒冷之埠。

还有俄国人赖以生存的哥勒坚拿、沙马喇等地。总之，这一系列地名、河名、山名的涌现，一定程度上为我们构建了域外的空间地理，有助于域外文化，特别是俄国文化在中国的传播。

值得一提的是，通过对比现代译本，可以发现《托氏宗教小说》在人名、地名等称呼上比较严格地采用了照原文音译的翻译策略，并没有像早期翻译小说那样改译成中国式的人名、地名。早期不少评论家、翻译家以为“人名多至五六字，易启阅者之厌，苟易以中国体例，当更增趣味不少”①。于是将原书人名（包括地名）改过，“凡人名皆改为中国习见之人名字眼，地名皆借用中国地名，俾读者可省脑力，而免艰于记忆之苦。”② 这种看法、做法在近代持续了很长一段时间，就翻译的规范性而言，《托氏宗教小说》在此方面是有所突破的，例如作者“托尔斯泰”的名字就是自这部翻译小说开始称呼的。

其次，俄国社会风物的描写及度量单位的介绍。小说中不乏西域风物的描写，例如商人花士利随身携带的巴西烟、自来火，牧色种植的农作物土耳其粦麦，监督遥望海岛使用的远镜。有时，译者为更加详细地介绍，还会在域外风物的下面用简短的文字加以说明，如巴示基利人的居住场所基别基“即长车之类有皮蓬作为家室也”③，食用的沽未士，下有注释称“用马乳盛于阴处，使之内发，后变酸味，能益人，所谓沽未士者此也”④。除了风物描写，再就是对俄国度量单位的介绍。例如：

一地沙典：一地沙典即二千四百方丈也。(《主奴论》)⑤

---

① 寅半生：《小说闲评》，阿英《晚清文学丛钞·小说戏曲研究卷》，中华书局 1961 年版，第 476—477 页。

② 吴趼人：《电术奇谈·篇末附记》，《新小说》1905 年第 2 卷第 6 期。

③ ［俄］托尔斯泰：《托氏宗教小说》，［德］叶道胜译，香港礼贤会 1907 年版，第 29 页。

④ 同上。

⑤ 同上书，第 15 页。

一个车程：一个车程即十里路为马车之一站。（《论人需土几何》）①

小说中出现的诸如此类的风物描写以及度量单位的介绍，无疑使得中国读者对俄国文化有了更为细致的了解。

再次，俄国民间习俗的介绍及谚语的引用。《二老者论》里写以利西遇到确利族人时，描写了确利族人的装束是“内衣则以裤裹之”，俄国农夫则不然，“俄国农夫不以裤上包内衣乃以衣下垂裤外”②，确利族老妇人则“仅着内衣，并无头巾”，下有小注云：“确利族老年妇人，甚少无头巾者，惟少年女子则无头巾。”③《善担保论》写以贫牧色为自己的新生儿认男女担保，以求保佑孩子健康成长，介绍了俄国人为新生儿认担保的习俗。俄国服饰文化、民间信仰等习俗得以介绍给读者。行文之中，作者还经常引用民间谚语，例如：

谚有云：人凭神力，草望春生。（《主奴论》）④

谚云：无捕则无盗矣。（《论上帝鉴观不爽》）⑤

小说中，这些有关俄国民间习俗与谚语的介绍与引用，无疑增加了读者对俄国文化的感知。

又次，俄国各阶层人物的刻画。托尔斯泰在晚年创作的这十数篇民间小说，其主人公大多是下层贫苦农奴或者手工匠人，如《主奴论》中替商人做工的牧色尼基打，《以善胜恶论》中惨遭监督压榨的一群奴仆，《论人需土几何》里被贪欲支配的农夫北含，《人所凭生

① ［俄］托尔斯泰：《托氏宗教小说》，［德］叶道胜译，香港礼贤会1907年版，第31页。

② 同上书，第59页。

③ 同上。

④ 同上书，第15页。

⑤ 同上书，第84页。

论》里善良的鞋匠西门等，小说集中描写这一批生活在俄国社会最底层的人以及他们的家庭，讲述他们遭受的苦难、内心的欲望以及对基督的虔诚信仰。与此相对应的便是上层阶级，作者往往通过利益的冲突来刻画这一阶层，包括皇帝、监督、委员、商人、富翁等。一方面，小说对这一阶层的恶行进行了揭露，在《论上帝鉴观不爽》中揭示委员和士兵的昏庸，在《以善胜恶论》中谴责压迫农奴的监督，以及在《人所凭生论》里刻画蛮横霸道的“主人”，在《论蛋大之麦》中讽刺国王的治国不力；另一方面，也刻画了商人的善良，富翁的慷慨，他们在上帝的指引下获得了自我的升华，如《主奴论》中为救随行雇工尼基打而牺牲生命的商人花士利，《论上帝鉴观不爽》中无辜获罪流放西比里亚的少年商人伊允，通过信仰上帝宽恕了罪人。总的来说，托尔斯泰同情下层民众生活的艰辛，并对统治阶级的荒谬、残暴进行了揭露。

最后，俄国社会状况与宗教信仰的反映。在这十二篇宗教小说中，虽然时有神异的描写，但仍然不乏对社会现实的反映，特别是重点描写了一批俄国下层贫民的生活，故小说一定程度上暴露了压迫者的残忍行径，反映了俄国的社会状况，如《以善胜恶论》讲述的便是“俄国奴隶未释放之时”，俄国奴隶主苛待下人极度暴虐的事实。同时，作为一部宗教题材的翻译小说，它反映了俄国社会民众对基督的信仰，这点可参见上节的相关论述，在此不再赘述了。

2. 本土文化特点

除了域外文化特色之外，小说字里行间还流露出本土的地域文化特色。郭延礼云：“在近代翻译文学中比较普遍存在的是文学的本土化现象，鲁迅先生称之为‘归化’。这种文学现象，正是民族情结在艺术形式上的反映。”①《托氏宗教小说》这一宗教题材的翻译小说集

① 郭延礼、武润婷：《中国文学精神·近代卷》，山东教育出版社2003年版，第191页。

也不例外，呈现出鲜明的本土化特征。

《论上帝鉴观不爽》里写少年商人伊允出行，“及行至四十里，则停车而入一饭店，于此用膳，养息精神，时将亭午，散步于骑楼，命人取茗而进，已则取琴而鼓，忽闻马铃声响”①，伊允“散步于骑楼”。“骑楼”乃广州建筑的一大特色，“是一种商住建筑，骑楼这个名字描述的是它沿街部分的建筑形态。它的沿街部分二层以上出挑至街道红线处，用立柱支撑，形成内部的人行道，立面形态上建筑骑跨人行道，因而取名骑楼。骑楼建筑是岭南和广州近代城市商业街市的一大特色，也是广州建筑的最大特色之一”②。在广州传教多年的叶道胜，以及从小生长于岭南的麦梅生，这两位译者都深受岭南地域文化的影响，加上其受众多是广州等地信徒，在翻译时融入本土的地域文化，更容易被读者接受。再看“取茗而进”的“茗”，“茗”即是茶叶烹制的茶汤，是中国具有悠久历史文化的一种饮品。无独有偶，《论人需土几何》中商人向农夫北含谈起他曾准备了“茶叶一箱”送给巴示基利人的族长以求获得土地。需要指出的是，茶叶历来是中国海外出口的热销商品，茶叶在俄国小说中屡次出现不仅隐含着中国本土的地域文化，也显示了中西方文化的密切交流。

再如“长衫”（又称“长袍”）这一中国传统服饰也频频在文中出现，如上文提到的商人除了送茶叶给巴示基利人之外，还送了数件“长袍”。《主奴论》写花士利和尼基打因迷路借宿一村富室，写家主之子“衣精洁长衫”。长衫是传统中式男子穿着的单长衣，上下相连，是满族男装的代表，自清代直到民国时期，都十分流行，一般是有地位、有学识的男子着装。此处“长袍”穿在富家子身上，其实是本土

① ［俄］托尔斯泰：《托氏宗教小说》，［德］叶道胜译，香港礼贤会 1907 年版，第 82 页。

② 邵松、孙明华：《岭南近现代建筑 1949 年以前》，华南理工大学出版社 2013 年版，第 32 页。

文化的一种嫁接。

在文中还时常可以看见中西文化的互相阐释。《二老者论》里以利西“取首下之加腓单”，此处的“加腓单”文中有注释称：“加腓单，即长衫。”① 中西文化的差异，当然不能使得二者完全等同，但注释揭示了两种不同文化的共同属性，无论是“长衫”，还是“加腓单”，都是作为一种具有防寒、蔽体功能的衣物。再如“礼拜堂”注云“似中国之寺观”②，点明二者兼有宗教场所的属性。另外“银”“银票”“圆”“角”这样的中式货币名称和单位，也被翻译到俄国小说中。笔者选取了《人所凭生论》里写鞋匠西门打算用积蓄购一张羊皮的一段描写与1930年瞿秋白、耿济之翻译的《人依何而生》的相关内容相对照，即可看出这一本土文化的显现：

叶道胜、麦梅生译《人所凭生论》节选	瞿秋白、耿济之译《人依何而生》节选
时至秋令，其鞋匠微有所蓄，置彼老妇衣笥之内，共有一圆之银票三张，另有该村之牧色，欠彼鞋银五圆二角有半③	秋间鞋匠聚了几个钱，三卢布藏在他老婆箱内，还有五卢布二十戈币分存在村中几个乡人那里④

从以上表格可以清晰地看到，俄国货币单位应该是瞿、耿所译的“卢布”“戈币”才恰当，而传教士叶道胜和麦梅生却译为中式货币单位“圆”“角”，体现出本土的地域文化特色。再如，用民众熟知的早在先唐就传入我国的佛教文化来传播基督教文化，如用“袈裟”来指代基督教教徒衣着，用“寺观”来帮助解释礼拜堂为何物，等

① ［俄］托尔斯泰：《托氏宗教小说》，［德］叶道胜译，香港礼贤会1907年版，第62页。

② 同上书，第36页。

③ 同上书，第70页。

④ ［俄］托尔斯泰：《托尔斯泰短篇小说集》，瞿秋白、耿济之译，商务印书馆1930年版，第189页。

等。这背后的原因当归结为方便本土读者理解文意。

除了上文提到的中式建筑、饮品、服饰、货币之外，中式的称谓也贯穿了整个小说集，如“家姑”“汝曹”“尊府”“县令”“皇帝”之类的传统称谓。再如中国传统劳动工具“犁”出现在俄国人的田地里，有时还会出现中西混搭：“北含即将银置于皮巾里，脱去加腓单，束以腰带，置面包一块于背心之袋，又以匏瓜载水，系于腰带，紧缚草履，以备行走。”[①] 北含携带的面包是西方典型的主食，但又“匏瓜载水，系于腰带”，脚著“草履”，则俨然一位行色匆匆的中国农夫了。由此可见中西方文化的碰撞所迸发出异样的火花。

《托氏宗教小说》显现出别样的双重地域文化，既有西方浓郁的地域文化特色，又有着本土的文化意蕴，广府文化、传统中华文化在译者笔下如影随形，交织出双重地域文化色彩。学者宋莉华曾指出：“翻译活动受制于特定的语言文化环境，文本所带有的源语国文化内涵，经过翻译根植于目标语的文化土壤。两种异质文化之间必然发生接触、碰撞，其中一部分原有的文化内涵会融入新的文化，在与后者互动时还可能生发出新的内容，也有一部分文化内涵则会在译介过程中丢失。”[②] 在译介的过程中，受翻译一般规律的影响，《托氏宗教小说》形成了双重地域文化的特色，更由于时代的制约，使其比后出的译作更加具有了这一突出特征。

三　翻译模式：与岭南华人合译

《托氏宗教小说》是一部由西方传教士译意、岭南华人述文的合译翻译小说集。这种西人与华人合译的翻译模式也相当独特。

---

① ［俄］托尔斯泰：《托氏宗教小说》，［德］叶道胜译，香港礼贤会1907年版，第31页。

② 宋莉华：《近代来华传教士与儿童文学的译介》，上海古籍出版社2015年版，第228页。

德国牧师叶道胜在 1882 年被派到香港礼贤会进行传教活动，他翻译这部小说时已经在岭南生活了 25 年之久，但他依然与岭南华人麦梅生合作翻译了这部小说。麦梅生是受中国传统教育成长起来的旧式文人，同时又信奉耶稣，是香港礼贤会的信徒。麦梅生作为教会中颇有中国传统文学修养的知识分子，很快成为传教士叶道胜的翻译助手，他们一起合作翻译了多个作品。

韩南（Patrick Hanan）在《中国 19 世纪的传教士小说》一文中谈道："应当指出，这些小说的作者或译者——即传教士本人或他们的家庭成员——在大多数情况下，有中国助手帮忙。……撰写或翻译的工作是一个前后流程，通常是作者或译者给出文本的口头形式，助手记录下来。后者不仅仅是一个抄写员，更是一个合作者，负责检查错误，并将口头版本译为令人满意的书面形式。"① 麦梅生是受过中式传统教育的知识分子，他采用了文言文的语体来翻译《托氏宗教小说》，尽管难免带有八股气，但此举无疑有利于避免冒犯受过良好教育的读者。

首先需要指出的是，文中有许多西方世界的人名、物名，即外来语，这些名词在文中的使用，使得文本语言具有了一种异域色彩，这是许多翻译小说都具有的特色。而就文章语体而言，该小说集最大的特点便是使用浅近的文言来叙述故事，这与当时好用白话写作的传教士汉语著述的主流不相适应，属于少数保守的一派②，但也显示出译者对《托氏宗教小说》的重视，因为在当时用文言写就的小说多是士绅阶层等社会精英的读物。除了在叙述的过程中不得不音译域外名词的情况，小说的语言基本采用浅近的文言，句式短小，可读性较强。

---

① ［美］韩南：《中国近代小说的兴起》，徐侠译，上海教育出版社 2004 年版，第 69 页。

② 可参见宋莉华《传教士汉文小说与中国文学的近代变革》，《武汉大学学报》（人文科学版）2016 年第 4 期。

略举一例，将叶、麦译本与1941年谢颂羔、陈德明译本作一对照，即可窥见其译述巧妙：

叶、麦译《论上帝鉴观不爽》节选	谢、陈译《等待着上帝的真理》节选
话说,俄国非拉甸美城,有一少年商人,姓厄仙努,有二店一屋,其肉色微红,鬓发略鬈然,身材文雅,性甚畅快,唱歌无能和之者,自幼习惯豪饮,醉时则好与人滋事,惟自娶妻时,则停止其豪兴,间或有情不能禁者,则仅饮数杯而已①	从前在凡莱定密尔住着一个青年商人,名叫伊凡·第米屈里·哀克沙诺夫。他同时开设了两爿店铺,自已也有住宅。哀克沙诺夫天生成一副漂亮面貌,和一头鬈曲的美发。他又善于诙谐,爱唱歌。在他少年时代已嗜酒若命,放荡不羁。但是自从结婚之后,便立志改过自新,不过逢场作戏,略饮几杯罢了②

表格左侧文字文辞古雅，以短句为主，行文简洁凝练，遣词用句善于发挥汉语四字格优势，显示出雅洁的文风。而右侧文字乃典型的白话小说语体，具有很强的通俗性，更加口语化。《托氏宗教小说》诞生于新旧交替的动荡时代，译文风格既受限于原文风格，也受限于时代。一方面，书面语受到很多外来词汇的冲击；另一方面，由于本土语言文字的长期使用使得绝大部分人还保持着传统的书写和阅读习惯。采用浅近的文言来翻译宗教小说，一是为文人阶层提供宗教读物，二是在白话文尚不成熟的当时，文言文依然还是在翻译时被优先采用。随着白话文运动的兴盛，文言文使用频率大大降低，无论是口语还是书面语，白话被广泛而频繁地使用，所以1917年新文化运动以后翻译的托氏小说作品，基本都用白话文翻译，时代的作用可见一斑。

① ［俄］托尔斯泰:《托氏宗教小说》,［德］叶道胜译,香港礼贤会1907年版,第82页。

② ［俄］托尔斯泰:《托尔斯泰短篇杰作全集》,谢颂羔、陈德明译,广学会1941年版,第1页。

十分有意思的是，在叙述的过程除了使用文雅的古语，译者还将保罗逊书中的诗句转化为古诗：

> （彼得）引保罗逊书中之诗曰：“阴云黯黯蔽天空，风烈长驱晚雪融。恍惚兽声狂吠叫，又如小子泪啼红。”[①]

这首保罗逊的“诗”俨然一首中国格律诗的模样，讲究平仄、押韵，而这要归功于述文者麦梅生带有创造性的翻译。有意识地将外国诗句翻译成符合中国审美习惯的格律诗，这是译者在翻译过程中为融合中西方文化所作出的努力。同时，话本小说的套语也在文中时有出现，这些宗教小说大多以“话说”“昔有”等话本小说套语开篇，这显示出传统话本小说叙述语言对翻译产生的深刻影响。译者努力使外来语与符合中国人审美习惯的文言、诗歌、话本等相结合，以迁就读者的欣赏习惯，但也反映出译者，特别是华人麦梅生自身文化习惯的某些观念，侧面显示出当时本土语言在翻译过程中的优势地位。

另外，需要指出的是，这部翻译小说具有大量的心理语言描写[②]。叶道胜在译意的过程中，首先保留了大量的心理描写，最后由麦梅生落到纸上。《托氏宗教小说》虽然依靠大量人物的对话和作者第三人称的叙述来推进故事情节的发展，但笔者认为在叙述方面，最为突出、影响最大的还是文中人物的心理语言描写。译者在翻译的过程中并没有省略这些心理语言描写[③]，而是通过刻画人物的心理活动，达

---

① ［俄］托尔斯泰：《托氏宗教小说》，［德］叶道胜译，香港礼贤会1907年版，第10—11页。

② 之所以说是“心理语言描写”而不是“心理描写”，因文中心理描写的部分多由说话人的话语传达，故称为“心理语言描写”。

③ 由于中国传统小说重视情节的发展，较少心理的刻画，近代很多翻译小说在翻译的过程中，最感兴趣的是也是小说的情节、布局，很容易忽略掉原文的心理描写。“译者为了适应中国人的欣赏习惯和审美情趣，大段大段地将作品中的自然环境描写、人物心理描写删掉，所译的只是作品的故事情节。这种情况，在20世纪初期的翻译作品中相当普遍。”（参见郭延礼、武润婷《中国文学精神·近代卷》，山东教育出版社2003年版，第193—194页。）

到情节的推进、人物的塑造以及主旨的揭示等目的。于此更可以见出，诞生于晚清的《托氏宗教小说》在翻译策略方面，一定程度上更接近“五四”作家强调的忠于西洋小说的直译。小说在进行心理语言描写时常用的标志性词语有“思”“想”“沉思”“思念”“忆”“忖度”“计较”“追忆”“自语”“心中想”“默念”等。《主奴论》里有一段十分具有代表性的心理语言描写，商人花士利在迷路的暴风雪夜陷入沉思，“（花士利）忽忆及前日与彼买牡羊之屠夫，约定初九日交银，即明日也，其心曰：‘彼必亲来，见我不在此，则诚可惜矣……’花士利此际想及美挪那素手兴起……则自思曰：‘嘻，风如是之烈……’复再三思想之，忖度之，终则入寐……忽又思想之，此非天之晓光……花士利思曰：‘彼独有此粗且薄之布蔽体……’花士利想及其妻则曰：‘吾今遭此……’想毕……忽忆及一事则曰：‘虽然如此……’乃复计较其生意之得失……其思想中，疑是此夜绵绵……花士利思曰：‘诚哉，是狼之声号呼也……’频思曰：‘我为何不在基哩士坚那度夜欤……’”① 译者保留了花士利的心理活动轨迹，花费大量的心力将其翻译成中文，试想如果删除这些心理描写，花士利形象会减损几多，读者与花士利的距离又会相隔多远，小说除了用大量的篇幅来叙述商人花士利丰富的心理活动之外，亦对其仆尼基打此时的心理作了描写，诸如此类的心理语言在文中俯拾即是，限于篇幅，不再赘述了。

小说人物的心理活动经常反映出人物内心真实想法的运动轨迹，如同一幕幕内心独白，甚至带有意识流的特点，这与我国传统小说的心理描写不同，表现出意识的流动性和人物心理的动态性。花士利在暴风雪夜中跟随意识的流动自言自语，甚至出现天亮的幻觉。而且小

① ［俄］托尔斯泰：《托氏宗教小说》，［德］叶道胜译，香港礼贤会 1907 年版，第 20—22 页。

说中心理语言描写也对人物形象的塑造、故事情节的发展起着重要作用。鞋匠马丁通过阅读《圣经》，经过一番内心感悟，从而决定追随基督；西门最终决定救助墙角的裸体少年亦是经过了一番心理斗争，这才有之后故事的发展。人物心理的刻画，缩短了读者和人物之间的心理距离，生动展现了人物的内心世界和心路历程，便于读者充分了解人物的真情实感，易于引起读者共鸣。而且其心理语言的刻画，多是其思想上、精神上的转变，与宗教得救的主旨密切相关。这些大量的心理描写在译作中得以保留，在当时是十分难得的。

《托氏宗教小说》作为近代岭南西方传教士翻译的小说之一，具有较强的代表性，通过这部小说，可以窥见近代岭南西方传教士翻译小说的三大特色，一是宗教启蒙的价值诉求，从译本的选取到译文的产出，整个过程都带有浓厚的宗教启蒙色彩；二是双重地域文化的文化内蕴，表现为域外与本土文化的相互交织；三是与岭南华人合译的翻译模式，呈现出独特的语言风格。小说的合译，使基督教文化在异质文化土壤中的生存与传播的路径有所显现，表现为借助小说这一文体，通过与华人合作，翻译与中国传统思想、文化、语言相契合的一个个宗教故事来达到宣传西方宗教思想的目的。

（李梦玲：暨南大学文学院2017级中国古代文学专业研究生）

论木棉的文学景观意义

童煜昕

近年来，在曾大兴、邹建军等学者的带领下，中国文学地理学的研究和学科建设迅速发展，建立并积累了一些重要的理论成果，文学景观就是文学地理学研究的重要内容之一。曾大兴先生在《文学地理学概论》认为：文学景观是指那些与文学密切相关的景观，它属于景观的一种，却又比普通的景观多一层文学的色彩，多一份文学的内涵。简言之，文学景观就是具有文学属性的自然或人文景观。此外，文学景观可分为虚拟性文学景观和实体性文学景观。其中，实体性文学景观是指文学家在现实生活中留下的景观，包括他们光临题咏过的山、水、石、泉、亭、台、楼、阁，他们的故居，后人为他们修的墓地、纪念馆……总之，大凡能够让现实中人看得见、摸得着，与文学家的生活、学习、工作、写作、文学活动密切相关，且具有一定观赏价值的自然和人文景观，都可以称为实体性文学景观。①

岭南②地处五岭以南，大部分地区夏长冬短，终年不见霜雪，季候不明显，可谓是“四时常花、三冬不雪”。岭南有众多具有地域特色和独特人文内涵的文学景观，如木棉，它首先是一种自然景观，但

① 曾大兴：《文学地理学概论》，商务印书馆 2017 年版，第 233、234 页。

② 本文中指的岭南是在文学地理范围中，主要指广东、海南及部分广西地区。

经过文学家吟咏、书写、被赋予了人文的意义之后，它便成为一种文学景观。从文学景观的分类来看，它既是自然类文学景观，也是实体性文学景观。

一 木棉及其传说

木棉是木棉科木棉属的一种落叶大乔木，叶互生，掌状复叶，枝条轮生，树高干直，树姿巍峨，花大而美，是南国特有的地域植物。关于木棉，除了被人熟知的木绵、红棉（红绵）、攀枝花等叫法，还有一些相关的典故与传说。《西京杂记》记载："积草池中有珊瑚树，高一丈二尺，一木三柯，上有四百六十二条，是南越王赵佗所限献，号为烽火树，至夜，光景常欲燃。"① 珊瑚树指的就是木棉，南越指的是如今的岭南地区。因木棉花朵红艳硕大，在汉王宫夜晚的灯火照耀下，如同将要燃起的烽火，也因此，木棉有了"烽火树"之名。

此外，木棉又名吉贝。相传五指山（今属海南，旧时归广东）有位黎族老英雄名叫吉贝，常带领人民击退异族的侵犯。后因一次叛徒告密，老英雄被捕，敌人将他绑在木棉树上严刑拷打，老英雄威武不屈，最后被残忍杀害。后来老英雄化作一株株木棉树，所以木棉树也可叫"吉贝"。

前人关于木棉的解释，似乎都不及清代屈大均在《广东新语》中记载详尽：

> 木棉，高十余丈，大数抱，枝柯一一对出，排空攫挐，势如龙奋。正月发蕾，似辛夷而厚，作深红、金红二色，蕊纯黄、六瓣，望之如亿万华灯，烧空尽赤。花绝大，可为鸟窠，尝有红

① （西汉）刘歆撰，（东晋）葛洪集，向新阳、刘克任校注：《西京杂记校注》，上海古籍出版社1991年版，第44页。

> 翠、桐花凤之属藏其中……树易生，倒插亦茂，枝长每至偃地，人可手攀，故曰攀枝。其曰斑枝者，则以枝上多苔文成鳞甲也。南海祠前，有十余株最古，岁二月，祝融生朝，是花盛发。观者至数千人，光气熊熊，映颜面如赭。花时无叶，叶在花落之后，叶必七，如单叶茶。未叶时，真如十丈珊瑚，尉佗所谓烽火树也。
>
> 舟自牂牁江而上至端州，自南津、清岐二口而上至四会，夹岸多是木棉，身长十余丈，直穿古榕而出，千枝万条，如珊瑚琅玕丛生。花垂至地，其落而随流者，又如水灯出没，染波欲红。自春仲至孟夏，连村接野，无处不开，诚天下之丽景也……①

从屈大均的解释中，印证了赵佗进献的烽火树就是木棉，同时也说明木棉在岭南的数量之多、历史之久，以及木棉花开于仲春时之壮观。因此，木棉可说是岭南颇具代表性的植物，能体现南国风物之美，这就不难理解为何过往岭南的文人常常会选木棉进行吟咏、书写了。

二 文学中的木棉

自然界中秀丽的山水风光向来是文人骚客笔下吟咏不衰的对象，歌颂山水之作更是层出不穷。文人从景中生悟，找寻创作的灵感，再寄情于山水寓情于景，以自然景观寄托人生理想，抒发情思。木棉从岭南的自然景观到成为文学景观，离不开过往的文人对其的歌咏。

岭南本籍文人生于此，长于此，自幼感受着岭南风物的秀美；而外来文人多因仕宦、贬谪、流放，或是自身游学、途经等原因到达岭南，在此留下了大量的吟咏山水之作。笔者以《木棉诗辑》《岭南历

① 屈大均：《广东新语》，中华书局1985年版，第615页。

代诗选》《历代名人入粤诗选》共三本古代诗选为例，统计书写木棉的相关诗作有96人187首，数量可观，其中不乏大家名篇，而诗名中直接提及“木棉”二字的就有139首。部分诗人有多首关于木棉的作品流传于世，如本籍诗人中，张维屏11首、黄乔松10首、屈大均8首；外籍诗人中，杨赓笙9首、杭世骏4首、杨万里3首，等等。从他们对同一植物木棉的多番描写，可看出这些诗人对木棉有独特的情怀，抑或是木棉对这些诗人的影响也较大。

诚如学者曾大兴所说，有的自然景观最初并没有人类活动的印痕，最初并没有人文意义，它的人文意义是文学家首先赋予的。[①] 张维屏的《木棉》就写道：“攀枝一树艳东风，日在珊瑚顶上红。春到岭南花不少，众芳丛里识英雄。”[②] 直言木棉艳如珊瑚，纵使岭南的春天花的种类数不胜数，木棉也是其中最为独特的。明人谭湘的《木棉花》：“佗罗千万臂，伸屈欲摩空。天地二三月，江山一半红……”[③] 这就与前文中屈大均提及南海神庙的木棉盛开时，“观者至数千人，光气熊熊，映颜面如赭”相呼应，展现木棉的高大伟岸，枝干繁密，花开时漫天红火的壮观场景。最初，文人只是感叹木棉盛开的美景，但在文人反复吟咏后，木棉这一文学景观被赋予了更多的人文意义。木棉的文化内涵在被文人反复吟咏后，也有了历时性的累积。

木棉本就是极具观赏价值的自然景观，是一种实体的景观。通过历代文人的观察、吟咏、描写，木棉便寄予了抽象的含义，也就成了虚拟的景观，使木棉成为一种文学影像。所谓文学本体的地理影像，是指文学作品里存在的自然山水对象，以及在具有象征性与抒情性的作品中，由作家所生活其中的特定自然山水与自然环境转化而来的种

① 曾大兴：《文学地理学概论》，商务印书馆2017年版，第238页。
② 中国民主促进会广州市委员会编：《木棉诗辑》，渔歌出版社2010年版，第62页。
③ 同上书，第44页。

种意象，包括作家在特定自然环境里产生的情感与想象。①

首先，最为熟知的是认为木棉是英雄的化身。这以岭南本籍诗人的描写尤为突出，最早直称木棉为“英雄”的是诗人陈恭尹。他爱国忧民，曾积极参加抗清斗争，明朝灭亡后还写了不少控诉清朝统治者残酷压迫之作。他在诗作《木棉花歌》中既写了木棉花动人的形色，又体现了木棉花内在的精神品格：

> 粤江二月三月来，千树万树朱华开。有如尧射十日出沧海，更似魏宫万炬环高台。覆之如铃仰如爵，赤瓣熊熊星有角。浓须大面好英雄，壮气高冠何落落。后出棠榴枉有名，同时桃杏惭轻薄。祝融炎帝司南土，此花无乃群芳主。巢鸟须生丹凤雏，落花拟化珊瑚树。岁岁年年五岭间，北人无路望朱颜。愿为飞絮衣天下，不道边风朔雪寒。②

诗歌描述了岭南木棉在初春时节绽放的盛状，称木棉“浓须大面”“壮气高冠”，如同将军的雄姿；更以“好英雄”“何落落”的惊叹来直接表现自己对木棉花的赞赏和欣羡。以枉有芳名和自惭轻薄的棠榴桃杏之花与木棉花相对比，显示出木棉花的磊落不凡，同时将木棉誉为群芳之主，赞美木棉的磅礴大气，尤其是年年岁岁的初春时节，五岭之间木棉的胜景让人惊赞。他的《南海神祠古木棉花歌》写得更加直白：

> 祝融帝子天人杰，凡材不敢宫前列。挺生奇树号木棉，特立南州持绛节。
>
> 拔地孤根自攫拿，排空直干无旋折。生气长资渤澥宽，老鳞

① 邹建军：《文学地理学批评的十个关键理论术语》，《内江师范学院学报》2015年第1期。

② 中国民主促进会广州市委员会编：《木棉诗辑》，渔歌出版社2010年版，第33页。

不受冰霜裂。

青春二月当艳阳，观者千人皆叹绝。繁英贯日下无阴，丽色烧天炙能热。

堂堂正正势莫当，密密疏疏随所设。落瓣全铺细草青，飞须欲满游丝缬。

似闻昨日铜鼓鸣，海神黼黻朝天阙。玉女三千笑口开，电光一夜枝头掣。

受命扶桑捧日车，旌旗片片裁霓虹。六龙战胜各归来，髭髯尽化玄黄血。

不尔花开何太烈，君不见四照之枝不可寻。赤松邈矣火井深，为君岁岁呈丹心。①

这首诗以南海神祠的木棉为出发点，点明木棉是岭南特有的奇树，高大挺拔，生命力强，不畏严寒，尤其是花在艳阳高照时盛开，让人赞叹不已。陈恭尹在两首诗作中，借对岭南木棉热情洋溢的歌颂抒发自己心中报国无门与壮志难酬的压抑心境与惆怅之情，并以木棉为寄托，表明自己对明王朝的拳拳忠心与深切怀念以及对南明王朝的希望。全诗奔放有力、雄直硬朗，没有国之将亡的哀怨感伤。

相似的还有屈大均。屈大均是明末清初爱国遗民诗人，始终坚守高洁不仕的人生气节，一生为祖国、民族的兴亡鞠躬尽瘁。在为民族兴亡四处奔走之际，他也无时无刻不思念故乡的木棉，并多次通过诗歌歌颂木棉，以木棉花盛开之浓烈、壮美来比喻自己的壮志豪情，抒发故国之思，如《南海神庙古木棉花歌》：

十丈珊瑚是木棉，花开红比朝霞鲜。天南树树皆烽火，不及攀枝花可怜。

① 中国民主促进会广州市委员会编：《木棉诗辑》，渔歌出版社 2010 年版，第 33 页。

南海祠前十余树，祝融旌节花中驻。烛龙衔出似金盘，火凤巢来成绛羽。

收香一一立花须，吐绥纷纷饮花乳。参天古干争盘拿，花时无叶何粉葩。

白缀枝枝蝴蝶茧，红烧朵朵芙蓉砂。受命炎洲丽无匹，太阳烈气成嘉实。

扶桑久已摧为薪，独有此花擎日出。高高交映波罗东，雨露曾分扶荔宫。

扶持赤帝南溟上，吐纳丹心大火中。二月花开三月叶，半天飞落人争接。

东风乱剪猩红绒，儿女拾来柔可折。正及春祠百谷王，神灵不使马蹄蹀。

还怜飞絮白如霜，织为绁布作衣裳。银钗叩罢双铜鼓，岁岁看花水殿旁。①

诗中写的就是如今在广州黄埔区南海神祠前多株参天的千岁木棉树，现仍留有两株。“天南树树皆烽火”，点名木棉在岭南地区数量之多。诗人在诗作中描写木棉的美态如“金盘、绛羽”，又似“蝴蝶茧、芙蓉砂”，在对木棉进行观赏的基础上表达自己拳拳的爱国之心与英雄的气节。自此，木棉也就成为英雄的象征，被赋予了坚强意志与坚韧品格，后人也多取木棉有英雄之意。

其次，木棉还是思念的象征。文人将对故乡、对他人的思念寄托在木棉身上，赋予木棉另一种人文意蕴。这样的作品多见于外籍文人的诗作中。如齐白石，他在年逾不惑时三到岭南，路途中见木棉盛开，恰逢杜鹃鸣啼，便留有《木棉花》一首：“看山曾作天涯客，记

① 中国民主促进会广州市委员会编：《木棉诗辑》，渔歌出版社2010年版，第30页。

得归家二月期。游遍鼎湖山下路，木棉十里子规啼。”① 鼎湖山现属于广东肇庆，诗人在游玩的途中听见子规啼鸣，将自己的思乡之情寄予于盛开在岭南初春时节的十里木棉中。近代文人于右任也有歌咏木棉的诗作，如《粤秀山前看木棉》：“粤秀山前花乱飞，岁寒南下念将归。参天无数英雄树，万井啼寒未有衣。”② 战乱年代，诗人从北方来到广州，看到木棉花盛开之后随风飘落，想起初春尚寒不禁为久征未归的将士感到担忧。

最后，木棉可说是温暖的代表。木棉除了观赏价值，还有经济价值。木棉的花芯产棉，古人常将其制衣、制被用以御寒。因岭南地区并没有生长棉花的气候条件，所以古时候木棉在岭南人民的生活中扮演了非常重要的角色，而木棉的棉絮在我国已经有非常悠久的使用历史了。古书中多处记载，木棉均属于岭南特有物种，并多被南人用于日常生活之中。早在东汉杨孚的《异物志》就有木棉的相关记载。据《文选》卷五中，刘渊林注晋左思《吴都赋》，引《异物志》曰：“木棉，树高大，其实如酒杯，皮薄，中有如丝绵者，色正白，破一实，得数斤。广州、日南、交趾、合浦皆有之。”③《罗浮山记》中也有记载：“木棉，正月则花，大如芙蓉，花落结子方生绵与叶耳，子内有棉甚白，蚕成则熟，南人以为缊絮。”④《广东新语》对此也有记录：“子大如槟榔，五六月熟，角裂，中有绵飞空如雪。然脆不坚韧，可絮而不可织，絮以褥以蔽膝，佳于江淮芦花。或以为布，曰緤，亦曰毛布，可以御雨，北人多尚之。绵中有子如梧子，随绵飘泊，著地又复成树。”⑤

① 中国民主促进会广州市委员会编：《木棉诗辑》，渔歌出版社 2010 年版，第 95 页。

② 同上书，第 101 页。

③ 杨孚：《异物志》，载梁廷楠、杨孚等著，杨伟群校点《〈南越五主传〉及其他七种》，广东人民出版社 1982 年版，第 43 页。

④ 李昉：《太平御览・卷九六　・木部九》，中华书局 1960 年版，第 4261 页。

⑤ 屈大均：《广东新语》，中华书局 1985 年版，第 615 页。

无论是本籍诗人，还是外来的文人，都在诗作中对木棉的这一实用价值予以肯定。如陈恭尹在诗中言“愿为飞絮衣天下，不道边风朔雪寒”①。清代的索绰络·德保南下为官时留有《木棉花歌》一首，也谈及用木棉的花絮制衣：“……我闻东南种棉多草木，夏耘秋熟掇其英。琴操弹鼓霏白雪，纺车轧轧篝青灯。芦花柳絮补不足，老人曝背依南楹。何如天生嘉树比吉贝，取之不禁功亦同。缣缯愿移此树遍环瀛，坐令无民卒岁无复号寒声。”②

文人从木棉的经济价值出发，以诗作的形式记录木棉对百姓的贡献，木棉也因此被赋予了温暖的含义。

此外，木棉还可作为药材使用。木棉花味甘性凉，有清热利湿、消暑、止血等功效。岭南地区处亚热带，气候炎热潮湿，人们多食鱼、肉，因而极易患肠胃湿热的疾病，如食欲不振、食滞、腹泻及下痢等。晒干后的木棉花使用方便，功效甚佳，所以岭南人常用之。而且民间认为木棉花还能解鸦片的毒。清人丘逢甲在《拜大忠祠回詠木棉花》中写道：“枯木寒鸦吊大忠，力回阳九气熊熊。化身待挽芙蓉劫，晒血疑开杜宇宫。铜鼓哀歌春庙古，铁锥奸魄满菴红。扫除冰雪持炎运，合率群花拜祝融。”③ 诗中的“芙蓉”指鸦片，诗人在自注中解释，木棉对鸦片有解毒之功。文人史澄在《木棉》中也说：“自是参天拔地材，无人赏识委蒿莱。岂知救世饶功用，慢作寻常草木栽。”④ 写的也是木棉能救鸦片毒，有起死之功，因此木棉也是济世的符号。

同样是描写木棉这一自然景观，从不同角度对木棉进行观察、吟咏，无论是赞赏、思念的视角，还是对其经济价值和药用价值的肯

① 中国民主促进会广州市委员会编：《木棉诗辑》，漓歌出版社2010年版，第33页。
② 同上书，第42页。
③ 同上书，第93页。
④ 同上书，第82页。

定，都是因作者在不同的时间、有不同的遭遇以及观景的感受不同造成的。由此可见，文学景观的意义是因不同作家和读者在不同的时间所赋予、所累积的，就如英国当代地理学家 迈克·克朗指出：我们不能把地理景观仅仅看作物质地貌，而应该把它当作可解读的“文本”，它们能告诉居民及读者有关某个民族的故事，他们的观念信仰和民族特征。[①] 因此，对同是木棉这一自然景观进行颂赞，因寄托不同也就赋予木棉不同的人文意义，从而让木棉具有了多重文学景观之意义。

三　木棉的文学景观价值

《文心雕龙·物色篇》云：“岁有其物，物有其容；情以物迁，辞以情发。”[②] 说明了自然景物在文学创作活动中的重要作用。钟嵘《诗品序》：“若乃春风春鸟，秋风秋蝉，夏云暑雨，冬月祈寒，斯四候之感诸诗者也。”[③] 更是对自然景观在文学活动中的重要意义的高度评价。

木棉之所以作为南国特色被写入作品，成为岭南诗歌中特有的文学地理意象，是因为它具有独特的地域性与标志性的意义。笔者选取的三本诗选中，提及与木棉相关的岭南地点众多，如越秀山（亦称粤秀山、越王山）有 8 首、南海神庙 7 首、越王台 12 首，而书写岭南其他地方的木棉的诗作更是不计其数。迈克·克朗的《文化地理学》一书在讲到“文学地理景观”时也指出：“文学作品不能被视为地理景观的简单描述，许多时候是文学作品帮助塑造了这些景观。”[④]

---

① 迈克·克朗:《文化地理学》，杨淑华、宋慧敏译，南京大学出版社 2003 年版，第 51 页。

② 刘勰著，王运熙、周锋译注:《文心雕龙译注》，上海古籍出版社 2012 年版，第 309 页。

③ 钟嵘著，周振甫译注:《诗品译注》中华书局 1998 年版，第 20 页。

④ 迈克·克朗:《文化地理学》，杨淑华、宋慧敏译，南京大学出版社 2003 年版，第 44 页。

木棉本是岭南的特色自然景观，在岭南也不乏以它命名的地点。如清代广州就有以木棉胜景著名的风景区，即位于河南（今广州海珠区）瑶溪（今海珠涌一带）的“瑶溪二十四景”之一——“十丈红棉道”。诗人潘飞声有一首同名诗作《十丈红棉道》：“一声山鹧鸪，唤我寻春去。满地红珊瑚，仿佛越台路。”[①] 一个著名的自然景观，以及由自然景观演化而来的人文景观，其价值往往是很丰富的，有地理的价值，有历史的价值……但这些价值都不及文学的价值。如果没有文学的价值，景观往往无由彰显。[②]

（童煜昕：广州大学人文学院2016级研究生）

① 孙卫明：《千年花事》，羊城晚报出版社2009年版，第35页。

② 曾大兴：《文学地理学概论》，商务印书馆2017年版，第253页。

惠州本土与外来诗人地理书写之比较研究[①]

徐丽贤　刘庆华

惠州古称循州，秦时为赵佗辖地，名梁华，属南海郡；隋文帝开皇九年（589）设归善县，属循州管；五代南唐为祯州治；宋真宗为避嫌，改“祯”为“惠”，惠州之称始有；明洪武元年（1368）设惠州府，直到清末，惠州皆为府治中心。

惠州位于东江中下游，属于地势平坦的丘陵之地，依山面水，集山、海、江、湖、泉于一体，有着“半城山色半城湖”的美誉。全市有景区 70 余处，仅国家和省级风景名胜及自然保护区就有 19 处。在众多景观中，罗浮山与西湖自古不仅为岭南著名自然景观，也是著名的人文景观。然而，素有“岭南古都”“粤东门户”之称的惠州，在唐宋以前却因地理位置的偏僻和自然条件的恶劣而成为贬官制度下重要的谪地之一，不少声名显赫的文人如苏轼、唐庚、陈尧佐、祖无择、刘克庄等均贬谪于此。“一自坡公谪南海，天下不敢小惠州。”东坡寓惠使不少文人墨客慕名而来，或宦游或郊游或寓居或路过，著名的有杨万里、朱熹、陈偁、薛中理、湛若水、陈恭尹、今但等，他们

① 本文为广州大学广府文化研究中心“罗浮山文学景观研究”课题（编号：18GFWH06）阶段性成果之一。

来到惠州，留下了大量诗篇。惠州本土作家声名成就虽不如流寓文人，但也有不少佳作。根据清光绪年间刘溎年修、邓抡斌等编纂的《惠州府志》[①] 并参考清朝李文藻编著的《岭南诗集注》[②]、清朝温汝能纂辑的《粤东诗海》[③] 以及《惠州名人》[④]《全粤诗》[⑤]《历代名人入粤诗选》[⑥] 等，梳理出惠州本土文人诗作较多的有梅蟠、吴高、姚子庄、庾楼、廖贞、叶梦熊、韩壁如、孔少娥等。

一 地理景观书写差异之表现

惠州著名的自然景观有罗浮山、西湖、笔架山、飞鹅岭、浮碇冈等山岭、江海、泉瀑、林涧、湖岛；人文景观以苏轼寓惠遗迹为主线，有合江楼、嘉祐寺、白鹤峰故居、栖禅寺、朝云墓、白水山汤泉、放生池、西新桥、东新桥、罗浮道院等寺观、亭院、楼塔、桥墓，有的景观兼具自然景观与人文景观。由于惠州本土与外来诗人在地域背景、生活经验、个人际遇、审美趣味等的不同，故其创作也有明显的差异性。

（一）题材之差异

首先，从自然景观书写上，本土诗人与外来诗人在选材上较为一致，多以罗浮山和西湖为重点书写对象。从罗浮山自然景观的书写来看，无论是外来文人赵翼的《罗浮纪游》、阴铿的《罗浮山》，还是本土文人李亨的《罗浮山》和叶梦熊的《忆罗浮》，都写出了罗浮山

---

① （清）刘溎年修，邓抡斌等纂：《惠州府志》，光绪五年刻本。

② （清）李文藻著，栾绪夫注：《岭南诗集注》，大连海事大学出版社1994年版。

③ （清）温汝能纂辑：《粤东诗海》，中山大学出版社1999年版。

④ 祝基棠、黄松森主编：《惠州名人》，文心出版社1999年版。

⑤ 中山大学中国古文献研究所编：《全粤诗》，岭南美术出版社2008—2019年版。

⑥ 黄雨选注：《历代名人入粤诗选》，广东人民出版社1980年版。本文所选诗篇均出自上述文献。

壮丽而神奇的景色。但仔细看来，它们又略有不同。如南宋杨万里的《舟中望罗浮山》“十里山光翠障开”“罗浮山高七万尺，下视日月地上流。黄金为桥接银汉，翠琳作阙横琼楼”，以虚实相合之景极力营造罗浮之神奇；清朝赵翼的《罗浮纪游》“飞云五千仞，云聚族而众。我行入迷茫，目力不得纵。蓬蓬触石出，郁勃谁能控。一东一西，如迎复如送”，极力描绘罗浮山飞云蓬勃的壮美。其他如司马退之《罗浮山》、周敦颐《罗浮山》、刘克庄《白鹤峰》等亦如此。而惠州人姚子庄的《罗浮梦梅》：“欺春寒骨锁莓苔，勾去灵岩别有胎。帘外疏钟迷远寺，灯前流水近荒台。香崖月落魂如醉，雪窖人归影欲猜。昨日相思曾驻马，情深依旧伴花来”，则着意营造迷离幽美、勾魂摄魄之景，写自己对罗浮幽冷孤高的梅花的深情眷恋。博罗人李颙的“瀑布悬崖泻，松笙入夜鸣。何迟赋归去，采药养颓龄”（《游罗浮》），写白天见瀑布飞泻、夜来闻松声入琴、闲来采撷古药的悠闲；博罗人李亨的“十二芙蓉天作开，烟霞净里翠成堆。鹿衔花向林边过，龙带云从树杪来。最爱壶中开日月，何须海上访蓬莱。翛然自觉清毛骨，直欲凌风溯上台”（《游罗浮》），以轻快的节奏写出与野鹿、烟霞等神奇之景融为一体的游玩之乐。

总的来说，外来诗人会抓住总体山貌来描写，在题材选取上着意于宏伟壮阔的景观，且重点突出其神秘诡异与壮美；而本土文人则似乎有意选择名气不大的景观，描写局部景观者多，描摹罗浮山概貌者少，如梅蟠的《何仙姑祠》写何仙姑祠、姚子庄的《罗浮梦梅》写梅花，且多突出景观的可亲近性和游玩之乐，刻画细致，感情细腻。

其次，在人文景观的书写上，外来诗人的书写几乎涵盖了惠州各个著名的寺观、亭院、楼塔、桥墓，题材种类及作品数量均十分丰富。如唐庚写栖禅寺（《栖禅暮归书所见》）、徐纮写《永福寺》，明朝理学家王守仁也有描写栖禅寺的诗：“绝顶深泥冒雨扳，天于佳景亦多悭。自怜久客频移棹，颇羡高僧独闭关。江草远连云梦泽，楚云长断九嶷山。年来出处浑无定，惭愧沙鸥尽日闲”（《栖禅寺雨中与惟乾同登》），以急雨泥泞中攀坡的艰难写人生的坎坷漂泊，流露思乡思归之情；唐朝胡宿写《冲虚观》；北宋陈尧佐寓惠期间筑野吏亭，亭成后赋诗《野吏亭》，又作《宋天圣间陈入参大政复寄题二章》。同题材的还有刘光第的《野吏亭》、番禺人李敏的《野吏亭谒陈文惠公》、丘逢甲的《野吏亭》等。清代文人廖鸣球写《湖心亭》；广东总督阮元曾游丰湖书院，留诗《过丰湖书院》。在人文景观的书写上，苏轼无疑是大家，其《寓居合江楼》《江月》（写泗洲塔，也称玉塔）、《西新桥》与《东新桥》均十分有名。而与苏轼有关的自然景观在苏轼之后又转化为人文景观，成为后世文人书写的对象，如刘光第的《朝云墓》等等。相比之下，本土诗人在人文景观的描写上相形见绌，描写对象及作品均较少，较为著名的有归善人杨朝枢的《过唐子西故居》《合江楼二首》；博罗人张萱的《白鹤峰谒苏文忠》，多借凭吊古人感怀身世，这种沧桑感在本土诗人中实属稀有。

最后，在民俗风情的书写上，外来诗人中苏轼作品最多，一一写到了惠州的“罗浮春”“万户酒”、南方自然气候、“无鸡不成宴”的食俗及客家人的热情好客，选材丰富，描写细致，从中可窥见惠州独特的民俗风情。李商隐、刘光第等人也多描写过惠州当地生活的新奇之处。相比之下，本土诗人很少书写这方面的题材，选材不丰富，题材内容多为写苛捐杂税之苦、百越古族自给自足的生活及农妇的勤劳等，如博罗人函可的《丁亥春将归罗浮酬别黄仙裳次原韵》，描写春夏之交春雨绵绵的气候，表达对命途不济的哀叹；吴高的《半径樵归》写以荷叶当头盖的妇人的辛勤劳作；李隶中的《怀民》劝慰人们耕读传家；陈运的《留书楼示儿》，描写农民百姓沉重赋税之苦。

（二）观照角度

观照角度，即观察同一事物而选取的角度。外来诗人与本土诗人在选取角度上差异较大，主要表现为：外来诗人多着眼于宏观的、大气的，并且具有震撼性、冲击性的景观，而本土诗人更善于发现琐细的、名气不大的、秀气的景观。

外来诗人书写罗浮山有以仙说、“罗浮夜半见日”、罗浮云景、罗浮山脉“四百峰”等奇特角度为切入点，多是为了渲染罗浮山的道教气氛，表现罗浮山的神秘色彩，塑造仙山的形象。如孙蕡的“四百峰峦列海图，飞云绝顶敞玄都”（《罗浮》），四百为虚数，指罗浮山山脉庞大，飞云翔集峰顶如同仙都。而惠籍诗人虽也有切入神话传说衬托罗浮山之仙、奇，但他们大多不会选取宏大的景观为观照角度，而是描写细小的景物以塑造罗浮山的形象，如博罗人李亨的“十二芙蓉天作开，烟霞净里翠成堆。鹿衔花向林边过，龙带云从树杪来。最爱壶中开日月，何须海上访蓬莱。翛然自觉清毛骨，直欲凌风溯上台”（《罗浮山》），“烟霞”“鹿”“树林”“龙云”，描写出一幅干净清爽、云气飘绕的景象，烘托罗浮山看似平静实则龙飞云从，表现浓厚的仙气。与李亨相比，孙蕡的取材角度更宏大壮阔，更注重全局的把握，描写更加独特、另类，又运用夸张的写法大胆地展现出飞云的盘踞之势，在气势上略胜一筹。

（三）风格

书写风格的差异很大程度上取决于观照对象的特征。外来诗人往往会抓住奇特、惊异的景观，所突出的风格是神奇诡异、恢宏大气、强劲而有力。如赵翼写罗浮“飞云五千仞，云聚族而众。我行入迷茫，目力不得纵”（《罗浮纪游》），飞云厚重浓密，不但聚集收拢而且强势突出，把轻飘飘的云写得强劲有力，表现出强劲、大胆的风格；州守陈偁描写罗浮山，“罗浮山高七万尺，不视日月地上流。黄金为桥接银汉，翠琳作阙横琼楼”，写罗浮山与日月齐高，日月自山起而落，黄金作桥梁连接银汉，美玉作楼阙横亘仙宫，表现作者大胆的想象和雄奇的风格。与之不同的是，本土诗人往往从细微处入手，写出家园的温馨感，如归善诗人姚琚写合江楼，“水绕平芜双练白，烟浮睥睨万家春。澄波自是蛟龙卧，画栋从教燕雀频”（《合江楼》），水清如白练，绕过原野，烟波斜着眼细心地观察周边的春景，蛟龙藏于水中，燕雀多次停留在彩绘的楼阁上，一幅生机勃勃、悠然自乐的景象。本土诗人因为有归属感，常常流露出对本土风物的自然喜悦之情，表现为悠然、清新、洒脱、柔美的风格。

对惠州西湖的书写也能体现出两个诗人群体截然不同的写作风格。本土才女孔少娥的《点翠洲诗》“一段芳华描不就，月湾宛转似眉头”，写西湖俨然女子，婉转的湾头恰似女人的眉头。另一位本土诗人庾楼写“绿影侵云湿，红尘带雨欹。朝来烟景好，再许问花期”（《西湖》），碧绿的湖面烟波缭绕，似能浸湿云鬓，打湿飞尘。温柔的湖水宛如柔弱的女子，诗人春心蠢动想尽诉相思之苦。在本土诗人的笔触下，惠州西湖更具女性的柔弱与善解人意，诗人的感情真挚而细腻，亲切又动人。相比之下，外来诗人更注重外在的描写，如陈恭尹的“丰湖之水曲若环，扁舟一去何时还”（《惠州西湖歌赠叶金吾犹龙》），写湖水曲折如环扣，与孔少娥的“宛转似眉头”相比，虽然也写出了惠州西湖的曲折美，但陈恭尹意在表现丰湖的曲折环绕，扁舟不知何时才能回去，写出丰湖水势浩大，表现阔远壮大的风格，而孔少娥更注重西湖的女性美，表现出柔美、细腻的风格。

再如，同样是写水帘飞瀑，外来诗人薛侃笔下的水帘洞是“一道珠帘水，长悬苍翠间。冷风吹白日，急雨响空山。石濑林端齿，潭清镜里颜。采奇欣共赋，临发复忘还”（《水帘飞瀑》），洞里的冷风能吹冷太阳，洞里的雨声能响彻空山，石头尖锐突兀的地方如被涂上红黑色，潭水清如镜子，展现的是水帘洞一派诡异阴凉之景。而在本土诗人吴高看来，水帘洞是“陟彼嶙峋，崖石壁立。流泉涓涓，玉虹千尺。挹泉水兮，尘缨可濯。日月其迈，云何不乐”（《水帘飞瀑》），石壁耸立，瀑布千尺，清泉流淌，喜乐之情油然而生。薛侃重在写水帘洞的诡异阴冷，而吴高重在描摹水帘洞的概貌和清奇；薛侃趋向雄奇大胆，吴高则是悠然洒脱。

（四）情感倾向

由于中原人对岭南蛮荒、瘴疠印象的根深蒂固，加上宋朝以前岭南经济政治文化的落后，入惠的文人往往带有戒备心与恐惧感，尤其贬谪文人因仕途困顿，在面对陌生的蛮荒之地时往往带有较为激烈或消沉的情绪。如苏轼《丙子重九二首》“何以侑一樽，邻翁馈蛙蛇。亦复强取醉，欢谣杂悲嗟。今年吁恶岁，僵仆如乱麻。此会我虽健，狂风卷朝霞。使我如霜月，孤光挂天涯。西湖不欲往，墓树号寒鸦”。在诗人眼中，风是狂风，它卷走了晨霞，卷走了一切希望；月如霜冻，孤冷的光照着天涯一角的惠州；流落蛮夷之乡，心中的痛苦如寒鸦在墓旁枯树上的号哭。诗歌表达的正是诗人初到惠州而感受到的孤苦，即使天性旷达如苏轼，也难免怅惘、伤悲。这也是大多数贬谪诗人共有的情感倾向和诗歌底色。如裴夷直的《将发循州社日于所居馆宴送》：“浪花如雪叠江风，社过高秋万恨中。明日便随江燕去，依依俱是故巢空”，首句写出恢宏的江风海浪之势，然后借燕飞巢空寓意远离家乡的孤苦之情和被贬之恨；唐庚的《白鹭》情感表达更强烈：“说与门前白鹭群，也宜从此断知闻。诸君有意除钩党，甲乙推求恐到君”，唐庚因受牵连而被贬惠州，满怀愤懑无处抒发，只能对白鹭诉说自己的清白；李商隐虽非为贬谪，但他滞留在惠州时也因政治失意而写下《海客》：“海客乘槎上紫氛，星娥罢织一相闻。只应不惮牵牛妒，聊用支机石赠君”，表达怀才不遇之感。又写下《思归》：“固有楼堪倚，能无酒可倾。岭云春沮洳，江月夜晴明。鱼乱书何托，猿哀梦易惊。旧居连上苑，时节正迁莺”，表达渴望返回京师成就功名的愿望。这些诗人因为仕途命运不济，情感倾向往往因被贬之恨及作客蛮夷之地而心绪不安，从而使诗作表达出复杂、悲观、低落、怨愤的情感倾向，景观描写也随之而悲壮。

除了因政治失意而造成诗人低沉、悲观、怨愤的情绪外，陌生的风物环境也会影响其情感倾向。苏轼的《十一月二十六日，松风亭下，梅花盛开》“岂知流落复相见，蛮风蜑雨愁黄昏”，蛮、蜑为惠州少数民族。蛮风蜑雨足以表明诗人对蛮夷之地新的风土人物的不适应。其他如刘克庄的“帝恐先生晚牢落，南迁尤得管西湖”（《丰湖三首》），张萱的“不缘浪迹频迁谪，争得蛮乡入画图”（《惠州西湖歌》），崔放之的“山高地僻月空圆”（《栖禅寺》）等皆作如是观。“牢落”“南迁”“蛮乡”“僻”“残碑”“泪满襟”等字眼表达的是外来诗人对惠州风土人物的距离感，以及由这种空间的距离感和文化的距离感而产生的落寞伤感及对流寓地风物的歧视。

总的来说，外来诗人在惠州地理景观书写中往往表达强烈的、消极的甚至是鄙夷的情绪。而惠籍本土诗人因生于此长于此，对本土有着天然的亲近、欢喜，故其作品的情感也就温馨、明快。如吴高的《水帘洞》：“暮春之月，春服既成。眷言乐游，求其友生。陟彼嶙峋，崖石壁立，流泉涓涓，玉虹千尺。挹泉水兮，尘缨可濯。日月其迈，云何不乐。花木畅茂，生意欣欣。浴沂咏归，思昔之人，我思昔人，匪耽逸豫。优哉游哉，聊以适志。流觞泛泛，鸣鸟嘤嘤。感时怀古，千载同心。”诗中用了大量《诗经》《论语》及兰亭聚会等典故来表达游赏水帘飞瀑之乐，并借景借典故“聊以适志”，感悟“承古之大儒，开今之理想”的人文意境，抒发对理想社会的追求。陈运的《明圣桥》：“明圣微茫报晓钟，禅栖于此证南宗。何人钓罢前溪月，长笑天南第一峰”，极力称赞明圣桥能垂钓、能观景。“长笑”流露出诗人由衷的喜悦之情。唐勋的《梅花村》："村背梅花旧有名，肩舆随傍羽衣行。香吹短发松风落，静洗烦襟涧水声。可赋庵残花自发，师雄梦断鸟犹鸣。醒人风景忘归处，名利红尘一笑轻。"诗人流连忘返于梅花村，直觉名利红尘皆浮云，游玩之乐和旷达的名利观溢于言表。

二　空间距离对景观书写差异之影响

由上可见，外来文人与本土文人对岭南风物人情有着不尽相同的理解和感受，从而出现景观书写的差异。产生这种差异的原因固然复杂，但距离感是主要的原因。所谓距离感，一是指实际的空间距离，二是指心理上的空间距离，三是指文化上的空间距离。实际的空间距离是心理和文化上的空间距离的根本，而心理和文化上的空间距离又强化了实际空间距离的不可逾越性。三者相互为用。

距离产生美，是美学的一个著名命题，出自著名现代诗人黄颖，说的是人们在欣赏自然美、社会美和艺术美等的审美过程中，必须保持特定的、适当的距离，如时间距离、空间距离和心理距离，否则就会影响和削弱审美主体的审美效果。然而，距离也产生陌生化。"陌生化"原本是一个著名的文学理论，由俄国形式主义评论家什克洛夫斯基提出，是西方"陌生化"诗学发展史上的重要里程碑，也是西方"陌生化"诗学的成熟标志。"陌生化"理论强调的是在内容与形式上违反人们习见的常情、常理、常事，同时在艺术上超越常境。陌生化又称为"奇特化""反常化"，是指作家在创作过程中有意识地通过陌生或反常的方式去变化熟悉的人、事、物。本文借用"陌生化"的概念，从狭义上来说，是指由于距离感，文人对不熟悉的、崭新的景观怀有另类的、奇特的、不同往常的感觉，也即陌生感。这种陌生感既可能写出风物人情的新奇之处，也可能因为长期存在的心理和文化上的空间距离而使诗人不认同当地的风物人情，加上个人的遭际而采用极大限度夸张化的描写，使事物本身的形象远远偏离现实甚而出现妖魔化。

岭南由于远离政治中心，在中原人的心目中，至少在明清之前一直是个瘴疫、荒芜、野蛮、人烟稀少的不毛之地，交通不便，环境恶劣，民风野蛮。这种既定的形象往往会给外来诗人的创作带来“先入为主”的影响。检视惠州外来文人的作品，“瘴气”“瘴疫”“南荒”等词语频繁出现在外来诗人的诗篇里。如苏轼《丙子重九二首》的“瘴海”、江苏宜兴人郭子直《西湖》的“南荒”、江苏常熟魏浣初《西湖》的“炎荒”、晋江青阳庄际昌《白鹤峰》的“炎荒”、祖无择《罗浮山》的“瘴海”、寓居江苏的晚唐诗人许浑《送黄隐君归罗浮》的“瘴雾”、江西朱熹《次韵》中的“蛮烟”等。而这些带有歧视性的语词却极少出现在本地诗人的诗篇中，笔者只找到博罗人张萱在《白鹤峰》中凭吊苏轼写到“魔蝎谁怜留瘴海”，然而这也只是感慨苏轼等外来诗人的感慨而已。这种既定的带有歧视性的原始印象，使外来诗人在描写惠州地理景观时不可避免地戴上有色眼镜。如苏轼著名的《荔枝叹》：“十里一置飞尘灰，五里一堠兵火催。颠坑仆谷相枕藉，知是荔枝龙眼来。飞车跨山鹘横海，风枝露叶如新采。”诗歌意在批评统治者劳师兴众如“兵火催”地将岭南的荔枝送到京城以供妃子一笑的荒淫贪欲，但叙事的角度却是借距离之遥远。在诗人的印象中，岭南与中央朝廷的距离犹如“飞车跨山鹘横海”，像飞车跨过千山，如鸿鹄鹘鸟越过大海般辽远。

偏居一隅的岭南与北方不仅距离遥远，而且政治地位悬殊。岭南长久以来不在中央核心管治范围内，因而政治上处于非正统的地位，被视为“蛮夷之地”“流放之地”；其文化也多遭受歧视，在经济、政治与文化等各个方面均与中原存在多重距离感。这种距离感，贬谪文人群体感受最深。贬谪文人大多为朝廷命官，不是曾经权倾朝野之人就是满怀抱负之人，一旦被贬，其因实际空间距离而产生的心理上和文化上的距离也就越发强烈。如北宋的陈尧佐曾贵为宰相，宋真宗咸平二年（999）因上书指摘时弊，言他人所不敢言，触怒真宗而被贬为潮州通判，权知惠州。他在惠州建野吏亭，赋《野吏亭新成作》，感慨“他年重回首，牢落愧甘棠”，于蛮荒之地为政难以有所作为。其实，在潮州期间，陈尧佐新修孔庙，并“选潮民秀者劝以学”，发展潮州教育事业，还是很有作为的，但由于北方文人对中原正统地位深刻的认同感和认知感，一旦被贬到或流寓到蛮荒的岭南，各种负面情绪也就随之而来。

此外，外来文人随着空间距离的遥远而带来的地理与文化差异的陌生感也更为强烈。这种陌生感使他们往往比本土诗人更具敏锐性，情感也更为强烈，更能抓住景观宏阔、奇异、大气的特点，创作出雄奇诡异风格的作品。如苏轼写《舟行至清远，见顾秀才，极谈惠州风物之美》时，只是乘船到清远，人还没踏入惠州，便写到“到处聚观香案吏，此邦宜著玉堂仙。江云漠漠桂花湿，海雨翛翛荔子然。闻道黄柑常抵鹊，不容朱橘更论钱。恰从神武来弘景，便向罗浮觅稚”，把素未谋面的惠州描绘成神仙栖息之地。然而，他到惠州后写的《到惠州谢表》却称惠州为“瘴疠之地，魑魅为邻”。两首诗对惠州的描写相差甚远，前者实寄寓他对惠州的美好幻想，以此来安慰自己遭贬的身世；后者写“瘴疠”“魑魅”，将惠州妖魔化，表现出不安的情绪。苏轼不熟悉惠州时因距离而产生陌生感，将惠州幻想成神来之地；而到达寓所后因文化心理上的距离感，对惠州的负面情绪逐渐加强，故而对惠州进行妖魔化的处理。

不仅贬谪文人的创作如此，其他外来文人也有这些特点。曾任广东新会知县、广东巡按的王命璿，籍贯福建，宦游至惠州孤忠祠，写下“才出西郊紫气氲，长桥断岸见晴云。浓花鱼鸟招游客，息浪鲸鲵静戍军。万壑海烟宫柳绿，一壶村酒野梅芬。于今不改江山色，祠下馨香草木曛”（《孤忠祠》）。西郊有“紫气”，长桥延伸像是截断了岸；浓郁繁多的花鸟鱼儿招呼客人，庞大的鲸鲵排列如军队。由于距离产生陌生感，对不熟悉的孤忠祠，王命璿以大胆的想象甚至脱离现实地写这里的“紫气”“断岸”“戍军”“万壑”“海烟”，夸张地描写孤忠祠一派威严肃穆却又生机勃勃的景象。

而本土诗人由于对惠州风物的熟知，故其作品更注重细微处，更加写实，更加平实。如同写罗浮仙迹，东莞人刘存业写“石壁篆书皆妙墨，铁桥遗履有灵踪”（《游罗浮》），从罗浮山的铁桥联想到仙人的踪迹，想象更加新奇大胆；而惠州博罗人李亨却“高吟只恐惊银汉，扶醉还能度铁桥”（《罗浮山》），只写过铁桥时有恐高感，哪怕醉了也还能扶着度过，自然平实，没有外来文人尤其是贬谪文人惯有的悲酸、悲壮与大气。

三　结语

无论是从写作题材、创作风格和观察角度，我们都可以看出惠州外来和本土两大诗人群体在地理景观书写上存在明显的差异。对于外来诗人，惠州是客；对于本土诗人，惠州是家。这种由空间距离而来的文化和心理距离感，使外来文人在诗歌创作中善于抓住宏伟壮阔的景观来描写，用词大胆，情绪激昂，表现出雄伟诡异的风格；而惠州本土诗人对家乡有着天然的亲切感，故其作品善于描写细微处，自然平实，乡情浓烈。

（徐丽贤：广州大学中文系2008级学生；

刘庆华：广州大学人文学院教授）

珠江三角洲广府祠堂与村落的时空关系初探

——以番禺地区为例

朱光文

宗族的建立是乡村社会一个庞大的系统工程，包括修族谱、置族产、建祠堂、定族规、修祖墓等工程。科大卫长期从事珠江三角洲乡村社会史研究，认为“中国社会史研究者往往对建筑史缺乏足够的敏感；建筑史的研究者也不见得对社会生活的演变有深入的认识……华南的所谓大族，不仅是通过修族谱、控族产，更通过张扬的家族礼仪来维持。家族礼仪的中心，就是后来人们一般称为‘祠堂’，而在明代制度上称为‘家庙’的建筑物。家庙成为地方社会的建筑象征的过程，对于我们了解明代以后宗族社会发展具有重要的意义”①。冯江在其研究中借鉴了华南历史人类学和岭南区域史研究的众多成果，并试图将建筑和聚落的演变置于动态的社会演变之中，“将村落和祠堂的研究与区域发展的历史进程紧密结合在一起。动态研究是认识复杂演变过程中诸多现象的有效方式”，“在聚落研究层面上，将村落的建设看成是一个

① 科大卫：《祠堂与家庙——从宋末到明中叶家族礼仪的演变》，《历史人类学学刊》2003 年第 1 卷第 2 期，第 1—20 页。

存在着转型和重构的变动的过程而不是单纯的线性发展”①。然而，由于建筑学和历史学在学科的侧重点不同，在其著作中因为缺乏对某一广府村落的社会文化变迁和历史地理演变的清晰梳理，没有系统借助实物与文献（大量的族谱和碑刻等）进行“历时性”及“结构性”的细致分析，特别是只着重于对明中后期“大礼议”“推恩令”期间的“宗族庶民化”进行引用，忽视明代中后期之前的聚落演变的起点及清代以来的祠堂与聚落演变的个案分析，导致其祠堂和聚落动态研究的目标的达成打了折扣。② 当然，尽管冯江的研究有上述瑕疵，但并不能掩盖其研究在岭南建筑研究史上的开创性的意义，本文的许多论述和观点均受到冯著的启发或与之不谋而合。

笔者多年从事番禺等珠三角区域历史文化研究，在对村落的研究中，经历了从“聚落景观③、文化旅游与保护开发”④ 到“乡村社会经济史”的转向，也试图留意乡村社会变迁与聚落时空演变的关系，尤其是明清广府宗族组织的发展和建筑景观乃至聚落形态演变史之间的关系。⑤ 笔者曾有专文研究过广州地区的风水对番禺地区等广府乡

① 冯江：《祖先之翼：明清广州府的开垦、聚族而居与宗族祠堂的衍变》，中国建筑工业出版社2017年版，第14—15页。

② 同上书，第49—52页。

③ 朱光文：《明清广府古村落文化景观初探》，《岭南文史》2001年第3期（同时收入广州大学广府文化研究中心编、刘庆华主编《广府文化研究论丛（一）》，广东人民出版社2017年版）；朱光文：《榕树·河涌·镬耳墙——略谈岭南水乡景观特色》，《岭南文史》2003年第4期；朱光文：《远去的果林水乡——小洲水乡的外部环境与聚落景观》，《小城镇建设》2006年第1期。

④ 朱光文：《珠江三角洲乡镇聚落的兴衰与重振——番禺沙湾古镇的历史文化遗存与保护开发刍议》，《广州大学学报》2002年第11期；《广府传统的复原与展示——番禺大岭古村聚落文化景观》，《岭南文史》2004年第2期。

⑤ 这些论述散落于笔者不同时期的论著之中：朱光文：《番禺文化遗产研究》（第一章第一节），广东人民出版社2011年版；朱光文、陈铭新：《名乡坑头：历史社会与文化》，岭南美术出版社2013年版；朱光文、刘志伟：《番禺历史文化概论》（第四章），中山大学出版社2017年版；朱光文、陈铭新：《省会海门、番禺名镇——石楼地区历史、社会与文化》（第四章），广东人民出版社2017年版。

村聚落规划的影响，认为风水对于广府村落规划的关键性作用基本是在清代以后，除去地形、水域、气候等因素，贯穿聚落演变史的最重要的社会因素还是宋元以来的家族、宗族等社会变迁与祠堂营建。随着笔者对番禺区域乡村社会史研究的推进①，结合建筑史的成果，将祠堂营建乃至村落的演变置于区域社会文化史之中进行动态分析，解释村落文化景观“结构过程”的愿望日益迫切。故在本文中，笔者拟以番禺地区的“民田区”为研究范围，依托本人番禺乡村社会经济史研究的现有结论，同时借助建筑界及历史人类学领域的相关前沿成果，对近年来涉及番禺地区祠堂营建与聚落演变的部分论述进行整合、提升，重点分析番禺祠堂营建与村落演变的“时空”关系，并以石楼陈族、坑头陈族为个案深入阐述宗族、房支演变与祠堂、村落（梳式布局）衍变的时空关系。

本文所指的“番禺地区”大体相当于今广州市番禺区的辖区。在清代，该区域地处番禺县南部地区（简称“禺南地区”），包括清代番禺县的沙湾巡检司和茭塘巡检司，今包括广州市番禺区、海珠区、荔湾区的芳村、花地一带及黄埔区的深井、长洲两岛。今广州市番禺区范围涵盖了清代茭塘巡检司南部和沙湾巡检司北部的民田区域。番禺区的陆地主体部分，在地理学界一般称为“市桥台地”，而在当地俗称“大谷围”或“大箍围”。广义上的“大谷围”其实也包括了周边的小岛（如沙湾镇一带、大学城一带，俗称“小谷围”）及后来的环绕台地的冲积平原。也有学者认为，地方文献所谓的“江南洲”指的正是今番禺区一带，而非今海珠区（河南）一带，因此，笔者将研

① 朱光文：《礼仪演变与祠堂营建——〈重修员岗崔氏家乘〉（残本）所见之明代番禺员岗崔氏宗祠资料分析》，香港科技大学华南研究中心、中山大学历史人类学研究中心合编《田野与文献：华南研究资料中心通讯》2009 年第 54 期；朱光文：《明代士绅与宗族建构——以番禺珠玑后裔大岭陈氏宗族为中心的考察》，《良溪古村与珠玑移民》，中国华侨出版社 2011 年版。

究的番禺区一带，称为“番禺地区”或“禺南大谷围地区”。番禺地区的祠堂建筑遗存就集中分布于大谷围主体部分及历史上被称为“小谷围”的沙湾地区和今大学城（小谷围街道）等民田区村落中。

一 番禺地区祠堂的建筑特色与空间布局

（一）不同历史风貌的主要祠堂遗存①

从始建时间看，番禺祠堂可以分为宋元、明代中叶、清初、清代中叶、清末、民国祠堂等时期；按照历史建筑遗存的情况，又大致分为明代中叶、清代和民国三种风格。现存绝大多数为清至近代的建筑风格。祠堂在历次的重修中添加新材料的同时，往往会有意无意地保留了早期的建筑构件，我们今天看到的祠堂风貌是历代修缮遗迹，是历史层层累积的结果。

1. 明代中叶风格为主的祠堂

这类祠堂多始建于明代中叶或明代以前，在清初迁海期间没有被拆毁而保存至今。其数量不多，非常罕见。从建筑布局、风格、材料来看，明代风格为主的祠堂都与清代以后的风格有显著的区别。

根据员岗（四房）《博陵郡崔氏族谱》及《重修员岗崔氏家乘》所附《昌大堂记》、根据《重修员岗崔氏家乘》卷之五《祠庙考 · 潜渊祖祠堂图》，以及现状复原分析，员岗崔氏祠堂（昌大堂）始建于明景泰（1450—1456）年间，到明万历三年（1575）建成，为三间三进建筑，中轴线上自北而南有：头门，悬挂的匾额是“崔氏祠堂”四字匾额，中座悬挂“昌大堂”匾额，即人们通常俗称的“昌大堂”（不仅仅作为整座祠堂的代称，还是祠堂中座的名称）。后寝据《重修

① 本部分，除了员岗崔氏祠堂之外，参见朱光文《番禺文化遗产研究》，广东人民出版社 2011 年版。

员岗崔氏家乘》卷之五《祠庙考·潜渊祖祠堂图》中所绘图可知称为“流庆堂”。换言之，“崔氏祠堂”整体包括了其主体建筑的后寝“流庆堂”，中座“昌大堂”，头门以及附属建筑丛桂坊等。其中，头门于1958年“大跃进”拆毁，今用红砖重建，已非原貌。据《潜渊祖祠堂图》，该建筑与现存的后寝“流庆堂”同为布瓦悬山顶建筑。① 头门匾额上书“崔氏祠堂”（该匾仍存，为双面书刻，今悬挂于后寝“流庆堂”梁柱上）。中座，即“昌大堂”，1958年“大跃进”拆毁。“昌大堂”也为面阔三间，宽不详，进深三间，深不详。按照《潜渊祖祠堂图》，该建筑与现存的后寝“流庆堂”同为布瓦悬山顶建筑。明间正中悬挂“昌大堂”木横匾。② 后寝即“流庆堂”，为现存的唯一主体建筑，面阔三间，宽13.9米、进深三间，11.6米，为布瓦悬山顶（后经过改建）③，双隅青砖建筑，前檐为红砂岩石柱，其余为木柱。柱础为红砂岩石和灰石雕成，保留了覆盆样式。梁架构件和柱式屋顶均保留了明代的风格。④ 明间正中悬挂“流庆堂”木横匾⑤。前二进拆毁的部分构件至今仍被保留在祠内，部分红砂岩石雕栏板，雕有精致的连枝花纹，古朴，线条流畅，有明显的明代风格。⑥ 除了主体三进建筑之外，头门外为广场、泮池及照壁，广场左右两侧立石旗杆夹。

至于作为崔氏祠堂附属建筑的丛桂坊⑦，由上文记载可知，崔氏祠堂附属建筑中，名为“丛桂”的牌坊应有两座，一座作为仪门，已毁；另一座即今保存的“丛桂”坊。作为祠堂的侧门之一，牌坊的样

---

① 《重修员岗崔氏家乘》卷之五《祠庙考·潜渊祖祠堂图》，影印本。

② 同上。

③ 悬山顶指两侧面斜坡，伸出于山墙之处，据说，昌大堂是番禺现有唯一的悬山顶古建筑物。

④ 番禺县县志编纂委员会：《番禺县文物志》，1988年版，第81页“昌大堂”条；广州市文物管理委员会文物补查办公室：《广州文物补查成果汇编》，2000年版，“昌大堂”条。

⑤ 《重修员岗崔氏家乘》卷之五《祠庙考·潜渊祖祠堂图》，影印本。

⑥ 番禺县县志编纂委员会：《番禺县文物志》，1988年版，第81页“昌大堂”条。

⑦ 番禺县县志编纂委员会：《番禺县文物志》，1988年版，第81页“昌大堂”条，称为“崇桂坊”，误，应为“丛（繁体‘叢’）桂坊”。另，该志页103“崇桂坊”条，亦误。

式估计有所不同，但其共同之处均为“表子孙之科名也”。据丛桂坊现仍明代始建的刻字上款：“赐进士及第、翰林院学士、奉直大夫、前经筵讲官、同修国史徐琼题。”下款：“万历六年（1578）仲秋谷旦巡按山东监察御史詹□□立。”该建筑完工于万历六年，与昌大堂扩建续建应同时完工，重修于乾隆年间。牌坊为两柱一间重楼石牌坊，门宽1.6米，高3.1米，底宽2.6米，底长2.23米，全高为7米，柱为八角形，柱径0.4米，柱前后衬以石鼓，四个鼓上方刻有方纹图案，柱上承建莲花斗拱、飞檐二重，上层两面石匾均刻阴文“丛桂坊”三字，下层石屏刻有“博陵”（东面）、“科第”（西面）字样的阴文。

可见，员岗崔氏祠堂（昌大堂）的主体建筑后座“流庆堂”及附属建筑“丛桂坊”是番禺地区至今发现保留确切重修年份最早（明万历年间）的明代祠堂遗构。其中，“流庆堂”是番禺地区仅存的悬山顶祠堂建筑。

位于化龙塘头村村心大街19号的后山黄公祠，为塘头黄族七世祖祠，始建于明崇祯元年（1628），是番禺少数几座有明确建造年份的明代祠堂建筑遗构之一。该祠坐西向东，原三间两进布局，现仅存第一进的牌楼式头门，保存较好，面阔三间25.8米，27米，砖石结构，两侧建有翼墙，单檐歇山顶，碌灰筒瓦，素胎勾头、滴水剪边。明间、次间以鸭屎石砌筑，明间中开一方形门口，前面四块石鼓，门上为月梁的额坊，上面镶嵌石额刻“后山黄公祠”，上款“崇祯元年（1628）季夏立”，下款“南海林□□”，明间、次间和翼墙墙头均砌筑砖雕如意斗拱，斗拱设计奇特，同时设置额坊，额坊之间镶嵌有瑞兽、花卉、如意等纹饰石雕，工艺精湛。

2. 清代祠堂

清初—清中叶风格为主的祠堂

这类风格的祠堂建筑大多始建于明代，甚至明代以前，有很大一部分在清初迁海期间遭到彻底的拆毁，在康熙至乾隆年间原址重建扩建。由于康熙之后的雍正（1723—1735）、乾隆（1736—1795）年间都是在保留清初风格的基础上的重修，所以这一时期的祠堂常常兼有清初和清代中叶的风格。典型的如沙湾何氏大宗祠（留耕堂）是奉祀沙湾何族始祖何人鉴的祠堂，始建于元至元元年（1335）。经过明洪武二十六年（1393）和正统五年（1440）的两次重修。清康熙初年迁海拆除。到康熙二十七年（1688）得以重建。康熙三十九年（1700）再大兴土木重建，拆平基，改建成五间五进，历时17年。嗣后，又在雍正八年（1730）重修。而自康熙三十九年（1700）到雍正十二年（1734）留耕堂全部附属建筑建成后，实际上共用了34年的时间。以后每隔若干年都进行修葺，但仍保持清初—清中叶的主要风格；石楼陈氏宗祠（善世堂），是奉祀石楼陈族六世祖陈道明的祠堂。该祠始建于明代正德（1506—1520）年间，清康熙二十二年（1683）开始重建，至雍正元年（1723）历时41年竣工。到乾隆三十四年（1769）再重修，至今保持清初至清中叶的风格。沙湾李忠简祠（久远堂）始建年代不详，有说始建时间迟留耕堂30年，即元明之际，明朝隆庆四年（1570）重修，清道光九年（1829）最后一次重修。“大跃进”年间，仪门、大堂、后寝及附属建筑被拆，现仅存清初风格的头门。

这一时期的祠堂建筑立面形制上多采用硬山顶屋顶，屋脊形式多为龙船脊硬山顶；不少祠堂的头门建有翼墙，如沙湾何氏大宗祠（留耕堂）、石楼陈氏宗祠（善世堂）、大岭显宗祠（凝德堂）、板桥黎氏宗祠（永思堂）等，估计还延续了明代的建筑布局特点。其梁架方基本采取抬梁、穿斗混合梁架，突出的特点是额枋上往往承有多攒如意斗栱（在番禺俗称莲花托），成为番禺清初—清中叶风格祠堂的标志性景观。如沙湾何氏大宗祠（留耕堂）前檐梁坊上以驼峰承托如意斗拱，计有33攒，砣峰的木雕内容有瑞狮、骏马、仙鹤、喜鹊、麋鹿等动物和蚪松、古梅等植物，甚至还有双飞的蝴蝶、三鱼逐浪、亭桥楼阁等，造型大气华丽；石楼陈氏宗祠（善世堂）前廊梁架、斗栱均雕刻精致，额枋上承17攒如意斗栱，石额阳刻“陈氏宗祠”，额下枋刻有“八仙贺寿图”，上枋刻有97个不同字形的“寿”字。大岭显宗祠头门檐枋上有21攒如意斗拱承托飞檐，其他19方栌斗均雕成各式卷草龙、鳌鱼等图案，而缠枝花图案中穿插有三鲤鱼、鳗鱼（凤鳝）、青蟹、麻虾等图案颇具地方特色。沙湾李忠简祠（久远堂）头门的横梁上也设置一排如意斗栱、驼峰上的人物、花卉，狮、龙身等均为精美的木雕图案。此外，沙湾孔安堂头门也保留莲花托。

建筑材料方面，多使用青砖，也有不少使用蚝壳，如沙湾何氏大宗祠、大岭两塘公祠、板桥黎氏宗祠等还保留大片的蚝壳墙体；在围墙基础、头门塾台、月台、石柱础、栏杆、仪门等处大量使用砺石（主要产于番禺莲花山）、鸭屎石（主要产于南海西樵山）、红砂岩（主要产于东莞）等石材，如石楼陈氏宗祠（善世堂）“六传光范”仪门牌坊仅存的石柱、抱鼓石等部分均为鸭屎石，其头门前立一对狮子也是鸭屎石雕成；而沙湾何氏大宗祠中的月台正面以砺石镶嵌13方石雕，分别为“老龙教子”“犀牛望月”“双狮戏球”等主题，气韵生动；大岭显宗祠头门的砺石门墩石，左右正面各雕有头戴帽、垂卷发、散花领、紧身衣、束马裤、高皮靴、佩长剑，一身外国装束的西洋人的形象；石狮座雕刻花草雀鸟等图案；沙湾李忠简祠（久远堂）也保存一对用砺石雕刻的石狮。板桥黎氏宗祠后座明间神楼下方石砌基座，则由大型的红砂岩砌筑，花纹雕刻古朴粗犷。在其他建筑装饰方面，这一时期的祠堂已经局部使用砖雕和灰塑，但使用的范围远远不及清末乃至民国的祠堂，而其风格也与清末乃至民国祠堂大相径庭。

这一时期的祠堂特色还体现在后寝的神龛，如板桥黎氏宗祠现存于后座明间的神楼，为木结构三间四柱三楼牌坊式神龛，方形石柱座，正檐四组斗栱有昂支撑，侧檐斗栱柱头出跳，檐脚均有小攒尖，在番禺可谓独一无二。

3. 清末风格为主的祠堂

清末风格的祠堂可分成两种类型：一种是同治、光绪年间新建的，如北亭崔氏宗祠始建于光绪四年（1878），南村邬氏宗祠（光大堂）也是建于光绪年间；另一种是在嘉庆以前重建或新建，到同治、光绪年间重修。如小龙阙里南宗祠，始建于明代中叶，多次重修，现存清光绪九年（1883）平基重建后的建筑风格；屏二村黄氏大宗祠原址为明代建筑，现存为清同治丁卯年（1867）再重修后的建筑风貌；而据《广东新语》载“予乡大宗祠，岁冬至日，翁必率宗人千余奠爵献俎于始祖”①。莘汀屈氏大宗祠的始建时间，应该早于《广东新语》的成书于康熙二十六年（1687），从现存的“光裕堂”横匾，落款“嘉庆癸酉孟夏抚粤使者韩封题书”，可知该祠在嘉庆十八年（1813）重修，现存建筑为清末风格；而沙湾衍庆堂奉祀九世祖何志明，始建于嘉庆（1796—1820）年间，现存建筑为清末风格。

清末祠堂的建筑立面多采用硬山顶人字或镬耳封火山墙，屋脊形式多为灰塑雕花或博古脊为主，如傍江东村古氏大宗祠（流芳堂）、南村邬氏宗祠（光大堂）均采用灰塑博古脊、镬耳封火山墙；屏山二村黄氏大宗祠、岐山鉴湖张大夫家庙、北亭崔氏宗祠均为人字封火山墙、灰塑博古脊。也有部分建筑保留龙船脊，如小龙阙里南宗祠、莘汀屈氏大宗祠等。

这一时期的祠堂建筑墙体多以青砖砌筑，在围墙基础、头门的塾台、仪门牌坊、廊柱、月台、石柱础、虾公梁、雀替、石驼峰等处大量使用花岗岩。清末祠堂石雕精品如南村邬氏宗祠（光大堂）仪门牌坊，四柱三间三楼，明间石额正面刻“河源模楷”，背面刻“鹿步讴

① 屈大均：《广东新语》卷七《人语》，中华书局1985年标点本。

思”。整个牌坊由花岗岩砌筑，高8米，四柱，前后立抱鼓石，额枋上均雕有精美的卷草纹饰，顶为龙船脊庑殿顶；屏二村黄氏大宗祠仪门牌坊是砖石结构的牌坊，面阔三间13.25米，属四柱三间三楼结构，明间亦为庑殿顶。而岐山鉴湖张大夫家庙的左右青云巷内各有一个横门，门外各有一副砺石阴刻对联，北联楷体阴刻“三千锦绣文章树；十二栏杆旌节花”；南联隶书阴刻“心远自宜栽竹近；身闲多为种花忙”。两联周边都环绕石刻浮雕瑞草花纹装饰。

梁架方面，基本采取抬梁、穿斗混合梁架，多使用坤甸木，施如意纹饰驼峰斗栱。除了梁架外，也会施于封檐板。瓦面多用碌灰筒瓦、陶瓦滴水剪边，砖雕主要集中于头门两侧山墙墀头和中座次间的镂空大花窗。壁画多绘于主体建筑和两廊两侧的墙楣上。

在其他建筑装饰方面，比较明代和清代早期，这一时期的祠堂已经较大面积在马头、墀头、花窗等处使用砖雕，在屋脊大面积使用灰塑，在屋檐使用壁画，形成与此前的祠堂大不一样的建筑文化景观。

4. 民国风格为主的祠堂

比较清末的祠堂，民国的祠堂主要的特色在于以下两点。一是组织者和参与者的不同。过去民国以前的祠堂多由宗族中取得科举功名的士绅和族长筹集资金，到民国时发生了变化，除族长之外，族中有财力的归国华侨或在新式学堂读书，甚至留学归来的人士也参与进来，如蔡边一村的蔡氏大宗祠（光裕堂），就由旅居古巴等地华侨于民国十二年（1923）主导捐建。祠堂中座明间内悬挂的“光裕堂”牌匾，朱地金字，落款为“民国二十年（1931），建祠二十三传孙锦求敬送，蔡元培书”。可知，蔡族曾邀请民国的知名人士蔡元培参与到祠堂的兴建，以此扩大影响；同样，从悬挂于谢村襟湖李公祠（光大堂）中座的“光大堂”木刻横匾可知，当年谢村李族的新兴士绅、民国经济学博士李泰初也参加了祠堂的兴建；还有渡头慈溪李公祠

（流泽堂），1932年重修时组织了“千益会”筹集资金，头门楷书石匾上款为“民国廿年（1931）九月吉日”，下款为“十八传孙李民欣敬书”，李民欣为民国时期和1949年后的著名民主人士。二是建筑风格发生了局部的变化，如出现大量的陶塑或灰塑博古脊屋顶取代原来的龙船脊，而屋檐多使用蓝色琉璃瓦当，一些祠堂出现了反映民国内容的壁画或灰塑等。

以上变化说明清末民初以来社会转型的同时，宗族及其象征的祠堂也发生了适应社会需要的变化。

（二）祠堂建筑的总体特色与空间布局①

1. 总体建筑特色

从屋脊形式看，番禺广府祠堂建筑在立面形制上多采用硬山顶屋顶，屋脊形式多种多样，有龙船脊、博古脊和陶脊等形式。龙船脊在珠江三角洲地区民间建筑极为普遍，是较为古老的屋脊形式之一，特别是清初及以前使用广泛，这与当地居民早期“舟楫为生”的生活方式和经济状态息息相关；到了清代中叶以后，博古脊成为珠江三角洲盛行的屋脊形式，展现出乾嘉盛世和一口通商下番禺等珠江三角洲腹地经贸繁荣形势下祠堂建筑的瑰丽与壮丽。典型的博古正脊由两侧对称的博古头，博古头上鳌鱼、小品、花窗、主画及正中间的宝珠组成；到了清末，开始盛行陶塑瓦脊，直到民国。陶塑瓦脊是指用泥塑好的造型，经窑烧制好安装到屋脊上的一种独特的艺术装饰。②

至于梁架方面，番禺广府祠堂建筑的梁架也是形式丰富、精美绝伦，基本采取一种结合北方抬梁式构架和南方穿斗式架构混合梁架。

① 本部分参见朱光文《番禺文化遗产研究》，广东人民出版社2011年版。

② 赖瑛、杨星星：《珠三角广客民系祠堂建筑特色比较分析》，《华中建筑》2008年第26卷8期。

孙大章教授称之为“插梁式构架”[1]，其结构特色“是承重梁端插入柱身”[2]，即组成屋面的每一根檩条下皆有一柱，或瓜柱、或驼峰（墩）斗拱式，梁与驼峰（墩）斗拱式也常雕以人物故事、吉祥动物等。驼峰（墩）斗拱式也常用于中座（堂）及寝室（祖堂）的轩廊梁架或前檐步架。天井两侧的梁架以瓜（筒）柱式为多见，在清末民国时期也盛行博古式。其他位置的梁架则较多使用瓜（筒）柱式。

在装饰上，番禺广府祠堂可谓五彩纷呈，有木雕、砖雕、石雕、灰塑、陶塑、彩绘等；从表现手法上，有浮雕、镂雕、圆雕等；从装饰部位看，木雕主要用于梁架、斗拱、雀替、檐板、梁头等处。灰塑主要大量用于屋脊、内外博古处。陶塑装饰则是清中晚期至民国，广泛使用在屋脊上的艺术手法。彩绘主要运用在门堂和墙楣等处。

2. 空间布局

包括番禺在内的珠江三角洲的乡村祠堂，大规模建设多始于明中叶以后，选址往往注重风水，因此常常不是正南正北，而是朝向经风水师勘定的特殊的角度。总的来说，其布局又十分相似，基地方正，负阴抱阳，背山面水，符合风水观念中宅、村、城镇择址的基本原则和基本格局。按照建筑学界的观点，平面形制上，包括番禺在内的珠江三角洲广府祠堂建筑在平面形制上是在“三间两廊——天井”民宅的形式的基础上演变而来的。[3] 其组合一般为两个，或三个，或若干个。“三间两廊”再加上头门组合而成，是珠江三角洲民间祠堂最为广泛使用的平面布局。具体而言就是三开三进的建筑带前后两侧廊，而门堂次间前为塾台，后为塾间的平面布局。[4] 中等规模以上的祠堂

① 孙大章：《中国民居研究》，中国建筑工业出版社2004年版。

② 孙大章：《中国民居研究》，中国建筑工业出版社2004年版。

③ 赖瑛、杨星星：《珠三角广客民系祠堂建筑特色比较分析》，《华中建筑》2008年第26卷8期。

④ 同上。

中轴线上往往有水塘（或泮池、河涌）、广场、头门、中座、后寝等建筑，两侧为廊道、青云巷和衬祠。祠堂最前端多为水域和广场，水域一般出于风水的理念设置，但也有实用价值，多用于排水、防火、养鱼等方面。广场则一方面可供族人聚会，举行各种庆典；另一方面水域和广场开敞的空间也烘托了祠堂的宏伟气势。大部分处在番禺大谷围台地中部或边缘村落的祠堂广场前的水域，一般为池塘（如沙湾何氏大宗祠，其池塘对面还有照壁），大谷围台地西部的河网地带或东部一些半民田、半沙田区域的水乡型聚落的祠堂则建在河涌之旁，古祠临涌，村民利用流经祠堂的河涌改造成半月形水道作泮池，一定程度上代替了梳式布局村落水塘的作用（如大岭显宗祠）。

河涌水乡地区村落祠堂的空间节点按其前广场的位置可以分成以下几类：祠堂建筑离河岸退缩，筑有一片较大的前广场，形成内凹陷形广场；在祠堂建筑后退有困难或河涌水面较宽广时，广场河面一侧出挑，形成出挑形广场；还有就是对岸形广场，由于沿河所建的祠堂广场位置不够，就在河涌对岸开阔空间形成广场甚至建造大形照壁。①

大部分祠堂广场为开敞型空间，早期的祠堂有些会建设翼墙（护墙）与水塘、头门，一起把广场围合成一个半封闭的空间。翼墙或呈八字形从头门两侧延伸出来（如板桥黎氏宗祠、石楼陈氏宗祠），或呈围闭型的，设有墙门（如沙湾何氏大宗祠），而大多清中后期的祠堂不设翼墙。不少有科举功名的家族，还在祠堂前广场立有彰显族人功名的旗杆夹石。祠堂入口为门廊式布局，大门两边常布置须弥座塾台（俗称钓鱼台），往日每有祭庆，即有乐师于此奏乐。进大门后是天井。天井地坪标高略低，一般用麻石条铺砌，设排水明沟。天井左右为侧厢或檐廊，四边的坡屋顶形成“四水归一”之势。有些大型的

① 陆琦：《广东民居》，中国建筑工业出版社 2008 年版。

祠堂会在天井中建设仪门牌坊，作为礼制性建筑；在天井建设月台，在紧接中座的前面建拜庭，如沙湾何氏大宗祠、南村邬氏大宗祠、莘汀屈氏大宗祠等。天井后往往就是整座建筑的主体即中座议事厅，通常称“某某堂”，多为三开间，这是全祠堂最大的单体建筑，供族人聚会议事之用。明间设屏风，以阻隔由议事向三进祠堂的视线；走过两侧的小门是中座和后寝之间的天井，然后是相对简朴的后寝，明间供奉的是历代祖先，两边则为配贤祠及配享祠，供奉得科名的祖先或对建修祠堂有功的祖先神位。此外，小型的祠堂和书室、书塾（即所谓的“私伙太公”）中，则采用了广府民居传统的凹斗形式作为入口造型。平面一般为三开间，明间设门，两侧砌砖成房，不设柱范，构架较简单，虚实对比强烈。①

整体上看，包括番禺地区在内的珠江三角洲祠堂的平面布局和空间组织，对外封闭，对内开敞，采用严谨的中轴对称布局，以蕴含珠江三角洲地区自明代以来倡导的伦理和礼制秩序，结合天井组织院落和建筑，跌宕起伏，井然有序，构成有机的整体。

二　番禺地区祠堂营建与村落演变的时空关系

（一）“空间—社会”视野下祠堂与村落的时空关系

宗法制度的社会组织结构，一直被认为是影响我国传统村落的“规划”和空间形态结构的决定性因素。受传统意识形态的影响，宗族的大小房支都建有各自的礼制和生活中心——祠堂。祠堂前面多有供宗族成员聚会的小型广场，周围的建筑布局和街道组织也比较规整，成为村落的重要空间节点。这种布局特点和宗族以房支为

① 曹劲：《香港新界祠堂建筑型制探析》，广东省文物考古研究所编《广东省文物考古研究所建所十周年文集》，岭南美术出版社 2001 年版。

单位，相对封闭的社会组织方式产生了一个普遍的观点：村落的空间结构是宗族的社会等级结构的转化或映射，即两者之间存在对应关系。该观点认为，村落以宗祠为中心发展，宗族的裂解所产生的房支在宗祠的周围以血缘亲疏来划分空间领域，并以房支的祠堂为中心形成各自相对独立的居住团块。每个团块内各家族又形成各自的小组团，这些小组团同样围绕着次一级的礼制中心——小支祠或家祠构成。村落最后形成以宗祠为中心，以若干支祠和家祠为次中心的多层的等级空间结构。我们不妨把这种观点称为“村落的社会—空间的对应关系模型”。它可以说是结构主义和空间“领域理论”的复合体。

然而，实际情况其实并非如此。王浩锋应用“空间句法”分析了一组徽州传统村落的空间结构形态后认为：首先，随着宗族人口的增加和分房，村落除了形成以祠堂为中心的空间节点外，还出现了祠堂和店铺等公共建筑向特定地段聚集的“规划”现象。这种现象和村落发展演变过程中的宗族社会形态和经济结构相关。① 其次，宗族房支以血缘亲疏形成的空间领域往往被房支间的不均衡发展所打破。荷兰汉学家宋汉理在研究中表明，由于非常明显的贫富两极分化，16 世纪时徽州的宗族内部很可能已经产生了基于经济占有权而非辈分的某种等级秩序。虽然亲缘关系要求房产的产权转换优先发生在近亲的房支成员之间，但实际上却非如此。因此，上述的情况肯定会影响村落中原先依据社会等级秩序所划分的空间领域。

以上说明，因祠堂形成的局部空间节点和村落整体的空间形态结构之间的关系，以及它和村落的社会经济活动之间的关系，是一种动态的空间—社会关系，暗示了宗法社会的意识形态和社会经济活动两

① 王浩锋：《徽州传统村落的空间规划——公共建筑的聚集现象》，《建筑学报》2008 年第 4 期。

种不同的村落空间生成机制。这为我们理解珠江三角洲乃至番禺地区的祠堂建筑与村落的空间关系提供了一个新的视角。

番禺地区的民田区村落宗族社会结构存在多种可能的情况，有单一的宗族或某一宗族占绝对优势聚居的村落（如石楼陈、大岭陈、大石何），也有以某个宗族为主导的多姓杂居村落（如沙湾、市桥、员岗、南村等），也有宗族势力不强或者势均力敌的聚落，如官涌等。这些村落宗族构成的情况其实只是村落某一阶段的发展状态。

首先，“村落的社会—空间的对应关系模型”假设祠堂要先于住宅修建，高等级祠堂的建设早于低等级的祠堂。然而，就番禺地区的情况而言，祠堂要先于住宅修建的情况几乎不可能。当一个家庭或家族定居下来，首先建造的可能是住宅，在家庭扩大成家族或家族繁衍成一定规模，尤其是出现功名人物后才会考虑建构宗族、编撰族谱、建造祠堂。在番禺和珠江三角洲，这基本上是明代中叶以后的事情了。

其次，社会学的研究表明，虽然宗族成员通过分房来努力扩大和改善自己的社会地位和声望，并以修建祠堂等形式表现出来，但是占有共同财产和祠堂对分房不一定至关重要：宗族成员甚至可以在没有祠堂的情况下分离出来形成新的房支。因此，房派的形成和祠堂的建设并非同步，很多情况下祠堂的修建要远远晚于房派成员的住宅修建。① 在番禺地区，极少部分是宋元时期就发展起来的乡村大族，往往先建祖祠后建支祠，不过数量并不多（如沙湾何族、员岗崔族等），更何况在明代中叶以后也会发生变化，更多的其实是先建支房祠，甚至小支祠，再建祖祠（或大宗祠）的，如石楼陈族、大岭陈族、沙湾

① 王浩锋：《徽州传统村落的空间规划——公共建筑的聚集现象》，《建筑学报》2008年第4期。

王族、南村邬族等都是在出现房支祠堂之后；再于清中后期甚至清末民国才建成祖祠的。这种情况非常普遍，而且比较大宗祠或祖祠，大多数实力较强的房支祠堂在建筑规模上要大得多，建筑精美程度要高得多。

最后，“村落的社会—空间的对应关系模型”依据的是房支血缘关系划分的空间领域必须保持相对的稳定，而宗族的裂解、新房支的形成均会涉及共同财产的占有和祠堂的建立。但是，这几个假设都很成问题。番禺的祠堂在村落中的分布既有相对分散的，也有相对集中的。即使在同一个宗族中，祠堂的分布也同时存在集中和分散布局两种情况。根据笔者对番禺乡村祠堂的观察，村落中存在一般意义上的空间领域，即不同姓氏的宗族，倾向于相对独立的片区，但却很少存在明确的、以某个宗族的房支祠堂为中心的居住团块。在村落和宗族的发展过程中，由于种种原因，各房支的人口规模、社会地位和经济状况极不均衡，很可能在较早的时候，村落按照房派划分的空间领域已经不存在或非常模糊了。因人口、资源、财力等差异，或是风水的原因，实际上，在番禺地区的村落中往往会出现祠堂等公共建筑设施集中建于同一宗族的某一房的情况，如沙涌江氏的广据一支所占的地域比广源一支更为大，祖祠（江氏宗祠）也是建在广据房祠的附近，而广据房祠的规模甚至比祖祠（江氏宗祠）还要大。

（二）宗族祠堂与聚落形态演变——以单个宗族为例[①]

冯江的研究认为：从总平面轮廓上看，广州府的村落形态主要有：扇形、较规则的团状形和线性三种基本形状，线性又可依据其进深区分为单排和多排两种。至于结构范式，则分为：以宗祠为核心的

---

① 参见朱光文、刘志伟《番禺历史文化概论》，中山大学出版社 2017 年版。

中心式布局；成排祠堂引领村落建筑群的梳式布局；社会结构较为扁平化、没有祠堂的单排线形村落。三者尤其是前二者之间往往呈现出复杂的组合或叠加。[①] 中心式布局出现最早，梳式布局出现较后，而线形布局出现最晚。[②] 冯江关于“线形布局出现最晚”的判断显然是从现有聚落的现状出发，而不是从长时段历史社会变迁来看待的，在广州府所属的珠三角平原区外围的丘陵山地及珠三角平原区所呈现的社会文化史存在较大的差异。在平原区，最早出现的聚落形态是线性聚落，后来才出现比较复杂的中心式布局和梳式布局，甚至是二者的组合或叠加。

关于广府村落最为普遍的“梳式布局”，冯著还有比较系统的论述：“梳式布局形成于明末，与祠堂的庶民化有着密切的关系，村落中宗祠所处位置的差异导致了不同类型的梳式布局。”[③] “梳式布局的结构性特征并不仅仅在于其肌理的整齐和平面轮廓的规则，而在于是否有成排的祠堂作为形态的主导者。”[④] “宗祠成了区别上述三种不同形态结构类型的标准。”[⑤] 其中，“区别广府村落中心式布局和梳式布局并非其总平面的形状，而是宗祠在村落格局中的不同结构性作用。”[⑥] 可见，冯著在其中特别强调了祠堂对梳式布局形成的主导作用。冯著的结论很可能是从单个宗族的情形出发的，缺乏对区域社会的整体性关照，忽略了珠三角（广州府）社会文化进程和历史事件对区域影响的差异性（如迁海）。尽管主导村落形态的祠堂大规模营建始于明代中后期，但是更大规模的祠堂修建其实是在清初以

① 冯江：《祖先之翼：明清广州府的开垦、聚族而居与宗族祠堂的衍变》，中国建筑工业出版社2017年版，第101页。

② 同上书，第102页。

③ 同上书，第8页。

④ 同上书，第102页。

⑤ 同上书，第109页。

⑥ 同上书，第102页。

后，梳式布局形态的应该始于明中后期，最终形成于清中叶乃至清末民国。

番禺大谷围地区民田区的聚落发展受到地形、水体、风水、宗族、民间信仰、财力等因素的影响，而呈现出多姿多彩的聚落形态和景观意象。以石楼地区为例，石楼地区处于番禺大谷围东南部，狮子洋水道与大谷围台地之间。其陆地的主体，原来是大谷围东部延伸到狮子洋的半岛和若干座小岛，北部的白沙湖平原、东部和东南部的海鸥岛沙田、南部的清流、南派等沙田正是在这样的基础上自然冲积加人工修筑逐步形成的。因此，在宋元和明初，甚至更早的时候，石楼地区的早期家族就是依托这些原有的丘陵台地、半岛、海上岛屿等高地建立聚居地的，如官桥依托在大谷围台地东端、白沙湖西南岸的两座丘陵发展起来，形成坐北朝南和坐西北向东南的两个聚落组团；赤岗和赤山东则依托大谷围台地伸出狮子洋的半岛高地建立聚落。其中，赤岗坐西北向东南，形成半月形的梳式布局，与之连在一起的赤山东则由坐西向东和坐南向北两组聚落构成。石楼、大岭、茭塘、胜洲四乡则是定居于白沙湖以南的小岛上。其中，大岭依靠菩山坐东北向西南，形成半月形的梳式布局；石楼依托马鞍冈和狗趾冈两座小岛形成坐西北向东南和坐东北向西南两座相连的梳式布局聚落组团；茭塘则依靠后冈形成坐北朝南的半月形梳式布局聚落。胜洲早期则依靠小岛，环绕高地，呈放射状布局。其余地区如海鸥岛和南派、清流等沙田区村落，则于清代以来陆续上岸，沿河涌修筑茅寮，形成线状的沙田聚落布局。①

总体而言，按照聚落的选址环境和形态特征，番禺民田区的传统聚落类型主要包括：1. 台地边缘的大型聚落：大都依托并建在台地或

① 本部分参见朱光文、陈铭新《省会海门、番禺名镇——石楼地区历史、社会与文化》（第四章第一节），广东人民出版社 2017 年版。

丘陵的边缘，多为强宗大族所在，聚落规模较大，布局比较复杂，多为复合型聚落；2. 台地型聚落：位于大谷围台地核心内陆地区，规模较小，布局相对规整，如坑头、水坑等；3. “岭南水乡”的聚落：由一个或多个梳式布局组合而成，位于西部边缘与顺德接壤的河网地区（如石壁、韦涌、古坝、龙湾、三善、紫泥等）。[①] 其中，家族形态、宗族组织在不同时期对聚落的发展有着巨大的形塑作用，不同时期形成的聚落形态也互相叠加、重组，进而增加了其复杂性。下面以单个宗族或单姓宗族的聚落片段为例，举例叙述宗族演变与聚落形态的关系。

第一种情况是中心式（扇形）布局与梳式布局的组合。宋元时期，大谷围台地边缘的一部分拥有功名和品官的家族开始依托大谷围一带的岗丘高地（有部分原来是与大谷围有一段距离的岛屿，后来因泥沙冲积与大谷围沾合）建立祖墓或兴建家庙祭祀四代以内的祖先，形成早期的“中心式”（或扇形）聚落布局形态，如员岗的崔氏祠堂（昌大堂）和附近的小山丘（祖墓），沙湾（北村）的文屋山及何氏大宗祠（留耕堂），均以自身为扇形的顶点形成早期的聚落雏形。明清以来的聚落演变就是以此为基础继续发展而来的。明代中叶以来，原有的家庙在不改变位置的情况下，按照家庙式祠堂的样式进行大宗祠或祖祠的不断扩建、改建，整个聚落的中心或顶点依然没有改变。而在明代以后顶点以外的其他区域，在聚落的中部或前沿形成一排祠堂，最后形成“梳式布局”的聚落形态。这种并非十分规整的布局，往往沿着岗丘的外围一圈一圈地往外展开，形成以祠堂为引领、接近弧形的“梳式布局”。这种情形就是上述的中心式布局和梳式布局组合或叠加。

第二种情况是梳式布局或梳式布局的组合。分为两种情形：一是

---

① 朱光文：《番禺文化遗产研究》，广东人民出版社2011年版，第18页。

台地边缘的大型聚落，很大一部分的番禺大谷围民田区村落在宋元时期没有取得功名和品官，到了明代中后期才开始建设家庙式祠堂，这种祠堂往往是在聚落发展了一段时间后才建立的，一般不会位于村落的中心部位，而是位于村面或偏于一隅。这种明代中叶建立的祠堂会出现两种可能。其中一种是同一宗族的两个或多个房份群体，因为地形和水体的阻隔而发展成独立聚落组团，并且分别兴建房份祠堂，如潭山的红、白石房祠，石楼的善世堂和诒燕堂，蔡边蔡氏各坊，新造礼园黎氏各坊约等，然后在村落前沿陆续形成一排祠堂。清嘉庆年间直至清末民国，乡村才开始首建大宗祠或祖祠，即所谓的“合族之祠”。这种大宗祠或祖祠对聚落景观其实并没有实际的统合作用，反而因为势力强大的房份早期兴建的房祠建筑规模更为宏伟、装饰更为精致而呈现出强房统合的聚落景观，如石楼的善世堂、大岭的显宗祠就显示出某一强房祠堂对聚落的整合作用。而势均力敌的房份祠堂同时整合聚落的情况，如潭山许族的红、白石房祠，蔡边蔡族各房祠，等等。也有些宗族聚落是在明代中后期，先后完成房祠和大宗祠或祖祠的建设的，如大石乡东街隔基的锡类堂、西街村心的裕德堂和惇叙堂。二是西部边缘与顺德接壤的河网地区的“岭南水乡”聚落类型，一般也是由一个或多个梳式布局组合而成，通过河网隔开，主要巷道一般与河涌垂直。

第三种情况是直到清初以后才开始建构宗族的。包括一些从宋明建立聚落中分支出来的支系，如新水坑等一类村落往往形成比较规则的团状布局。

以上只是从单个姓氏（宗族）的内部组合来分类的。然而，除了上述整合得比较充分的单姓宗族或单姓宗族片段的村落外，在番禺地区还有不少村落其实是多个姓氏聚居的村落，分别或依托不同的岗丘高地，或朝向不同的河涌（如上述的“岭南水乡”聚落类型），向不同或相同的方向发展，形成多中心、复合型等更为复杂的聚落文化景观。如小龙的孔、谭、曾姓，屏山的简、黄、郭姓，沙湾的何、王、李、黎姓，石壁的区、李、黄姓，谢村的李、马、张、陈等姓氏构成的聚落就是如此。不过，尽管有些聚落有多个姓氏，然而同一个聚落中也有大族和小姓的区别，所以，不少多姓的村落还是会有大族祠堂统合聚落的情况，这与强房统合聚落景观的情况有相似之处。如沙涌江、胡、幸三族，以江姓为主，屏山的简、黄、郭，以简姓为主等。当然，在多个姓氏的村落中，也有各族的宗族势力均不强的情况，尤其像广州左卫九屯十三乡，是在清初以来才开始建构起宗族制度，有些村落祠堂引领村落景观的情况并不明显，则通过庙宇对聚落进行整合，如新桥村，是以位于跨龙桥一旁的圣母宫（天后庙）为聚落中心整合村落的。

三　坑头陈族和石楼陈族个案

坑头陈族祠堂与村落的时空关系①

坑头是台地单体聚落的代表。现在坑头行政区村域内，包括坑头村落主体，及其附属自然村梁地、白水坑、白岗，居住有陈、梁、文、麦、龙、黄、张、冯等姓氏。其中，陈姓是坑头本村人数最多的姓氏，主要居住在坑头村落的主体中，2012 年前后有约 3000 人，为本文的主要分析的对象。

1. 坑头村陈族祠堂的谱系②

坑头是番禺地区为数不多、保存众多文化遗产的古村落，至今仍保存 4 片历史建筑相对比较集中的历史街区，其中以独具特色的秘鲁华侨民居群和 10 座保存至今的陈族祠堂为最重要的物质文化遗产。

---

① 本部分参见朱光文、陈铭新《名乡坑头：历史社会与文化》，岭南美术出版社 2013 年版，第 144—152 页。

② 该部分建筑面积等部分数据，由番禺区文物办提供。

由于财力的局限和宗族形态等原因，坑头村的陈氏祠堂大都为清代建筑风格，中小型规模。中等规模的祠堂多为门廊式三进三间布局，小型的祠堂多为花岗岩凹斗式风格，二进布局（见表1）。

表1　坑头本村现存陈氏祠堂一览

序号	祠堂名称（含堂号）	辈分	祭祀对象	位置	建筑规模与特色	备注
1	子集陈公祠（百福堂）	21世	20世绍裘长子，名宾，字子集	北约	两间两进，镬耳风火山墙，回字形门框	
2	仲儒陈公祠（敬义堂）	25世	24世宝善子，名仲儒	中约	三间三进（头座拆毁），人字形风火山墙，有八字翼墙和花岗岩围栏	21世贯长子22世恭派下
3	从善陈公祠（孝思堂）	25世	24世禹锡子，字颖源	中约	三间两进，镬耳风火山墙	21世贯次子22世俭派下
4	叙熊陈公祠	27世	26世怀雄次子，字志刚	中约	两间两进，镬耳风火山墙，回字形门框	21世贯长子22世恭派下
5	茂盛陈公祠（缺材料）	27世	26世怀雄三子，字志高	南约	三间两进（后座拆毁），人字形风火山墙	21世贯长子22世恭派下
6	厚斋陈公祠（世昌堂）	28世	27世万远次子，名长善，字厚斋	中约	三间三进，镬耳风火山墙，有八字翼墙	21世贯次子22世俭派下
7	振堂陈公祠（缺材料）	30世	29世东隐长子，号振堂，字朝臣	南约	两间两进，镬耳风火山墙，回字形门框	21世贯长子22世恭派下

续 表

序号	祠堂名称（含堂号）	辈分	祭祀对象	位置	建筑规模与特色	备注
8	云窝陈公祠	30 世	29 世东隐次子，号云窝，字廷臣	南约	两间两进，镬耳风火山墙，回字形门框	21 世贯长子 22 世恭派下
9	宗旺陈公祠	31 世	30 世记养次子，字修潜，号雨化	中约	两间两进，镬耳风火山墙，回字形门框	21 世贯次子 22 世俭派下
10	楚庭陈公祠	32 世	31 世厚榖三子	南约	两间两进，人字形风火山墙，回字形门框	21 世贯长子 22 世恭派下

以下略举几例。

（1）仲儒陈公祠（敬义堂）

位于坑头村中和大道南巷 3 号右侧，堂号为敬义堂，为奉祀 25 世陈仲儒的祠堂，也是坑头历史上第二大祠堂（第一大祠堂为晋尚卿祠，已毁）。该祠堂现为清代建筑风格。坐西向东，三间三进，头门已毁，存右侧衬祠、中堂、两廊、后堂。总面阔 14.73 米，总进深 39.09 米，占地面积 575.8 平方米。该祠堂为硬山顶，博古正脊，侧脊为龙船脊，碌灰筒瓦，青砖墙，红砂岩墙基。后堂前侧两廊保存有 4 条红砂岩柱，顶部破损严重。后堂保存较好，结构稳定。头门外现存用方形花岗岩条石砌成菱形的石栏杆，造型别致，中间设两条石望柱，上呈圆球形，左右两排对称，类似作为祠堂附属建筑的花岗岩石栏杆在傍江西村古氏大宗祠也有发现。仲儒陈公祠原规模较大，保留的部分建筑很有特色，但形制不全，除后堂外，其余均破损严重。该祠堂曾经做过村里的小学，现无人使用，废置。

（2）厚斋陈公祠（世昌堂）

位于坑头村中约坊，堂号为世昌堂，为奉祀28世厚斋（名长善）的祠堂。该祠堂现为清代建筑风格。坐西向东，三间三进。总面阔9.2米，总进深33.81米，占地面积311.05平方米。该祠堂为硬山顶，灰塑博古脊，镬耳风火山墙，碌灰筒瓦，青砖墙，花岗岩墙基。大门麻石门夹，门额上刻“厚斋陈公祠”五字，头门两侧有翼墙，左侧墙体设有门官位一个；头门前廊梁架木雕精美，保存较完好；门内廊正中原屏风已不存；中堂后天井加盖棚顶，据左侧廊墙体所存一块民国二年（1913）的《重修世昌堂碑记》载，该祠堂“先君子之所由建也”，具体始建时间没有提及，但是从后来民国二年碑刻提到“地址方向而仍其旧”可知，估计这次重修是在保持原有规模的基础上的重修，没有得到扩大。2012年再重修。

厚斋陈公祠是村内现存规模最大的一间祠堂，形制完整，木雕水平较高。该祠堂曾经做过队址，20世纪90年代经重修，内部地面铺绿色瓷砖，墙脚贴一米多高的白色瓷砖，中堂后天井加盖顶棚，后堂左侧开一门并加建一厨房。头门外墙面原存有“58年平造三包结算表”等20世纪50年代生产队财务表，经2012年重修后，已不存。

（3）从善陈公祠（孝思堂）

位于坑头村中约孝思堂北一巷侧，堂号为孝思堂，为奉祀25世从善（字颖源）的祠堂。该祠堂现为清代建筑风格。坐西向东，三间两进。总面阔14.86米，总进深33.04米，占地面积490.97平方米。该祠堂为硬山顶，龙船脊，镬耳风火山墙，碌灰筒瓦，青砖墙，花岗岩墙基。大门红砂岩门夹，横额上刻“从善陈公祠”五字。据头门内廊右侧墙体留存《重修孝思堂碑记》可知，祠堂始建于光绪十八年（1892）之前，光绪十八年得到重修，两侧建有木隔墙，内有阁楼，左侧隔间与阁楼还保留原貌，隔间内开一小门通厨房，厨房为倒塌后于近年重建。后堂至今保存光绪十八年（1892）重修时设置的拜桌，上方悬挂有木刻“孝思堂”横匾一块，上款有“光绪壬辰仲春月”，下款有“四十三传侄孙景周拜题”的字样，为石楼孝廉方正陈景周（陈龙韬侄）所题。从善陈公祠形制保存较完整。曾经做过队址，木梁柱虫蛀较严重。

（4）楚庭陈公祠

位于坑头村南约街八巷22号，为奉祀32世楚庭的祠堂。该祠堂现为民国建筑风格。坐西向东，三间二进。总面阔14.38米，总进深18.21米，占地面积261.86平方米。该祠堂为硬山顶，碌灰筒瓦，青砖墙，花岗岩墙基。大门为斗门花岗岩石门夹，上刻“楚庭陈公祠”五字，后堂用青砖墙分隔成三个部分，中间为神龛，墙面上现留有毛主席诗词和“文革”时期的标语；左右次间有杉木搭建的阁楼；两廊梁架破损严重。楚庭陈公祠形制保存较完整，两廊梁架破损严重，墙体漏水，地面阶砖破碎。头门外墙面留有20世纪70年代做队址时画写的社员工分和收支情况记录表格，经2012年重修后，已不存。

（5）叙熊陈公祠

位于坑头村西约街二房巷55号，为奉祀27世叙熊（字志刚）的祠堂。该祠堂现为清代建筑风格，宣统二年（1910）重建。坐西向东，三间两进。总面阔11.72米，总进深14.51米，占地面积170.06平方米。该祠堂为硬山顶，灰塑博古脊，镬耳风火山墙，碌灰筒瓦，青砖墙，花岗岩墙基。大门为凹斗门花岗岩门夹，横额上刻“叙熊陈公祠”五字，为石楼举人陈崇鼎（陈景周子）所题，上款有“宣统二年（1910）重建”字样，下款有“石楼远侄孙崇鼎敬书”，头门两侧外墙与民居相连。叙熊陈公祠形制保存较完整。头门左侧墙体有裂纹。内部地面全面改铺马赛克，墙面底部贴白瓷砖。2012年重修。

（6）云窝陈公祠

位于坑头村南约街十二巷，为奉祀30世云窝（字廷臣）的祠堂。该祠堂现为清代建筑风格。坐西向东，三间两进。总面阔11.36米，总进深18.7米，占地面积212.43平方米。该祠堂为硬山顶，灰塑龙船脊，镬耳封火山墙，碌灰筒瓦，青砖墙，红砂岩墙基。大门为凹斗门，红砂岩门夹，门额上刻“云窝陈公祠”五字。头门正面墙体两侧有卷草灰塑，中间门楣处绘壁画，右侧外墙倒塌后重建，顶部镬耳已不存。后堂立柱改为砖柱，墙楣绘满壁画。该祠堂的壁画和灰塑有一定的艺术性。云窝陈公祠形制保存较完整，头门墙体有裂纹，左侧经过改建。后堂立柱改为砖柱支撑，墙身有破损。2012年重修。

（7）子集陈公祠（百福堂）

位于坑头村北约街西三巷1号，堂号为百福堂，为奉祀21世子集（名宾）的祠堂。该祠堂现为清代建筑风格。坐西向东，三间两进。总面阔12.12米，总进深16.86米，占地面积205.86平方米。该祠堂为硬山顶，碌灰筒瓦，青砖墙，麻石墙基。大门为凹斗门花岗岩门夹，门额上刻“子集陈公祠”五字，由石楼举人陈龙韬题匾，上款有“咸丰戊子吉日”，下款有“远孙龙韬敬书”字样。头门内外檐楣绘有壁画，画工水平较高，祠堂内存一“禁伐古松碑”和关帝庙部分残碑，有很高的历史研究价值。该祠堂近年重修，形制较完整。曾经做过队址，重修后内部墙面全部砌瓷砖，地面为水磨石，屋顶、屋脊全部改变原貌。

（8）宗旺陈公祠

位于坑头村南孝思堂北一巷，为奉祀31世宗旺（字修潜，号雨化）的祠堂。该祠堂现为清代建筑风格。坐西向东，三间两进。总面阔10.41米，总进深16.81米，占地面积174.99平方米。该祠堂为硬山顶，灰塑龙船脊，镬耳封火山墙，碌灰筒瓦，青砖墙，麻石墙基。大门为凹斗门花岗岩门夹，门额上刻“宗旺陈公祠”五字，头门内屏风木框还留存。宗旺陈公祠形制保存较完整。曾经做过木材加工厂，后废置。现后堂地面阶砖碎裂，右侧廊梁架腐蚀漏水，天井杂草丛生。2012年重修。

2. 坑头的村落演变与空间格局

从卫星图上可以看出，早期坑头村落选址在一块突出于七星岗南麓、三面环绕众多水坑或水塘的高地。而坑头行政村南面的白水坑自然村和东面的白冈自然村，也是依托两块在地形上高出周边区域的小丘，其三面也同样环绕众多的水塘和水坑。与坑头本村几乎连在一起的梁地则是距离坑头本村最近的小组团。

坑头村属于典型的大谷围台地型聚落。台地型聚落主要建在番禺大谷围的中部，早期有河道与外界相通，村落规划相对规整，一般多为梳式布局或团状村落，但发展余地较少，族田不多，受经济条件、宗族实力和空间限制，台地型聚落的规模一般为中等甚至小型规模。[①]

坑头全村主要的街巷为东西和南北向，其中南北向的街道为村东连在一起上街、下街，村中南北向的中心大街。更多的街巷是东西走向，自北而南分别为：永宁大道、中和大道—石狮巷，二房巷，西园里，西南商业区的圩巷、鱼虾巷主要体现墟市的特色；东南部的麦地巷、德聚里、步青里、大巷等。从南北—东西走向的街巷，以及村落西北东南倾斜的地形，约略可以看出村落居住区自北而南，自西而东的发展序列。

历史上的坑头村估计是经历若干轮的发展才形成今日的景观的。由于地形的关系，坑头总体上呈现出自北而南、自西向东的发展态势，聚落的演变脉络比较清晰，祠堂的朝向与村落发展的方向和街巷的走向相一致。据初步推断，第一轮的发展，估计是到明代中叶，主要是仲儒陈公祠以北、中心大街以西，较早开发的区域，以兴建晋尚

① 朱光文：《番禺文化遗产研究》，广东人民出版社2011年版，第15页。

卿祠为标志，而当时的坑头已经形成规模的聚居区；第二轮的发展则是清初迁海以后，以中心大街形成第一列村面和北部的子集陈公祠、中部的仲儒陈公祠的建成为标志；第三轮的发展从清中叶到清末民初，以南约、北约大街（原称上街和下街）的形成和一系列房份祠堂建成为标志。

从北约地势较高，加上又靠近明代万历年间始建的晋尚卿祠和本村的大庙（三圣宫）等地方推断，北约的发展很可能早于其他地区，大致在明代中后期已经形成规模，但是由于地方狭小、人口外迁，加上与对面梁地存在空间和资源的竞争等因素，限制了其进一步发展。清中后期以来，随着南部和西南部地势较低的区域农耕和墟市的开拓，村落的人口和居住区也逐步往这些区域迁移，最后导致村落整体上呈现北狭、南宽的布局。但是由于大庙（三圣宫）和晋尚卿祠等祭祀建筑，加上清代地方文人推动建设的拜松亭、树立《重修拜松亭碑记》《禁伐古松碑》等文化设施，使北约仍旧保持其祭祀文化中心的地位，坑头大体上形成“北文、南商”的功能布局。

坑头总体上有上村和下村之分。根据该村陈泽邦先生的回忆，陈族的房份与居住区还是大致对应的。永宁大道以南，四房厅以北（含四房厅），三和塘以东，水塘以西为北约，主要以子集陈公祠为中心，由 21 世的陈宾以下的子孙形成的较小居住组团。

中约为四房厅以南，二房巷以北，东西为鱼塘，中和大道和石狮巷沿线两侧，包括仲儒陈公祠、从善陈公祠、厚斋陈公祠、宗旺陈公祠、叙熊陈公祠等几大建筑，主要以 25 世的从善陈公祠（孝思堂）、28 世的厚斋陈公祠、31 世的宗旺陈公祠为祭祀中心的居住区。

二房巷以南，玉苍陈公祠（已毁，不含玉苍陈公祠）西园里以北（含西园里沿线民居），东西为鱼塘，为西约。

西园里以南则为南约。南约的面积最大，整体上包括中心大街以西的西部商业区（墟地）和中心大街以西的东部居住区。南约主要是 27 世的茂盛陈公祠（该房支的三房），及其以下的 30 世的云窝陈公祠、振堂陈公祠两兄弟的祠堂，32 世的楚庭陈公祠为祭祀中心房派以下的子孙居住区。27 世茂盛的两个哥哥的祠堂则建在中约，长房的人数则很少，其祠堂也已拆除，二房的祠堂叙熊陈公祠则保存了下来。

中约、西约和南约绝大部分是 21 世的陈贯以下的子孙居住区，祭祀 25 世的仲儒陈公祠（敬义堂）为坑头陈氏最大的房祠，除了晋尚卿祠外，为本村大部分陈氏子孙的祭祀空间，且雄踞全村的核心位置。

1949 年后，坑头陈族各房份的分布与北约、西约、中约、南约均以此为基础划分大队，同一房支的人口分布相对集中。此外就是东北的东约，即梁地居住区。

3. 坑头陈族祠堂与村落的时空关系

根据实地调查发现，在坑头较早期的祠堂或较高等级的祠堂往往靠村西北，离现有村面更远；反之，较后期的祠堂或较低等级的祠堂则往往靠村东的村面，离村西缘更远。由于文献的缺乏，笔者不清楚在明代万历（1572—1620）年间修建晋尚卿祠之前，该村是否已经修建了祠堂。不过，从仲儒陈公祠（敬义堂）的建筑规模和建筑材料来看，证明其修建年代似乎早于晋尚卿祠。晋尚卿祠被修在西北部连着七星岗高地的地块上，是地势较高、最早开发的地方。不过，笔者推测，很可能是由于晋尚卿祠是由属于 21 世子集陈公祠（百福堂）派下分支石楼房主导建设，所以该祠堂没有建在村落的中心，而是更靠近子集陈公祠所在的北约。同时，也有可能是晋尚卿祠之前，在其南面的坑头聚落核心区域已经形成连片的居住区。所以，从晋尚卿祠的位置看不出中心式布局的形态。不过，从另外一支在坑头人数最为众多、分布最广的支派祠堂 21 世贯派下、25 世的仲儒陈公祠（敬义堂）和从善陈公祠（孝思堂）的位置，就明显看出这种中心式布局的格局。两祠均修建在村落的中部位置，也就是说，早期的坑头村落其实是以仲儒陈公祠（敬义堂）和从善陈公祠（孝思堂）为中心展开的。

清初以后，直到清末民初，随着村落的扩展，敬义堂、孝思堂派下的居住区就朝着东面和南面自然地延伸开来，最后在东面的水塘边形成一列小祠堂，自北而南分别是：厚斋陈公祠（世昌堂）、叙熊陈公祠、宗旺陈公祠、振堂陈公祠、楚庭陈公祠、云窝陈公祠、茂盛陈公祠。不过，由于地形的限制、修建时间的先后不一，各支派的经济实力、人口多少不一，这些祠堂并不像大多数的梳式布局村落那样排列整齐，而且规模并不算大。其原因在于坑头处在番禺大谷围的丘陵台地内陆，不像其他临江村落的宗族那样可以有不断延伸的沙田，产生丰厚的族产，其宗族的经济资源相对贫乏，宗族的整合没有其他宗族村落那样充分，而且宗族房支以血缘亲疏形成的空间领域，也往往被房支间的不均衡发展所打破。如祠堂在南约和中约较为集中，反映了这个区域人口聚居的规模。祠堂的规模和建筑水平，由多种因素决定，包括该房支后代的财力、繁衍的人口规模，所在区域的用地空间，房支后代的功名等因素。所以高等级的祠堂规模和建筑水平不一定就更高，子孙们更注重的是离自己更近的祖先的祭祀。对于坑头而言，祠堂等公共建筑和文化设施的兴建、重修，还往往受到迁出外面的房支的较大影响，中约、南约的居住区相对较大，除了人口、财力等因素外，还与西南区域的商业墟市的发展密切相关，因为中南约更靠近西南一侧的墟市。

另外，坑头的房派与各约居住区之间有着基本相对应的关系，如子集陈公祠（百福堂）派下、留在坑头繁衍的子孙，基本居住在北约范围内；而21世贯次子22世俭派下的子孙大部分居住在中约，其派下的三大祠堂即从善陈公祠、厚斋陈公祠、宗旺陈公祠也在中约，并且紧紧相邻。而贯长子22世恭派下的子孙，则基本居住在中约和南约。从空间上分析，他们显然是早先居住的中约，然后随着分房角胜，陆续扩展到南约和西约的，成为坑头本村最大的房派。该派下除了最大的祠堂仲儒陈公祠和叙熊陈公祠建在中约外，其余的祠堂茂盛陈公祠、振堂陈公祠、云窝陈公祠、楚庭陈公祠等全部建在了南约。由此可见，尽管在陈姓联盟的高层宗族中，坑头被分为7房，后来也一度合并为1房，但居住在坑头的陈族实际上形成了三大祭祀中心：与石楼房密切的子集陈公祠、同为21世贯派下的仲儒陈公祠（祭祀贯长子）和从善陈公祠（祭祀贯次子）。而统领以上三大房派及坑头以外的陈姓的祭祀中心则是晋尚卿祠。

4. 石楼陈族的祠堂营建与村落的时空关系①

陈族是石楼乡占绝对优势的宗族。石楼乡分为西约、中约、东约三部分。现在以西约、中约为主体发展成为石楼一村，以东约为主体发展成为石楼二村。

（1）石楼乡陈族祠堂的营建过程

根据《石楼陈氏家谱序》“四、祠图碑记”“十二、建置”“十四、附录”等部分整理可知，石楼陈氏家族明代始建的祠堂有可靠记载的共有6座，大都集中在正德、嘉靖、万历年间，其中嘉靖年间最为集中，约有4座祠堂先后落成，万历年间扩建1座。② 可见，明代中后期是石楼陈氏宗族基础设施建设颇为频繁的时期。在明朝嘉靖二十二年（1543）陈大有考取举人之前，即明正德年间，石楼陈氏已经具备修建大型祠堂的财力，修建六世祖陈道明之祠堂——善世堂，从此拉开了陈氏宗族建构的进程。不过，大规模的建构活动还是在明嘉靖二十二年（1543），即对明代石楼宗族发展起到举足轻重作用的陈

① 本部分参见朱光文、陈铭新《省会海门、番禺名镇——石楼地区历史、社会与文化》，广东人民出版社2017年版，第107—111页。

② 《石楼陈氏家谱序》，《四、祠图碑记》《十二、建置》《十四、附录》，光绪十一年刻本。

大有考取举人之后。从明正德到嘉靖年间，石楼陈族陆续建起了以西约、中约的六世祖、九世祖祠堂为中心的乡村祖先祭祀规范，如西约九世祖石溪公祠（悠远堂），西约九世祖梧轩公祠（流光堂）、中约九世祖丽溪公祠（博厚堂），中约九世祖雪松公祠（明重堂），中约九世祖南圃公祠（勤敷堂）。《石楼陈氏家谱序》载："善世堂，石楼陈氏六世祖道明公祠也，在西约。初建于明正德间（1506—1521），重建于大清康熙二十二年（1683），蒇事于雍正元年（1723），历四十一年而工竣。连仪门、月台，深五大进，共四十余丈，阔七十三坑。另东、西鼓楼、青云巷并西衬祠七座。绘有祠图。"①

清代，石楼陈氏家族始建的祠堂有可靠记载的共有 5 座，大都集中在清中后期的嘉庆（1 座）、咸丰（2 座）、同治（2 座）年间；重修、增建、复建、改建等修祠活动达 15 次之多，大概分为两个阶段：一是康熙（2 次）、乾隆（3 次）年间，共5 次，这大部分是在明代修建的祠堂基础上的修缮活动；二是嘉庆年间，有 4 次；三是道光（5 次）、咸丰（1 次）年间。所以，清代石楼陈氏宗族基础设施建设较为频繁的时期集中在康乾时期和嘉道咸时期。总而言之，有清一代共有 20 次以上的修祠活动，远比明代的 7 次为多。可以推测，石楼大规模的基础设施建设主要集中在清代，尤其是清代中后期。从空间分布上看，石楼陈氏家族居住的东约明代可考的修祠活动有 2 次，清代有 4 次；中约明代可考的修祠活动有 3 次，清代有 8 次；西约明代可考的修祠活动有 4 次，清代有 5 次。

从清初到清中叶，石楼陈氏宗族陆续复建和重修了一批明代被拆毁和破坏的祠堂。直到嘉庆十二年（1807），石楼陈氏宗族才整合西、中、东三约各房兴建合族之祠——陈氏祖祠（鸣凤堂）。咸丰、同治年间，陈氏宗族在修缮原有祠堂的基础上，又陆续增建了一批 10 世

---

① 《石楼陈氏家谱序》，《十二、建置》，光绪十一年刻本。

祖到 20 世的重要祖先的祠堂。如位于南轩公祠（介祉堂）《重修介祉堂题名碑记》载："介祉堂为我石楼陈族十一世小宗祠，基于前明万历，至本朝道光间已二百余载矣。垣颓栋朽，无以妥先灵。岁己亥合众起而倡修之，老少踊跃，经营筹画，联合醵金，鸠工庀材，由门而堂而寝，规模式廓，高矣美矣。吁！是殆数百年运会之兴，人心亦一使然耶？实祖宗厚德培植所致也。然而丹雘未施，佥曰：不可无助。即如响斯应。继而头门外墙石未备，又曰：复助之，不可留有遗憾也。亦莫不欣然濡毫，一月告竣。苟非先灵之呵护默佑，曷克臻此？父老为予言，不可无记。爰集两次工金题名，勒之贞珉，以垂不朽。二十传孙邑庠生昭顿首拜撰。廿三传孙郡庠生琼瑶顿首拜书。道光二十八年岁次戊申孟冬上澣谷旦立石。"

表 2　　明清石楼陈氏宗族的主要祠堂修建情况一览

祠堂名	地点	创建时间与规模	重修、增建、复建、改建时间与规模
一世祖敏行公祠（陈氏祖祠，鸣凤堂）	东约	嘉庆十二年(1807)创建后寝与头门	道光十八年(1838)增建中座、拜庭与东、西客厅；道光二十年(1840)之秋，形成完整规模；道光二十五年(1845)冬季，复加油漆，以昭轮奂，并于头门外塘边填筑，以壮观瞻。道光二十六年(1846)，历 9 年而竣工
六世道明祖祠（陈氏宗祠，善世堂）	西约	明正德间(1506—1521)初建	万历年间扩建，康熙八年至二十二年(1669—1683)复建祖祠，清乾隆三十四年(1769)重修。清康熙二十二年(1683)重建，蒇事于雍正元年(1723)，历 41 年而竣工
六世伯祖道亨公祠（诒燕堂）	祠之旧址失传无考，清初复村后，复建于中约	明嘉靖间(1522—1566)始建，清初复建于中约	清康熙初年(1662)迁建于勤敷堂前、明重堂右，道光五年(1825)重建

续 表

祠堂名	地点	创建时间与规模	重修、增建、复建、改建时间与规模
九世祖石溪公祠(悠远堂)	西约	明嘉靖间(1522—1566)初建	清嘉庆五年(1800)重修
九世祖丽溪公祠(博厚堂)	中约	明嘉靖间(1522—1566)初建	清嘉庆十年(1805)重建,道光二十七年(1847)增建中座及改建头门
九世祖雪松公祠(明重堂)	中约	明嘉靖间(1522—1566)初建	清乾隆三十七年(1772)重修,嘉庆二十年(1815)重修,清咸丰十年(1860)改建,于催官位建魁星阁一座
九世祖南圃公祠(勤敷堂)	中约巷内、诒燕堂后		清嘉庆二十四年(1819)重建
九世祖梧轩公祠(流光堂)	原建于容谷巷内(属西约),始迁于三帅庙旁,今练川公祠,是其旧址也	始年代无考	清乾隆三十七年(1772),迁建于西约羔雁门道南,道光二十四年(1844)重建
十世祖静轩公祠(诚智堂)	西约	清同治二年(1863)初建	
十世祖练川公祠(济美堂)	在三帅庙旁,即流光堂旧址	清咸丰十年(1860)初建	
祠堂名	地点	创建时间与规模	重修、增建、复建、改建时间与规模

续 表

祠堂名	地点	创建时间与规模	重修、增建、复建、改建时间与规模
十一世祖南轩公祠(介祉堂)	东约	明万历十四年（1586）初建	清道光十九年(1839)重建
十九世祖尚朴公祠(行恕堂)	西约	清同治十年(1871)初建	
二十世祖翠山公祠(积荫堂)	东约	清咸丰元年(1851)初建	

（2）石楼乡陈族祠堂与聚落演变之时空关系

石楼乡是台地边缘岛丘型双体聚落的代表。据卫星图和陈永彩所绘的《清末民初石楼乡风景全图》分析，石楼乡主要依托两座小山发展开来，形成今天石一村和石二村两大组团。马鞍岗聚落组团后来就形成石楼的西约和中约居住区（又称为“西街”和“中街”，即今天的石楼一村）。石楼西约、中约聚落组团坐北偏西，向南偏东，主体依马鞍冈、乌冈、祖山和狗趾岗而建。宋元时期，石楼陈族开始在此定居。到明正德、嘉靖年间，石楼陈族陆续始建善世堂（陈氏宗祠）、悠远堂（石溪公祠，位于内巷）、勤敷堂（南圃公祠）、诒燕堂（道亨公祠）、明重堂（雪松公祠）（三祠呈“品”字形排列）、博厚堂（丽溪公祠）等主要祠堂建筑。清初康熙年间，由于迁海拆村，以上祠堂和附近的民宅均被拆毁。清初复界以后到清代中叶之间，西约和中约这些大小祠堂陆续复建和扩大规模，它们与民宅、商铺等一起形成一列主要村面，一直延伸到最东边的滘边墟场。西约主要巷道有善庆、安和、长巷、安福、登云、坚雅、庆西、余庆、容谷、安敦、经德、安居、怡庆、百岁等诸巷，这些巷与德星大街（俗称大祠堂街）、羔雁大街基本垂直，呈现比较典型的梳式（耙齿巷）聚落布局。在这一列村面的西面和东面各有明塘和石狗塘两个水塘，分别作为善世堂和勤敷堂、诒燕堂、明重堂、博厚堂等祠堂的风水塘。到清末咸丰和同治年间，石楼乡陈族又在明塘和石狗塘之间的空地上陆续修建诚智堂（静轩公祠）、行恕堂（尚朴公祠）、流光堂（梧轩公祠）、存存堂、静山公祠等大小祠堂，从而在原有街面的基础上向南拓展了一小部分。中约与西约的分界是中西要道。中约的范围是中西要道以东，狗趾岗以北。中约组团与东约组团分界是大井门、大井街，紫岫门。中约是商铺最集中的地方，是商业中心。石楼的商铺、食肆、街市、学校主要集中在中约的耀庚门—横街—聚龙大街—颖水通津—墟地一带。此外，在善世堂到履义门之间的缆边塘也有小部分居屋。马鞍冈的南麓到乌冈、祖山之间也形成了一组小规模的聚居区和小街面，其西端为福庆门，其东端为报恩祠和观音庙。

狗趾岗聚落组团即石楼的东约居住区（又称为“东街”，即今天的石楼二村）。由于地势较低，狗趾岗聚落组团（东约）的开发时间可能要比西约和中约都要迟。万历十四年（1586），东约才开始兴建十一世祖南轩公祠（介祉堂）于东约东南部。清代，在狗趾岗南部组团的东面和北面先后修建了敏行始祖祠、三元庙、字祖庙、吕祖庙、跃龙庙、接龙亭、梯云桥等多座公共建筑。到嘉庆十二年（1807），作为整合陈氏家族的措施之一，开始创建一世祖敏行祖祠后寝与头门，道光十八年（1838）增建中座、拜庭与东、西客厅；道光二十年（1840）之秋，形成完整规模①；到道光二十五年（1845）季冬，复加油漆，以昭轮奂，并于头门外塘边填筑，以壮观瞻，历时9年于道光二十六年（1846）竣工。在一世祖敏行祖祠扩建期间，清道光十九年（1839）重建迁海期间拆毁的十一世祖南轩公祠（介祉堂），咸丰

① 《石楼陈氏家谱序》，《十二、建置》，光绪十一年刻本。

元年（1851）新建二十世祖翠山公祠（积荫堂）于东约西南部。根据石楼村民陈永彩绘的《清末民初石楼乡风景全图》分析推测，大概在明代中后期，该组团依托狗趾岗一带高地和南麓坡地，形成北高南低、坐北朝南，以大井头—阳明大街—镇龙大街为村面、以十一世祠介祉堂为中心的聚落组团。组团整体上呈现“梳式布局”的形态，局部依山势呈扇形分布。主要街道自西北往东有钟秀巷、大井头、中和巷、大巷、里巷、财主巷、全庆巷、井头巷。大概从清初复村开始，狗趾岗组团继续向南面发展，但是由于缺乏规划，组团没有按照原来的“梳式布局”模式发展，而是一度呈现比较混乱的布局，主要街巷形成相互交错的混乱布局，街巷彼此没能联通，构成多个丁字路口；大体到清末开始，狗趾岗南部组团重新走上规整的形态，至民国初年一直延伸到跃龙涌，形成比较规整的村面。坐北朝南的街巷，自西往东分别为接源巷、接龙巷、乐善巷、翕和巷、南镇里、南镇东街、塘边路等。石二村的这片聚落街区，整体上朝向为坐南朝北，局部比较复杂，其中，西部边缘的房子为西北—东南向，西北部的房屋也为西北—东南向，但比西部边缘的房子明显更为接近南北朝向；东部狗趾岗麓的房子一直延伸到跃龙涌边的，则显得比较规整，基本为坐北朝南向。

四　结语

“水上人上岸以后，渔民变成农民，由船居到定居。开始时，在田边搭寮定居下来，久而久之就形成聚落，由条状聚落变成梳子状聚落。如果变化只是这样一种生存状态的自然过程，就不会形成我们今天看到的这种聚落空间的格局了。要理解这个格局就不可以忽视在文化与社会范畴的空间营造过程。”① 刘志伟教授所指的很可能只是珠江

① 刘志伟：《珠江三角洲聚落空间的历史社会学分析》，《地理学评论》（第2辑），商务印书馆2011年版，第31—40页。

三角洲平原区的情况。对于类似番禺大谷围这样的珠江三角洲海湾内部大型岛屿台地及东莞等周边地区的丘陵、台地的聚落，似乎没有专门涉及。番禺地区的宗族聚落发展受到地形、水体、风水、宗族、民间信仰、财力等因素的影响而呈现出多姿多彩的聚落形态和景观意象。以单个宗族的情况而言，在番禺地区的平原区最早出现的聚落形态肯定是线性聚落；而在台地边缘的丘陵，台地外围由岛屿演变而来的高地，或台地腹地则出现比较复杂的情况，包括："中心式（扇形）布局与梳式布局的组合"或"梳式布局与梳式布局的组合"等台地边缘的大型聚落，还有由一个或多个梳式布局组合而成的聚落类型"岭南水乡"，甚至在台地内部比较规则的团状布局。

我们今天看到的番禺祠堂遗存，基本上是明代以来不同历史时期宗族建构和历代修缮遗迹，是历史层层累积的结果。尽管主导村落形态的祠堂大规模营建始于明代中后期，但是更大规模的祠堂修建其实是在清初以后，梳式布局形态应该始于明中后期，最终形成于清中叶，甚至清末民国。村落中最早修建的是一批住宅，其次才是祠堂等公共建筑。房派的支祠一般都早于祖祠（或大宗祠）的建设，各房支或不同姓氏的财力的差异，往往会打破早期的聚居空间格局。

石楼乡陈族的个案显示，在明清以来的社会发展过程中，组成石楼乡马鞍岗和狗趾岗两大聚落组团，似乎循着并不一致的演变路径：马鞍岗组团很明显是由祠堂引领的两次梳式布局演变而来，祠堂在聚落发展的过程中起到决定性的作用。以祠堂为引领的梳式布局形态始于明代中后期，最终形成却是在清初迁海复界后的清代中叶。而狗趾岗组团也大致经历了两次拓展，但是祠堂的引领作用明显弱于前者，甚至其梳式布局的形态并不规整，宗族参与规划的力度明显不足，这一组团在清代被着重用于水口景观的营建，也与陈族不同房支的宗族实力有关；坑头陈族的个案显示，坑头陈族在明代并未形成梳式布局的形态，直到康熙迁海复界后，梳式布局才最终成型，且宗族房支以血缘亲疏形成的空间领域被房支间的不均衡发展等原因（还有商业墟市等）所打破，加之由于地处台地腹地，宗族经济资源相对贫乏，引领村面的祠堂规模并不算大，排列也不算整齐，成为非典型性梳式布局。冯江在其著作中特别强调了祠堂对中心式或梳式布局形成的主导作用，这是一个非常有创见的议题。然而，即使是单个宗族，这种祠堂与聚落的时空关系，也是经历了多次的“结构过程”的。在研究的方法上，“如果将村落不同姓氏或宗族房支聚居的格局看成是历史上多次建构的结果的话，单个姓氏和宗族房支的区别其实可以忽略不计，仅以聚落单个组织及其结合来分析聚落的形成组合过程就会简单得多。”① 所以，不管是何种地区，只有系统地审视聚落在“文化与社会范畴的空间营造过程”，才能很好地解释祠堂、聚落与社会文化的历时性的动态变化过程，才能更好地解释本文所指的祠堂与村落的时空关系。

（朱光文：广州市番禺区非遗中心办公室主任，副研究馆员，

广州大学广府文化研究中心特聘研究员）

---

① 刘志伟：《珠江三角洲聚落空间的历史社会学分析》，《地理学评论》（第 2 辑），商务印书馆 2011 年版，第 31—40 页。

历史与文献

清代广府壁画的史料价值

黄利平

古代壁画被认为是反映社会文化的重要资料，得到学界的普遍重视。当年张大千敦煌壁画摹本在重庆展出时，就得到史学大师陈寅恪的高度评价。广州及周边地区现存的传统建筑如祠堂、神庙和民居上目前还可以看到大量的 19 世纪初到新中国成立前约一个半世纪之间的清代壁画原作①，最晚的时间到民国②。一个建筑少则数幅，多则近 200 幅③。据第三次全国文物普查结果，已登记为文物的广州古建筑 2219 座④。最保守估计，其中 1/3 以上还保存着壁画。按一座建筑 10 幅计算，仅广州就有清代民国壁画约 10000 幅之多，其中大多数已有百年以上的历史。遍布于广府文化区域内如此众多的壁画，目前在各类广府文化、岭南文化和绘画史上却均为缺载，是文化史研究上的一处空白。

从内容上，壁画可分为人物、花鸟、山水和书法四类。人物画内容多是中国古代经典故事，一画一故事，画上多有题跋，以白话叙述

① 目前所见最早的有佛山市顺德区北滘镇黄龙村谈氏宗祠，嘉庆十六年（1811）。

② 见于广州市增城区小楼镇正隆村潭村厅夏，1948 年。

③ 见于深圳沙井街新桥村曾氏大宗祠。

④ 广东省文物局编：《广东文化遗产——不可移动文物名录（上册）》，科学出版社 2013 年版，第 8 页。

传统经典故事广府文化的梗概。山水、花鸟画讲究用笔清丽、纤细，层次分明，线条圆润流畅。画上多题有脍炙人口的古代诗词小品。书法内容多是中国历史著名诗人的代表性作品。与敦煌、贵族墓葬壁画相比，不但内容多是传统经典，透露出民间社会文化风尚，而且画上多有画家名款和年款。画家通过题款，交代壁画含义、丰富壁画内容、标示作画时间和画家名号。

清代广府壁画所在的建筑如祠堂、神庙等都是乡间民众心目中的神圣之处，非等闲之地，因此这些壁画既非古人的信手涂鸦，其题材也不是由画家随心所欲，而是直接体现了建筑主人的理念，从一个侧面表现出广府文化的内涵及其历史状态。壁画记录了广府地区百余年前的文化生活，是地域文化载体和鲜活的民间史料。比如其中大量的文化信息就直观地告诉了我们，哪些传说故事在广府基层社会家喻户晓；什么诗词歌赋在广府基层社会妇孺皆知。

由于官修史书极少有基层社会文化方面的资料，史料的缺乏是长期以来广府文化研究难以避免的缺陷。而广府祠堂、神庙清晰的年款使壁画在今天有了很高的历史价值，弥补了广府民间文化文献资料先天的不足。可以说，它不仅真实记载了晚清以来基层社会生活的丰富信息，同时也为我们研究形成于这个时期并在今天仍有相当影响的广府文化的审美情趣和习俗变迁，提供了第一手的直观资料。如同文字一样，图像也是历史载体，它不仅能够印证文献的记载，同时也为我们观察历史提供了新的媒介和角度，并与文字资料一起为我们勾勒出历史的全息图景。况且，它携带的信息是许多典籍所不及的，是很多文字难以表达、无法替代的。可惜的是，一些在同时代人看来浅显易懂的图画含义，随着沧海桑田，今天往往已变得模糊不清。因此，不但壁画在当时社会上的影响及其作用今天要考察和论证，而且其内涵也需要研究和分析。壁画非史料价值往往就体现在这些关键环节之上。总之，由壁画观察当时的基层社会，是今天广府文化研究的重要途径，它不仅能够更好地了解广府绘画艺术的灿烂成就，也能加深对广府文化的认识。

一　壁画是广府家族理念的形象展示

壁画是重要的历史文化载体，特别是古代祠堂上的壁画，对于家族、传统民居、家庭的重要意义不言而喻，是这些家族和睦、家庭崇尚的形象展示。如广州市萝岗区庆一汤公祠正门上的光绪六年（1880）壁画，上部抄录《朱子家训》："黎明即起，洒扫庭除，要内外整洁。既昏便息，关锁门户。"下面抄颜真卿《劝学诗》："三更灯火五更鸡，正是男儿读书时。黑发不知勤学早，白首方悔读书迟。"① 表现出人们接受、崇敬和宣扬的家训和家风。

自元代以来，中原地区广泛流行的"二十四孝"故事也成为广府壁画上常见的内容。如江门市新会区罗坑镇桂林村珽琳黄公祠上同治六年（1867）的壁画《母子相逢图》（即《弃官寻母》）②、广州市花都区炭步镇茶塘村明峰汤公祠光绪六年（1880）的壁画《陆绩怀橘》③。这是《二十四孝》故事在清代广府地区广泛流传的可靠证据。如此类推，我们从中可以进而看到清代广府家族家风的一些显著特点。此外，还有出自《搜神记》的《蓝田种玉》图④，崇尚行善积德；出自《汉书》的《伏生传经》，崇尚崇文重教；《渔樵耕读》⑤《一家诗赋》⑥

---

① 广州市文化广电新闻出版局等编：《广州传统建筑壁画选录》，广州出版社 2015 年版，第 137 页。

② 广东省文物局编：《广府传统建筑壁画》，广州出版社 2014 年版，第 28 页。

③ 刘兆江：《广州祠堂壁画》（上），广州出版社 2015 年版，第 119 页。

④ 广东省文物局编：《广府传统建筑壁画》，广州出版社 2014 年版，第 4—7 页。

⑤ 广州市文化广电新闻出版局等编：《广州传统建筑壁画选录》，广州出版社 2015 年版，第 128 页。

⑥ 广州市花都区洪秀全纪念馆编：《花都祠堂壁画》，华南理工大学出版社 2016 年版，第 260 页。

显示了重视耕读、崇尚书香门第的世风；《香山九老图》[①]《三多九如》[②] 讲的是尊老敬老，宗族和睦；《三田合和》[③]《剪桐封弟》[④] 表现的是兄友弟恭，礼义贤良；《燃藜图》[⑤]《飞熊入梦》[⑥]，是教育子弟发奋读书，建功立业；《苏武牧羊》[⑦] 讲的是家国情怀，以国为先；《风尘三侠》[⑧] 是合作共赢；《龙女牧羊》[⑨] 是施恩无念，受恩莫忘；《周处夺勇》[⑩] 是知耻后勇，造福乡里，等等。壁画上的这些内容无疑是其时广府地区真实家风家训的反映，是广大宗族和家庭理念最直接的艺术表现，是当时家族道德理念和文化风貌可靠的第一手资料。

二　隐士壁画是广府乡绅精神的告示

清代广府人物壁画中出现频率最高的是古代隐士，从渔樵耕读到竹林七贤，从王羲之、陶渊明到李白、林逋，等等，这不是偶然的。“大多数珠江三角洲宗族声称他们的血统来自中原，这种‘历史记忆’是将自己转化为帝国秩序中具有‘合法’身份的成员的文化手段。通过认同国家文化的方式，强调自己行为合乎礼法，炫耀功名以及宗族门第。编写族谱、建立祠堂，是他们加强这种形象的有效方式。通过

---

① 广州市文化广电新闻出版局：《广州传统建筑壁画选录》，广州出版社2015年版，第185页。

② 同上书，第163页。

③ 同上书，第176页。

④ 刘兆江：《广州祠堂壁画》（上），广州出版社2015年版，第228页。

⑤ 广州市文化广电新闻出版局：《广州传统建筑壁画选录》，广州出版社2015年版，第183页。

⑥ 广东省文物局：《广府传统建筑壁画》，广州出版社2014年版，第73页。

⑦ 刘兆江：《广州祠堂壁画》（下），广州出版社2016年版，第132页。

⑧ 广州市番禺区文物管理委员会办公室：《番禺古建壁画》，华南理工大学出版社2016年版，第147页。

⑨ 广州市花都区洪秀全纪念馆：《花都祠堂壁画》，华南理工大学出版社2016年版，第31页。

⑩ 同上书，第260页。

确认‘汉人’身份，他们划清了自己同当地原居民之间的界线……他们获取了广袤的沙田，控制墟市和庙宇，炫耀自己与士大夫的联系，这些向上提升自己社会地位的人演示一些被认为是中国文化认同的正统命题以及身份标志。”①

在传统文化的观念里，居住在乡村中的他们显然没有“居庙堂之高”，而是“处江湖之远”。现实的境遇使得他们在文化取向和认同上对魏晋南北朝以来的隐士文化有着极大的推崇，换句话说，这些传统文化偶像是他们在传统文化中找到自信的依据。因此，画上的这类题材显然不再同魏晋南北朝一样，是一种与求仙主题密切相关的文化符号，而是在表现了广府乡绅阶层对于这些隐士文化的认同、对其生活方式的向往、人生境界的尊崇和对于士族文化的仰慕，这一切折射出的是他们对自身处境的自信。画上的“隐士”也就是现实生活中的乡绅自己。从族谱、墓碑等也可看到晚清广府民间社会的乡绅崇尚隐逸、追慕虚玄的热情和风气。了解这一点对于我们今天认识晚清以来广府民间社会文化的特点和壁画题材内涵也有重要的意义。

三　壁画是广府民间故事的图像讲述

广府壁画的人物画不是以表现人物形象为主的肖像画，而是根据诗文、传说、典故而创作的带有一定情节的故事绘画。如《携柑送酒》是据《宋史》戴颙的故事而画；《五柳归庄》是根据陶渊明的作品《归去来辞》创作的；《采菊图》是来自陶渊明诗文中的意象。这些用图绘的形式记录的故事，使我们得以确切掌握哪些传说故事在广府基层社会家喻户晓，而不是毫无根据的揣测。

据不完全统计，壁画上的故事上自商周下到清代，几乎涵盖全部

① 刘志伟：《地域社会与文化的结构过程》，《历史研究》2003 年第 1 期。

的古代社会，与中原社会已无大的差别。中原家喻户晓的传说故事，在广府也基本是人皆尽知。经初步整理，广府壁画中的民间传说故事题材至少有百余个之多。[①] 如《金带围》（也称《四相图》或《四相簪花》），故事出自北宋沈括《梦溪笔谈 · 补笔谈》卷三“异事条”，是广府壁画中最常见的一个题材，今天在广大的广州府文化区域都可以看到自嘉庆至民国时期这个题材的壁画。该故事在清代民国时期曾在长江区域非常流行，金庸在创作《鹿鼎记》时就曾信手拈来这个故事，将其放在韦小宝回扬州的第三十九回中。众多壁画说明，在光绪时的广府地区，这个故事可谓是家喻户晓。另外，《红楼梦》第五回提到宁国府中挂有一幅《燃藜图》，惹得宝玉一时不快。以东汉刘向夜读为题材的《燃黎图》也是广府壁画中可见的作品。[②] 壁画使我们今天对百余年前这里民间流传的故事有了一个细致准确的了解。

燃藜图，光绪十七年（1891），位于广州市增城市新塘镇群星村南约石街湛怀德祠

① 黄利平：《清代民国广府壁画故事》，广州出版社 2017 年版。

② 广州市增城区新塘镇群星村南约石街湛怀德祠清光绪十七年壁画《燃藜图》。

四　壁画是广府民间古典诗歌流传的佐证

广府壁画不但书法部分以古诗为主要内容，画上题款也多引古代诗词歌赋。由于壁画位于乡间百姓可以随意看到的民间建筑上，画上的古代诗歌应是广为人知，由此可知哪些诗词在当时民间脍炙人口，什么歌赋曾经在乡村广泛流传。壁画是今天认识百余年前广府地区古代诗歌传播状况的第一手资料，开辟了获得古代广府民间文学史料的另一途径，改善了民间历史文化资料极度缺失的状况，补充了历史文献对民间文化记载的不足。虽然目前这批清代民间文化资料中的大部分尚散乱在基层村落中的传统建筑上，但随着近几年来广东省、广州市及其辖区多部壁画图录的问世，整理其中相关的诗歌信息、窥探其时这里古典诗歌流传的状况也就有了可能。

据不完全统计，广府壁画有上起春秋战国，下至清代各个时期的中国古代诗词歌赋等，其中最多的是唐宋和明清诗人的作品。壁画上的许多诗歌今天已淡出普及范围之外，说明当时基层社会中传统文化的普及程度。诵读壁画中的古典诗歌，可谓当时此地人们的一些独特的文学品味。例如，咏诵梅花的诗词在壁画中比比皆是，数量众多。不但常见林逋、高启等历代诵梅名家的作品，而且一些影响相对较小的作家的诵梅佳作也常出现在壁画上。如宋朝陈与义《和张规臣〈水墨梅〉五首》中的名句：“晴窗画出横斜影，绝胜前村夜雪时。”① 明朝杜耒《寒夜》：“寒夜客来茶当酒，竹炉汤沸火初红。寻常一样窗前月，才有梅花便不同。”②

有意思的是，无论是在书法里或是画款上，当时在壁画上注绘的

---

① 广州市番禺区新造镇曾边村观生曾公祠壁画。

② 广州市番禺区沙湾镇三善村报恩寺壁画。

古代诗词歌赋与今天通行的版本多有差异。这一方面反映出当时基层民间流传的诗歌版本的状况，另一方面也表现出作为工匠的绘制者草根艺术家文化水平的特点。当然，壁画毕竟不是诗词读本，画家在画款中往往节选数句，引用诗中最贴近画面的句子；或是径直改动原诗，组成新的更贴近画意的诗句。如广州市萝岗区九龙镇埔心村庆一汤公祠光绪六年（1880）壁画的画款："好消息，几时来？春月桃花秋月桂；实功夫，何处下？三更灯火五更鸡。"这里的"三更灯火五更鸡"显然是套唐代颜真卿的《劝学》："三更灯火五更鸡，正是男儿读书时。黑发不知勤学早，白首方悔读书迟。"这也说明了颜真卿《劝学》一诗在当地的广泛流传。

五　壁画是民间社会基础教育程度的显示

壁画长期占据乡村社会传统建筑的显著位置，是基层民众随时随地可以观赏的老少皆宜的艺术品，对于那些没有多少文化，甚至于不识字的广大基层民众来说，壁画上的传说故事等于是直接向他们图解了传统文化的具体内容，在传播传统文化方面起着和西方教堂圣经故事画传播宗教文化一样的作用。从某种程度上说，壁画承担着如同今日小学传统文化教育的职责，其许多内容，在当今的低幼读物中也比比皆是，如人教版六年制小学一年级语文课本上册里名为《画》的古诗："远看山有色，近听水无声。春去花还在，人来鸟不惊。"[①] 就曾是清代民国广府壁画上常见的款识。壁画上还有许多仍然是今天启蒙教育的历史故事，如《白鹅换字》《米芾换画》等。

---

① 白彬彬：《还原一首诗的本来面目》，《中华读书报》2014年8月6日第15版。

山水画，1930 年。画款：远观山有色，近看水无声。
位于广州市花都区炭步镇华岭村云液骆公祠

六　壁画是广府民间美术的真实写照

清代至民国年间广府传统建筑壁画主要分工笔彩绘和水墨两类。彩绘画的主要题材有山水、花鸟和人物，花红柳绿、色彩斑斓，多采用传统的重彩设色技法，敷色艳丽。人物的刻画从形象神态到服饰衣冠，都细致入微；画面人物安排聚散有致，前后呼应。在历史典故画上多有题跋，以白话叙述该典故的全貌，使画作易于被广大文化程度不高的乡亲所理解、认可。花鸟画讲究用笔清丽、纤细，层次分明，线条圆润流畅，画款多引古代诗歌。水墨画题材比较少，常见的只有《教子朝天》这一种，在白灰底上用单一的墨色展现飞龙在天、腾云驾雾的效果，真的有国画一般的意境，当时人们称它为“水墨龙”。

广府传统建筑壁画体现了时代对民间艺术的广泛影响，壁画家的艺术水平代表着一个时期该区域的民间文化风尚和美术水准。他们多数是身处社会底层的画匠，就整体而言，其绘画是程式化、机械化的临摹，有着职业化的特点。但其中也不乏技艺高超、享有盛誉的大师，如道光时期的梁汉云、杜锦澜，同治、光绪时期的杨瑞石、黎天保，等等。这些艺术家在当时社会上已经有相当大的影响，常被许多大型宗祠、神庙请去作画，因此在许多传统建筑中至今仍留有他们的杰作。这些画作在广府基层社会的美术教育中有着重要的地位，其影响不可低估。佛山市顺德区勒流扶闾廖氏宗祠中，有光绪三年（1877）杨瑞石绘制的《三聘诸葛》图，右上角有 1944 年修补画作的题记，题记充分说明了清代壁画对后世的深远影响："杨瑞石先生此幅《三聘诸葛》图，所作人物惟妙惟肖。余儿时尝见之。世事沧桑，忽忽垂五十载。画面已剥蚀浸□，殊为可惜。兹值廖氏宗祠修缮，主事诸公命为补阙。余以珠玉在前，深惭狗续，盖亦不得已也。甲申（1944）重阳节后三日，连陵张锦池题记。"① 由此可以看出杨瑞石的壁画艺术对那一代人的影响，它已经具备了为公众所普遍认可的意义。我们今天研究晚清以来岭南绘画的艺术历程时，不应当只将目光放在上层文人画家的作品上，却对这些当年脍炙人口、深入千家万户，真正在广大人群中有着巨大影响力的艺术视而不见。

总之，很少有什么实物能同壁画一样，向我们如此准确地传递百余年前广府乡土社会文化内涵，使我们如此切肤地感受当时广府地区传统文化的热度，真切地把握当时人们的艺术品位。无疑，壁画能够弥补许多文献资料记载的先天不足，改变学界对民间社会文化缺载失收和误读错解，弥补民间知识的缺乏；扭转轻民间、重官方的历史叙事价值取向。长期以来，学术界对晚清以来广府基层社会文化的研究受到史料的影响，很难说完整地代表了整个广府文化。这也是现有成果不必讳言的弱点之一。壁画的研究和整理将在一定程度上改变这一状况，并使文化史特别是岭南地区绘画史的深入研究成为可能。

（黄利平：广州市南沙区虎门炮台管理所原所长，研究馆员）

---

① 广东省文物局编：《广府传统建筑壁画》，广州出版社 2014 年版，第 4 页。

晚明岭南心学重要人物杨起元思想渊源初探①

孙廷林

岭南既是白沙学发源地，也是阳明学重镇，两大心学流派的交汇是岭南思想史上的华章。杨起元为晚明时期岭南心学的重要人物，日本学者沟口雄三所认为“杨复所和周汝登在明末思想界，是继李卓吾而值得注意的人物”②。作为晚明阳明学的中坚，杨起元力矫阳明后学流弊。同时，杨起元也是晚明会通三教的重要代表人物，开晚明社会释老之言人制义、举业用释老之书风气之先，大胆地把佛教“明心见性”说引入儒家“明德”说中。长期以来，思想史研究领域对杨起元缺乏足够的重视，专题研究成果较少。③ 本文先通过梳理杨起元在晚明思想、学术领域的地位，进而根据杨起元的生平探索杨起元心学思

---

① 本文为广东省哲学社会科学“十三五”规划2017年度青年项目“岭南心学重要人物杨起元著述整理与研究”（项目号：GD17YLS02）阶段性成果之一。

② ［日］沟口雄三：《中国前近代思想的演变》，中华书局2005年版，第94页。

③ 主要分为三个方面：一是生平研究。早在1997年惠州地方学者吴定球编纂了《杨起元年谱》（载《惠城文史资料》第13辑）；谢群洋《杨起元生平学行述略》［见张新民主编《阳明学刊（第6辑）》，巴蜀书社2012年版］对杨起元的生平事迹、学术思想等进行了探讨。二是著述整理研究。《惠州文征》（广东人民出版社2013年版）第10—12卷选编、整理了杨起元多篇著述；张建业《李贽研究资料汇编》（社会科学文献出版社2013年版）一书中选编了杨起元与李贽、周久思等人的书信；刘海涛《杨起元〈南华经品节〉考辨》（《中华文化论坛》2013年第1期）则认为《南华经品节》是书肆坊贾假借杨起元之名翻刻的陋本。三是心学思想研究。黎大伟《明儒杨起元生平及思想研究》（硕士学位论文，复旦大学，2012年）讨论了杨起元“致虚”与“知性”相结合的思想变化过程，以及杨起元在讲学中体现出的个人特色；谢群洋在《杨起元与晚明三教融合思潮》（见卢国龙主编《儒道研究》第1辑，社会科学文献出版社2013年版）中论析了杨起元在三教关系上的具体立场及其在推进晚明三教融合思潮中所起的积极作用。

想的渊源。

一 杨起元在晚明思想界的影响与地位

杨起元（1547—1599），字贞复，号复所，广东归善县（今属广东惠州）人，泰州学派罗汝芳高弟，晚明泰州学派一位具有广泛影响力的思想家、教育家。他一生著述丰富，主要有《正学编》（四卷、附录一卷）、《四书评眼》（五卷）、《杨文懿集》（十二卷）等，日本东京内阁文库所藏《杨复所全集》（二十二卷，明刊本）包括了《重刻杨复所先生家藏文集》《南中论学存笥稿》《证道书义》《正学编》《白沙先生语录》《学解》等。此外，还编有《识仁编》（二卷）、《诸经品节》（二十卷）、《皇明百大家文选》（内阁文库藏，万历十三年刊本）、《训行录》（三卷，一名《近光录》，内阁文库藏，万历二十五年刊本）等。杨起元为学“不讳禅”，正统理学家批判其“变乱先儒，其流毒且及于经义”，其《识仁编》《正学编》等著作在《四库全书》中仅被存目，《杨复所先生家藏集》更被列为禁书，因此杨起元的著作大多长期湮没不彰。

杨起元心学思想首先是继承了泰州学派的思想观点，坚守良知是心的本体；其次是深受白沙学影响，讲究“致虚立本”的认识论。① 在晚明整体学术风气下，杨起元“学不讳禅”、融合三教的取向影响甚大。明代奉行儒释道三教并行的政策，阳明学兴起后，特别是阳明后学往往流于谈禅之弊。所谓“明季士大夫流于禅者十九矣”，儒、释、道三教融合的思想成为晚明思想界的主流思潮。《明史》在评述杨起元的学术时称：“起元清修娉节，然其学不讳禅”，并明确指出：“万历世士大夫讲学者，多类此。”②

① 黎大伟：《明儒杨起元生平及思想研究》，硕士学位论文，复旦大学，2012年。

② （清）张廷玉：《明史》卷283，中华书局1997年版，第1867页。

作为罗汝芳的衣钵传人、王阳明的五传弟子，在时代风气浸润下，杨起元成为推进三教融合思潮的中坚力量。管志道曾言：明朝开国二百余年，未有以儒生“贯二氏于儒道中”者，贯佛、道于儒者，“自愚与杨少宰贞复子始矣”，并对自己与杨起元融贯二氏的特点作了总结概括：“贞复盖圆之以圆宗，而愚兼方之以矩”。[①] 毫不讳言地正面肯定、宣扬自己和杨起元在推进这一思潮中所起的作用。杨起元的这种学术性格，受到了以儒学正统自居的四库馆臣的严厉批判，《证学编提要》批评他“援儒入墨，诬诞实甚”，“变乱先儒，其流毒且及经义矣”。《诸经品节提要》谓：“起元传良知之学，遂浸淫入于二氏，已不可训。至平生读书为儒，登会试第一，官跻九列，所谓国之大臣，民之表也。而是书卷首，自题日比丘，尤可骇怪矣！”这也从反面印证了杨起元在三教融合思潮中的影响力。

杨起元还开晚明释老之言入制义、举业之用释老之书风气之先。顾炎武《日知录·举业》一文中，引述艾南英（1583—1646，字千子，号天佣子）的说法，认为以禅、老庄等异端之学入儒，杨起元是始作俑者。[②] 杨起元深受佛教影响，还可从他与佛教中人的交往中窥见。清代学者彭绍升指出，“（杨起元）居闲究心宗乘，慕曹溪大鉴之风，遂结屋韶石，与诸释子往还”[③]，在与之交往的这些佛门人物中，要数与晚明四大高僧之一的憨山德清的交往最为密切。关于憨山佛学思想，杨起元认为，“憨上人心存普度，随机接引，单提本来无物之旨，醒悟磨砖拾砾之徒”[④]。在杨起元看来，憨山德清特别重视“本

① （明）管志道：《问辨牍》卷之元集《答吴侍御安节丈书》，《北京图书馆古籍珍本丛刊》第68册，书目文献出版社1998年版，第25页。

② （清）顾炎武：《日知录校注》卷18《举业》，安徽大学出版社2007年版，第1018—1019页。

③ （清）彭绍升：《居士传》卷44《管杨陶焦唐瞿传》，《续修四库全书》第1286册，上海古籍出版社2002年版，第552页。

④ （明）杨起元：《太史杨复所先生正学编》卷3《重刻坛经法宝序》，《四库全书存目丛书》子部第90册，齐鲁书社1995年版，第359页。

来无物之旨”，把它作为六祖惠能思想的根本，以此接引弟子，普度众生。在同一篇序文中，杨起元还认为，惠能的佛教学说“岂特有功于释，抑亦有功于孔，……为天地立心，为生民立命，为往圣继绝学，为万世开太平之极要也”①。依其意，六祖惠能的学说流传到明末，主要靠憨山德清之力才进一步得到弘扬，充分表达了对憨山德清的推崇。

对于佛、道二教，杨起元明确指出：“二氏在往代则为异端，在我朝则为正道”，儒学与佛、道两家“其教虽异，其道实同”，排斥佛老不过是执着于名称，“学之者本心之良，而辟之者名义之束也”。他对那些主张辟佛、道而实际又窃取佛、道之学，不敢正视二氏的社会作用的“伪儒”进行严厉批评，他说：

> 由孔子至高皇千余年之间，诸子百家纷纷籍籍，如云间之星，或隐或见，无大警动人者。惟释、道二氏，其教虽异，其道实同。为其教之异也，儒者既攘臂而辟之。又惟其道之同也，儒者又窃取而学之。学之者本心之良，而辟之者名义之束也。①

有研究指出，杨起元在三教关系上，甚至于对佛、道推尊过重，转而变换了立场，由儒学而或佛或道，出入三教之间，其学已超出了儒学之正轨。②

二　继承泰州学派罗汝芳衣钵

罗汝芳（1515—1588），号近溪，学者称明德先生，江西南城人，是王阳明亲炙弟子、泰州学派创始人王艮的三传弟子。泰州学派提倡

---

①（明）杨起元：《太史杨复所先生正学编》卷3《重刻坛经法宝序》，《四库全书存目丛书》子部第90册，第359页。

② 谢群洋：《杨起元与晚明三教融合思潮》，见卢国龙主编《儒道研究》第1辑，社会科学文献出版社2013年版，第248页。

“百姓日用即道”，面向社会一般民众，“入山林求会隐逸，过市井启发愚蒙”，把阳明良知学说向社会大众普及，形成平民色彩浓厚的学派，对当时思想界影响甚大。[①] 不过王艮（心斋）自然简易的学风至其二传弟子颜均（山农）时已显现出空谈、“任性”的流弊。作为颜山农的弟子，罗汝芳却能够正确继承王艮“日用即道”的思想，主张“功夫紧要，只论目前”，起到矫正流弊、承前启后的作用，因而被誉为泰州学派中绝无仅有之特出者。[②]

万历四年（1576），杨起元“壮而游金陵”，遇罗汝芳外甥、江西南城人黎允儒，初步了解到罗汝芳的学说。[③] 次年（1577），杨起元成进士，适逢罗汝芳入京，遂以弟子问学。当时张居正禁严讲学，“凡谭名理士，一概摈斥”，罗汝芳被劾而归，杨起元仍执弟子之礼。对于罗汝芳对自己的深刻影响，杨起元体认道：“平日所读孔孟之经书，求其说而不得者，至是遂迎刃而解也，常恨其得之晚。”[④] 至万历十四年（1586），杨起元取道江西拜访罗汝芳，目睹罗汝芳讲学盛况，深为震动，对其友人邹元标称：“吾坐师春风，师未语，予未尝问。惟睹会堂上长幼毕集，融融鱼鱼，此即唐虞太和景象，予终身不能忘。”[⑤]

三十岁以后的杨起元深为泰州学派罗汝芳思想折服，并服膺终生。在著述中杨起元屡屡道及罗汝芳的人格、学问。如《与袁了凡》称：“我师近溪先生一生为人，真有载华岳、振河海之德，非独知处

---

① 黄文树：《泰州学派的教学思想及其影响》，《汉学研究》（1998 年 6 月）第 16 卷第 1 期，第 125—128 页。

② 牟宗三：《从陆象山到刘蕺山》，台湾学生书局 2000 年版，第 288 页。

③ （明）邹元标：《愿学集》卷 6 下《嘉议大夫吏部左侍郎兼翰林院侍读学士贞复杨公传》，《文渊阁四库全书》第 1294 册，台湾商务印书馆 1986 年版，第 276 页。

④ （明）杨起元：《续刻杨复所先生家藏文集》卷 2《贺郡侯梁湖程公擢副粤宪备兵海南序》，《四库全书存目丛书》集部第 167 册，齐鲁书社 1995 年版，第 206 页。

⑤ （明）邹元标：《愿学集》卷 6 下《嘉议大夫吏部左侍郎兼翰林院侍读学士贞复杨公传》，《文渊阁四库全书》第 1294 册，台湾商务印书馆 1986 年版，第 276 页。

透彻而已也。”① 又称：“即以学而论吾师，终始大成之学也。以德而论吾师，乾坤相合之德也。自孔子而来，倒翻载籍，岂有两哉?”② 在致罗汝芳的书信中，杨起元言道：“起元于前后会语，每读一过，便生发一番，辄叹孔孟一生精神命脉尽付我师。然发挥扬诩亦须如许气魄，此宇宙精英酝酿千年而出者也。起元每一思及，真不知手舞而足蹈也。”③ 可以说杨起元对罗汝芳的人格精神、心学思想由衷地敬仰信服之至。

关于罗汝芳的心学思想，杨起元在《明德罗子祠堂记》中说：“吾师之学，不出于平常，而准四海、施万世，率是以继往开来。有勤其一生之精力未尝少懈者，常曰：大人不失赤子之心，《中庸》之精髓。大人正己而物正者，《大学》之规模。故合《中庸》《大学》而一之，吾师之学之所以为全也。”④ 这里从本体论、方法论的角度总结、概述罗汝芳的思想体系。

罗汝芳的心学思想体系对杨起元产生了深刻影响，他在《象山先生集要序》中说：

> 予结发从事朱学，而随声谤陆者久之，心地无所发明，因多衡困，几丧其生。幸吾师近溪罗先生示予以明明德之说，豁然有省，于平日所讲习、所行持，种种轻便，而无难为者，乃知吾身之有至宝。如此而奈何汩没之也？从此以读阳明之书，知其解也。又进而读象山之书，又知其解也。掩卷而叹曰：道在是矣，

---

① （明）杨起元：《续刻杨复所先生家藏文集》卷6《书·与袁了凡》，《四库全书存目丛书》集部第167册，第304页。

② （明）杨起元：《续刻杨复所先生家藏文集》卷6《书·建昌同志》，《四库全书存目丛书》集部第167册，第305页。

③ （明）杨起元：《续刻杨复所先生家藏文集》卷6《书·罗近师》，《四库全书存目丛书》集部第167册，第312页。

④ （明）杨起元：《续刻杨复所先生家藏文集》卷4《明德罗子祠堂记》，《四库全书存目丛书》集部第167册，第265页。

虽有他书，吾不暇读矣。[①]

我们由此可知，正因罗汝芳的“明明德”之说改变了杨起元的思想路径，使他由“道问学”的朱学转为“尊德性”的陆王学。这一改变奠定了杨起元心学思想安身立命的根基。关于其学术思想的形成过程，杨起元曾向友人追忆云：“予尝追忆壮岁以前，身心荡然，如不系之舟，犹时时髦竦而汗浃也。今虽未敢自谓知学，然幸师提携，稍望水端有停泊之日。”[②] 因而杨起元也以继承罗汝芳学说自我期许。他在《奠罗先师文》中说：

惟师之学，浑涵元善，保合大和，直接洙泗之源，再擅生民之盛，一身而建立三才，一息而金收万古。后有作者，当寻其绪，吾徒弟当入孝出弟，敬尊遗矩，以待来许，以期无负师。[③]

对于杨起元终身服膺罗汝芳的态度，黄宗羲在《明儒学案》中记载：“出入必以其像供养，有事必告而后行。顾泾阳曰：‘罗近溪以颜山农为圣人，杨复所以罗近溪为圣人。’其感应之妙，锱铢不爽如此。”[④] 杨起元尊崇罗汝芳，其根本原因在于对罗汝芳心学思想的衷心服膺，正如邹元标所指出的“非尊师也，尊道也”[⑤]。

---

① （明）杨起元：《续刻杨复所先生家藏文集》卷3《象山先生集要序》，《四库全书存目丛书》集部第167册，第243页。

② （明）杨起元：《续刻杨复所先生家藏文集》卷3《送甘三峰山人归丰城序》，《四库全书存目丛书》集部第167册，第230页。

③ （明）杨起元：《续刻杨复所先生家藏文集》卷5《墓志铭·奠罗先师》，《四库全书存目丛书》集部第167册。

④ （清）黄宗羲著，沈芝盈点校：《明儒学案（修订本）》卷34《泰州学案三》，中华书局2008年版，第807页。

⑤ （明）邹元标：《愿学集》卷6下《嘉议大夫吏部左侍郎兼翰林院侍读学士贞复杨公传》，《文渊阁四库全书》第1294册，第276页。

三　杨起元心学思想的岭南学术渊源

杨起元心学思想具有浓厚的岭南学术色彩，主要与两方面的岭南学术渊源有关。首先，家学渊源构成了杨起元心学思想的底色。杨起元曾祖杨顺“由武功历官山东胶州丞”，自其祖父杨天祼起，杨氏家族以学问知名。祖父杨天祼，号木斋；父传芳，号肖斋，“皆以一经为名诸生”。[①] 特别是杨起元的父亲杨传芳，对杨起元影响较大。《归善县志》载：

> （杨传芳）性方严，笃于孝弟。为诸生，声籍甚。讲学里中，生徒无虑数百人，成就甚重。……息尝从湛甘泉游，闻白沙、阳明之学，恒以无成为愧。作《读易铭》置之座右，尝曰：圣训如医方，随病增减，不可泥，惟“执中”二字为固本。凡著《自鉴录》，采格言为三字四字经，训诸蒙孙。[②]

杨起元的门人、心学家吴道南则记述杨传芳对杨起元的影响，云：“肖斋公学研经史，识精理数。其所著要义诸书，用以开先生（杨起元）者不可殚述。”[③] 虽然对杨起元心学思想的形成和发展起到决定性影响力的是泰州学派罗汝芳，但不可否认，祖、父二代研习心学的家学氛围，为杨起元壮年以后的心学思想取向和成就奠定了一定基础。自幼家学濡染是开启杨起元心学之门的钥匙，也成为其思想形成的底色。

---

① （明）邹元标：《愿学集》卷 6 下《嘉议大夫吏部左侍郎兼翰林院侍读学士贞复杨公传》，《文渊阁四库全书》第 1294 册，第 276 页。

② （清）章寿彭：乾隆《归善县志》卷 14《人物》，岭南美术出版社 2009 年版，第 167 页。

③ （明）吴道南：《吴文恪公文集》卷 17《明吏部右侍郎杨复所先生墓志铭》，《四库毁禁书丛刊》集部第 31 册，北京出版社 1997 年版，第 545 页。

杨起元心学思想的形成还深受陈白沙、湛甘泉心学思想的影响。“有明之学，至白沙始入精微”①，至明朝中期，则有王阳明、湛甘泉共倡心学。《明史》称“时天下言学者，不归王守仁，则归湛若水”②。在这种心学盛行的学术风气下，陈白沙、湛甘泉的心学思想对岭南士人影响更大。杨起元的父亲杨传芳曾任潮州府儒学训导，与陈白沙亲炙弟子、王阳明挚友增城湛甘泉交游，习读白沙、阳明之学。如上文所论，杨起元的父亲杨传芳“从湛甘泉游，闻白沙、阳明之学，恒以无成为愧”，“名湛氏之学”，“笃于孝弟”“执中固本”，其父所学、所行皆属心学。杨起元因而“幼而熏染”，仰慕陈白沙、湛甘泉之学。

不过，陈白沙、湛甘泉心学思想对杨起元的影响是一个渐进的、较为漫长的过程。杨起元早年“于诸儒学旨始终枘凿不相入”③，直到中年以后，陈白沙、湛甘泉的心学思想才对杨起元产生深入影响。在《西游纪谭序》中，杨起元说：

> 自江门、姚江而后，在所彬彬然，地至穷乡下邑，人至贾坐商行，莫不知学以齐家善俗，不可得而殚述也。呜呼盛矣！予生岭表，其郡在岭之东、最僻，而生又最后。传江门之脉者，有增城。予成童，而增城已逝。迨壮而游金陵，乃与南城黎子遇，因得执贽事罗先生。……及守官金陵，乃又得新都程休倩甫讳希周，其人乃学者所称斗宾先生者也。其所为《西游纪谭》者，取而读之，其学之所得，蔚有次第。自谓结发慕孔子之道，苦其难复，遇罗先生守宣州，一见会心，勃勃兴起，得不退转。随遇耿先生，有所守而不能恒也。乃质之友人潘去华、祝无功二公，大加激发。遂深思之，至于有触而悟，其后坦然无疑。以观于圣贤

① （清）黄宗羲著，沈芝盈点校：《明儒学案（修订本）》卷5《白沙学案上》，第79页。

② （清）张廷玉：《明史》卷282《儒林一·吕柟传》，中华书局1997年版，第7244页。

③ （明）邹元标：《愿学集》卷6下《嘉议大夫吏部左侍郎兼翰林院侍读学士贞复杨公传》，《文渊阁四库全书》第1294册，第276页。

之训，若代我言；而其所未言，若留我言者。由此观之，休倩甫之学，得其大矣。休倩甫殁数年矣，吾徒阅其遗书，然无异于接其形貌而承其謦欬也。故予又以为幸，抑不特此，休倩甫师事觉山洪先生，洪先生乃增城高第弟子，予无从见之，而其讲学盛推尊增城，亦赖休倩甫手录而复知其详，则予得休倩甫而又得其师觉山先生，而予之夙愿酬矣。①

在这篇序文中，杨起元追述对他心学思想发展起到引领作用的几个关键节点。当十四岁时，从学于陈白沙的湛甘泉已经去世，杨起元以不得问学于前辈乡贤引以为憾。直到他“壮而游金陵”，得以师事罗汝芳而学问大进。后在南京遇到程希周（程希周则是受过罗汝芳、耿定向激发），并师事湛若水高弟洪垣，通过程希周的《西游纪谭》，这才了结了杨起元深入了解湛甘泉心学思想的夙愿。杨起元通过程希周得以了解洪垣，进而进入湛甘泉的心学思想领域，并通过湛甘泉进入陈白沙的思想堂奥。在《白山先生全集序》中，杨起元说：

我国家惇庸之化，涵育百有余年，始有真儒出于南服，是为白沙陈先生。其学以自然为宗，乃其静中妙悟，不由师传云。……嗟夫！先生之学，其至矣乎！此集当与天壤共敝者也。某自四十以前，未足以窥先生藩篱，不知是集所系之重如此。四十以后，从近溪罗先生学，乃稍窥一斑。②

在《书扇送庞参吾》一文中，杨起元特别强调白沙心学思想对其产生的影响：

① （明）杨起元：《续刻杨复所先生家藏文集》卷3《西游纪谭序》，《四库全书存目丛书》集部第167册，第251页。

② （明）杨起元：《续刻杨复所先生家藏文集》卷2《白沙先生全集序》，《四库全书存目丛书》集部第167册，第224页。

> 孔孟之学，大学也，欲明明德于天下者也。其用力在格致，其得力在意诚，而身、心、家、国一以贯之。其道至大至精，亦至易至简，而可悦可乐焉。此之谓广居、正位、大道，不论穷达、不尚技能、不借声誉，毅然为宇宙之大丈夫。此学，吾乡白沙先生得之矣。生于其乡者，苟有一念之明，孰无向往之志乎？古人有言曰：用志不分，乃凝于神。孔子曰：十室之邑，必有忠信如丘者焉，不如丘之好学也。由此观之，吾人非不学，特好之弗笃，而用志分也。嗟夫！此吾早夜而自警也。①

对陈白沙的这种精神境界，杨起元衷心感佩，并作为他自己的追求。在给李焘的书信中，杨起元明确讲道："吾人今日奋然有立，亦所以继续白沙先生之脉，使白沙不死也。白沙不死，先圣贤不死，总是人心之不死也。人心不死，犹火种之藏于邓林也，会有燎原之日，敢云世道遂衰不复见唐虞之盛哉！"② 以承续白沙学自勉。他支持刊刻白沙文集，并编成《白沙语录》在南京刊行，有力地推动了白沙学的影响。关于杨起元心学思想交融阳明学、白沙学的迹象，沈德符明确指出杨起元是"用白沙余绪，而演罗近溪一脉"③。岭南高僧憨山德清则将杨起元视为继陈白沙之后"大树性宗之帜"的人物④。友人张元忭也寄望"吾意振江门之遗响者，必斯人也。贞复其勉之！"⑤ 事实上，这也正是岭南阳明学与白沙学相互交融的结果。⑥

---

① （明）杨起元：《续刻杨复所先生家藏文集》卷4《书扇送庞参吾》，《四库全书存目丛书》集部第167册，第260页。

② （明）杨起元：《太史杨复所先生正学编》卷2《与李斗野》，《四库全书存目丛书》子部第90册，第308页。

③ （明）沈德符：《万历野获遍》卷27《紫柏评诲庵》，中华书局1959年版，第690页。

④ （明）憨山德清：《憨山老人梦游集》卷8《与邹南皋给谏》，北京图书馆出版社2005年版，第293页。

⑤ （明）张元忭：《张阳和先生不二斋文选》卷6，《四库全书存目丛书》集部第154册，第465页。

⑥ 陈椰：《岭南阳明学与白沙学的互动交融》，《学术研究》2017年第9期。

杨起元在岭南心学思想史上的地位，邹元标曾有一番议论："五岭自新会（陈白沙）开斯道之传，增城（湛甘泉）继之，及公（杨起元）起而不永年。然由盱江（罗近溪）而直接新会，以近遡孔孟嫡传者，舍公谁属？昔人云：南海有圣人出，此心同此理同。信载！"①可以说，杨起元是晚明自觉重振岭南心学并卓有成就的一代大儒。

结　语

杨起元思想的形成，有来自其家学的濡染，这是杨起元思想形成的底色。对杨起元思想的形成起到最主要作用的，是杨起元师承泰州学派杰出人物罗汝芳。杨起元作为罗汝芳的衣钵传人，继承了泰州学派的传统，以"明明德于天下"为宗旨，主张圣凡平等，从日常当下指点人们识取本心，悟得良知。与此同时，杨起元也深受白沙学的影响，以接续白沙学脉自期。此外，岭南佛学传统也对杨起元具有一定的影响，他与岭南名僧憨山德清书札往还，他的缘禅说儒和三教融合便是接续岭南禅宗影响的印记。

晚明岭南心学继续呈现出阳明学与白沙学相互交融趋向，与此同时，岭南心学的地域认同意识则不断加强。作为阳明心学传人，杨起元着力表彰白沙学术，特别尊崇陈白沙这位乡贤。这种学术思想取向促成了岭南心学之繁荣，扩大了岭南心学在全国思想界的影响。

（孙廷林：广州大学人文学院）

① （明）邹元标：《愿学集》卷 6 下《嘉议大夫吏部左侍郎兼翰林院侍读学士贞复杨公传》，《文渊阁四库全书》第 1294 册，第 277 页。

百年义顺隆和赵兰桂堂的艰难发展历程

曾应枫

广彩，亦称“广东彩”“广州彩瓷”“广州织金彩瓷”，是我国外销瓷器的主要品种，以构图紧密、色彩浓艳、金碧辉煌为特色，犹如万缕金丝织白玉，春花飞上银瓷面，散发出经久的魅力。始于明末清初的广彩行业，在康熙年间逐渐发展，到了雍正年间基本形成对外出口产业，至乾隆年间便发展为兴盛的外销产品，畅销世界各地。

到清末民初，广彩行业迅速发展，行业人员已达3000多人。在这300多年的发展历史中，广彩瓷这个中西文化交流的艺术载体，以其高贵艳丽的特色备受中外客商的喜爱，因此带起广彩的辉煌，产生了一批行内的著名家族和名师，可惜由于海内外时局的不稳，直接影响了广州彩瓷的发展。

一　崛起于清中期的广彩河南地

广彩的起源似乎有些偶然，说的是清雍正时期江西人杨快、曹钧以候补官员身份来到广州，因无官缺可补没法上任，为维持生计，他们就在带来的江西景德镇白瓷瓶上做文章，绘上彩画出售。没想到，这些缤纷色彩的瓷器颇受洋人的喜爱。二人干脆在广州开设作坊，打上商标，取名“广州彩瓷”，为前来贸易的海外商人大开门路，广彩就这样发展起来。

随着广彩外销市场的不断扩大，从业人员不断发展。杨快、曹钧两个“外江佬”在广州成为祖师，带出了一批徒子徒孙，徒子徒孙成师傅了，又到四乡招兵买马。渐渐地，一个人带出一家人，一家人带出一个家族。从清雍正到同治百多年时间，在广州从事广彩的手艺人将近一半来自台山开平司徒氏。义顺隆的第一代传人司徒俊卓是清同治年间随着乡亲从家乡开平赤坎木石村走进广州，来到位于广州的珠江之南，广州人俗称“河南”安家落户，开启他的广彩前程。

义顺隆的第一代司徒俊卓经过数十年的辛苦打拼，学会广彩的各门技艺，更重要的是，他还有眼光，预见到外销市场的变化与出路，抓住一个机遇，买下了原属于十三行行商怡和行伍秉鉴家的一大片土地，东起今同福中路龙船岗脚到庄巷北面整条街，西至今消防中队的一大片房屋，方圆足有几十亩地。除了买房买地，他还将附近的山冈、花地内的各种花果树木、石山，包括一眼直径超过 2 米的大四方井，数口小圆井，连同附近一座石绿矿石砌成的假山都买下来，开发作瓷庄，取名为“义顺隆”，希望其事业顺利兴隆，实现他干一番广彩实业的理想。司徒俊卓是个聪明人，在河南庄巷办了广彩实业之后，很快就运用他的人脉打开了外销市场，又向官府买了个官位，头上有了个“顶戴花翎”，就可以在广州申请取得与洋人直接做买卖的“行商”资格，直接与洋人做广彩外销生意。

义顺隆瓷庄的地理位置可谓得天独厚。这里交通运输便利，从庄巷西面的横珠涌和漱珠涌可直通珠江出海口；这里聚有大量的广彩从业人员，几时有订单要赶工马上可找人加工。到了清末民初，占了天时、地利的义顺隆已经发展成一家较大规模的广彩瓷庄，不单有对外经营的店铺，还有加工的作坊；有专门供应原材料的颜料制作工场、瓷素胎经销；有可承接其他加彩作坊烧制业务的多座炉房；甚至还设有古玩店铺，等等。据义顺隆后人司徒福口述，当年瓷庄是这样布局的：由西至东，第一间是卖古玩的商铺，第二间卖广彩瓷，然后是广彩作坊等。义顺隆在全盛时曾有伙计（工人）1300多人，有7个小炉、2个大炉，包括后勤、原料制作、生产和营销。此外，瓷庄还有广彩业务发外加工，也因于此，义顺隆周围聚集并带旺了一批广彩制作的工人和作坊，如合顺隆、炳记等作坊。义顺隆逐渐闻名遐迩，从事大单的海外贸易。

“赵兰桂堂”也是清同治年间1863年在广州河南龙导尾状元巷的一间平房创立，从地理位置上看，与庄巷“义顺隆”距离走路不到10分钟路程。那时广彩人都在河南创业，广彩曾经有“河南彩”之称，正如广东梅县人刘子芬于1925年所著的《竹园陶说》所述：“海通之初，西商之来中国者先至澳门，后则迳越广州。清代中叶，海舶云集，商务繁盛，欧土重华瓷，我国商人投其所好，乃于景德镇烧造白器，运往粤埠另雇工匠，仿照西洋画法加以彩绘。于珠江南岸之河南，开炉烘染，制成粉瓷，然后售之西商。盖其器购自景德镇，彩绘则粤之河南厂所加者也，故有河南彩及广彩等名称。”由此可见，清中后期至近现代，因珠江南岸之河南，特别是龙导尾村和龙田村一带地价便宜，河涌河网环绕，河上运输方便，所以，众多的广彩作坊便在这一带，即今溪峡街、环珠街、龙导街、龙船岗及海幢公园西南一带开业、生产、扎根开花。赵兰桂堂在海幢公园附近的状元井那里定居、创业，一家人靠承接加工广彩瓷画为生。由于“赵兰桂堂”主人手艺好，有诚信，义顺隆经常发货给赵家。据赵家人回忆，旧时这一带广彩人将做好的广彩瓷装进竹箩，从河涌的小艇用桨橹摇至珠江靠近香港轮船，由此转运至港澳。也可以走另一条水路，直接坐小艇船到珠江边的外国商船货仓，今日的凤凰岗和太古仓就是当年广彩经此输往欧洲的转运站。当年，在河南洲头咀建有一个公和兴仓库，专门从江西景德镇运来的白瓷胎储备在此，专供广彩行业采用，所以从瓷庄到作坊到广彩艺人都集中在河南一带，有利于拿白胎加工和出口。

还有人和，瓷庄与众作坊聚集一起，榄首与工匠互相依存，他们不仅是老板与伙伴，还是街坊与邻里。“家和万事兴”，义顺隆很重视与其他手艺人搞好关系，逢年过节，家中有做生日或摆满月，义顺隆一请就数十围酒席，将河南一带的广彩人都请上。那阶段，广彩业蓬勃发展，成为对外贸易的主要商品，广彩的艺人及瓷庄从业人员起了很主要的作用，如果没有瓷庄、榄首与作坊的精诚团结与合作，广彩就不会有清末民初的兴旺。

二　以“诚”为先，动荡中发展

广彩大受海外消费者欢迎，销路不断扩大，欧洲的大量订单涌到广州的彩瓷作坊，广彩作坊需要大量的劳工以应付每年庞大的外销量，瓷庄也需要大量的资金周转。据义顺隆瓷庄的后人回忆，19世纪末20世纪初，主人房的大床底下经常放着几十万两白银用作生意周转。义顺隆能够在外贸市场成功运转，源自他们的智慧，还有“诚”与“义”。第一次世界大战期间（1914—1918），百业凋零，广彩也断了销路，义顺隆却冒着风险继续从事广彩生产。司徒俊卓果然有远见，第一次世界大战结束后，恢复贸易来往，各国商人复来广州购买广彩用品。由于义顺隆有充足的货板储备，可以立即交货出口，赢得了时间，也获得厚利，而大多数瓷庄因当时只能以销定产，无法与义顺隆抢占商机。坊间当年流传这样一个故事，义顺隆的老板司徒俊卓财大气粗，有洋商急于提货未能当场付款的，他也可让人先把瓷器货品带走，待下次来时再付清款项。这风险大呀，有一年，一位外商要货很急，未曾带款来，司徒俊卓与他有生意来往，信得过，让他把货物带走了。结果此商人远走高飞，一直未见踪影。大家都认为司徒俊卓这回亏大了。没有想到，过了好几年，一个外商来到义顺隆，要找司徒俊卓还钱，这才知道，他就是那位未付款拿货物走了的外商的儿子。原来那外商回国后出了点事，一直没能到中国，这次是特意叮嘱儿子专门来广州到义顺隆将其欠款还清，重续两家客商的来往。此事传为佳话，义顺隆也因此在业界声名远扬，生意越做越大，后来，司徒俊卓还将义顺隆的生意扩大到香港。

可惜，由于时局不稳，战乱不断，广彩的外销停滞，几经风雨，司徒俊卓年事已高，便将义顺隆的财产分成 9 份，分给他的三房妻室和几个子女。司徒俊卓于 1932 年去世，享年 85 岁。义顺隆第二代传人是司徒俊卓最喜爱的儿子司徒德琪（字尚汉），他在广州河南庄巷长大，在南武中学读书。长大后的司徒德琪继承父亲的广彩实业，将父亲分给他和母亲的两份家产，投入香港广彩厂的经营中。可惜，生意正做得兴旺，第二次世界大战爆发，日本侵略军的飞机在香港轰炸，一枚炸弹还落到义顺隆的隔壁，差点把瓷庄给炸了。国破家亡，义顺隆瓷庄的生意再度跌入低谷，司徒德琪身心受损，带着家人，又从香港搬回到广州河南庄巷。

义顺隆第三代传人司徒福，聪明伶俐，学习掌握了广彩技艺要领，尤其擅长绘画长行人物、折色人物等花式，下笔快准，在行内有“飞笔”之称。他还会审时度势，眼看抗日战争临近胜利，抓住时机在庄巷祖居地再设广彩厂，雇请了 100 多个广彩师傅，他要传承义顺隆的传统，一做就做到最大，做到最好。司徒福从接货、发货、配颜色、彩绘公仔到烧炉出货都亲力亲为，使义顺隆家族广彩业又有了新发展。可惜，由于内战爆发，瓷庄好景不长，被迫于 1947 年停产。为谋出路，司徒福和广州大部分的广彩手艺人一样，举家迁到香港谋生，在深水埗石硖尾白田村，与司徒怀德一起建厂做广彩。义顺隆不到百年时间，由于接连遭遇战争，几度飘零，受到重挫。

再说“赵兰桂堂”，第二代传承人赵威继承了父母的手艺，饭货、仿古、洋庄货、彩绘等方方面面精通，也是由于战乱，一次、二次世界大战和世界金融危机接二连三，广彩经常被迫压价，手艺人生活难以着落，赵威为了不犯行规（因行会规定工人降低工价生产是要罚款的）而不接受压价，有时无工可做，只有转行揾食。

赵国垣是广彩世家“赵兰桂堂”的第三代传人，1925年出生，可以说在乱世中自学成才的，他十八九岁就可以自己设计花式，撑起了一头家。由于广州沦陷，赵家被迫到香港揾食。

这是时局动荡的日子，也是广彩艰难的岁月，“义顺隆”“赵兰桂堂”纵有再大的本事，再好的手艺，也只能夹缝生存，四处飘零。

三　牵手省港澳，成立大工场

广州、香港与澳门，都处于珠江口上，从历史及地理位置，在工商业和外贸经济中相互依存，关系密切，这一商圈被称为“省、港、澳”，是中国经济外贸通道上的枢纽。20世纪二三十年代，由于香港交通畅通，加上广彩业的发展，在香港的一些原本做土特产生意的金山庄也开始经营广彩。1938年广州沦陷，广州的广彩人大都逃难到香港找工作，香港的广彩瓷行业得到这人力资源，抓住机会发展，每月由金山庄销往世界各地的广彩瓷约有500箱。1941年12月，日本发动了太平洋战争，25日侵占香港，香港所有产业化为乌有，广彩陷入最黑暗的岁月，工厂只得遣散工人。广彩工人为了生存，只能选择回乡之路，但火车不通，被迫得从香港步行七天，才到达东莞太平镇，再由水路乘船各自转回家乡，许多人回乡后只能以务农来维持生计。太平洋战争结束后，香港渐渐恢复生机，从1945年起，新加坡、菲律宾、印度尼西亚泗水的客商就陆续到香港办彩瓷货，但香港的生产还没完全恢复，只能售战前的存货，因此彩瓷供不应求，价格飞涨。广州义顺隆的司徒福抓住了商机，与司徒怀德合作，于 1946 年在香港深水埗石硖尾白田村设厂生产。1948 年，广州已没有广彩生产，而香港由于有着优越的地理环境和经济条件，不到两年时间，广彩产量就大幅增长，广彩人数不断增加，取代了广州，成为广彩瓷的主要生产基地。20 世纪 50 年代初，澳门又发展了几家广彩厂。合起来，港澳广彩的大小工厂有二十多家，人数发展到千多人。

1949 年 10 月新中国成立，广州解放，定居香港的义顺隆第三代司徒福一听到这喜讯，在 1950 年带着家人从香港回到广州的庄巷，广州河南地始终是他们的根。司徒福看到党和人民政府重视工艺美术业的恢复发展，听闻周恩来总理的号召，动员在海内外的技术工人参加新中国社会主义建设。在香港揾食的赵国垣于 1953 年从香港回到广州，还是做回老本行——广彩，家人得到安居。新旧社会对比下，这两位广彩人深深感到，还是社会主义好，自己不但要为新中国建设献出自己的力量，而且应该尽早为在广州恢复广彩生产而出力。他们想到，要把省港澳的广彩艺人都动员回广州，在广州建一个大型的广彩厂，不光是为自家的事，而是要把行业做大做强。

对新中国广彩业的长远发展，司徒福与赵国垣想到一起了，经历了数十载的战乱与风雨，他们都意识到要发展广彩业，必须走集体化的道路。两人越谈越投机，而且见诸行动，所以才有了新中国广彩史上值得记载的一页：1955 年 6 月，以司徒福与赵国垣的名义，由司徒福起草一封信，内容是要求尽快联合省港澳之力量，成立广彩厂，经司徒福儿子司徒洪手抄，将此信寄给时任广州市市长朱光。不久，朱光市长过问建了广彩厂之事，成就了由司徒福与赵国垣代表广州一方，与香港、澳门广彩业界 37 名代表共同商议、筹备，在广州筹备成立广彩厂的一段历史佳话。赵国垣在《广彩论稿》对当年他与司徒福建议筹备组建广彩厂有详细记载：

> 1956 年初，适逢苏展会在广州开幕，香港部分爱国广彩工人回穗参观，亦与出口公司联系上，因而加强了信心，积极加紧组织。当时我作为广州的联系人，经过数月的工作，得到各方面的支持，1956 年 7 月正式签约筹建，于 1956 年 8 月 11 日正式投产，把中断了八年之久的广州彩瓷恢复起来了，筹备工作的一切设备工具等均由我和司徒（福）负责组织和建设。

1956 年 8 月 11 日，在广州市人民政府的关怀下，在司徒福与赵国垣的大力撮合下，香港广彩艺人司徒宁、王兆庭、李善发、胡玉、余培锡等 36 人经过罗湖回到广州，汇同广州的赵国垣、司徒福、司徒荣根等 19 人，以及广州陶瓷出口公司派出的李峰、王锡时、邓奇等 9 人，共 64 人，在天成路 96 号组建了广彩加工场，广州中断 8 年的广彩业由此恢复。广州市第一间国有广彩企业就这样组建起来，不是像其他行业那般公私合营，而是由穗、港、澳三地的广彩艺人联合组建了广彩加工场。1957 年，广彩加工场人数增至 76 人。改名为广州织金彩瓷工艺厂（简称广彩厂）。自此，广州中断多年的外销广彩瓷呈现一派新气象。

新中国的广彩业经历了两个全盛时期，一是 1956 年至 1966 年这十年，二是 1976 年至 1986 年，广彩业得到长足的发展，创造了一个历史性的辉煌时期。

特别是 1976 年广州市织金彩瓷厂址从闹市大德路 96 号迁往广州市芳村大道 97 号（今芳村大道东 31 号），厂房扩大了 10 倍，面积达 12000 多平方米，职工人数千多人，年轻一代已经成才，组成一支拥有国家级工艺美术大师、省级工艺美术大师和各级工艺美术师的设计队伍，创作的作品在全国和省市的轻工博览会上屡屡获奖，精湛的作品成为国家、省、市级领导回赠、出访的礼品，有的为国家、省、市博物馆所收藏。到80年代末，单是投入的新花式，累计就有近2000种，而在1956年刚恢复生产时，生产花式仅24款。改革开放后的1980年，广彩厂获广州市政府批准为对外开放单位，厂内有陈列接待大楼，每年接待外宾4—5万人，为国家每年创汇超过100万美元，大量产品主要经销中东地区、欧美、东南亚等多个国家，参加过8届国际博览会和多次广交会，每年出口为国家创下大量的外汇。请看那几年的产值比较：

1976年产量673400件，产值185.34万元；

1980年产量994300件，产值367.19万元；

1981年产量1220000件，产值325.63万元；

1986年产量864100件，产值427.22万元；

1987年产量985000件，产值540.02万元；

1988年产量1153500件，产值641.97万元。

赵兰桂堂的第三代赵国垣在广彩负责全厂生产业务工作。他全副身心投入，一边抓管理，一边抓生产设计，从产品设计、颜料研制、技术研究到资料整理、技艺培训都亲自抓。如产品设计，27年设计创新了307种花式，其中大量投产的有45种，获奖的作品35种，其中1973年设计的得奖产品“麻姑进寿”“祝寿图”两个花面内外销售均受欢迎，为国家创造了大笔外汇。党和各级政府给予赵国垣很高荣誉，他分别获得省、市、区及二轻系统“先进工作者”“劳动模范”“优秀共产党员”“中国工艺美术大师”等称号。在那年代，赵国垣是获最多荣誉的广彩人。

义顺隆后人司徒福在完成省港澳广彩业大集结后功成身退，甘愿在广彩厂制作颜色和管理烤花炉。由于身份成为工人，使这位义顺隆手工业主在后来的政治运动中躲过一劫，司徒福于1962年退休，后来移居澳门，扶助一位兄弟继续从事广彩工作，他于1995年去世。义顺隆第三代传承人司徒福一生辗转省港澳，不管是义顺隆还是广彩厂，他心中始终怀有一个抱负，要把广彩业做强做大，从这点来说，他在世时努力做到了。此后，义顺隆与赵兰桂堂家族的后人大多成为广州织金彩瓷厂的一员，在广彩事业中继续发挥作用。

四　广彩成非遗，传承路漫长

广彩是外销瓷，300 多年来，从诞生到发展，几起几落，原因与大环境的局势变动有关。20 世纪八九十年代，广彩外销量达到一个新高峰。但是问题也来了，广彩业由于过分追求大集装箱、高产量的产品出口，忽视了广彩独特的艺术价值和产品质量，加上 2003 年中东战争以及国内“非典”流行，广彩外销再度受挫，广彩业跌入低谷，大多广彩人转行，广彩厂只剩下二三十人，勉强维持门面。

赵兰桂堂的第四代赵桂贞、赵艺明和冯瑞华等离开广彩厂后，于 1992 年在其居住了几代人的祖居重新挂起“赵兰桂堂”的牌子，启用前辈留给他们的这个百年品牌，用百年家族的血脉传承来延续未竟的广彩业。

2006 年 4 月 5 日，赵国垣的三女儿赵桂贞、小儿子赵艺明、小儿媳冯瑞华捧着父亲赵国垣遗留的一大叠手稿来到陈家祠，找到广东民间工艺博物馆的前副馆长崔惠华，说父亲去世 15 年了，这些手稿及资料一直压在他生前用过的旧木箱，不知是否有用。崔惠华翻看着赵国垣遗留的这堆手稿，不禁心生敬意。赵国垣在广州织金彩瓷工艺厂工作了几十年，无论怎样繁忙，必抽空将当天的工作情况仔细地记录在日记里，将日常的生产安排、会议记录、产品图案设计、教学徒的教学资料以及生产定价等也一一记录在案。多年来，他积累和保存了不少优秀的广彩图稿，还利用工余和病休时间，将一生积累起来的实践知识和广彩历史发展的资料整理出来，撰写了

《广州彩瓷的历史溯源》和《广彩史话》。1990 年，赵国垣去世时，给子孙留下的就是这两大箱资料。资料有他对广彩的研究，他在管理岗位留下的原始记录，他的素描本，他收集的有关工艺和陶瓷方面的刊物等等，这些正是当前非遗保护亟须收集整理的资料。2008 年，广彩烧制技艺列为国家级非物质文化遗产保护名录。同年，在赵国垣去世 18 年后，由广东民间工艺博物馆整理出版了《赵国垣广彩论稿》。2009 年 4 月，广东省工艺美术珍品馆举办了《赵国垣后人广彩作品展》，展出赵兰桂堂的第四代赵桂贞、赵艺明和冯瑞华等精心创作的 50 余件广彩作品。从中可看到，赵艺明他们不但秉承父业，还立意创新。

广彩从对外热销商品成"非遗"，成为海内外各级博物馆收藏的艺术品，需求发生质的变化。国家、省市及各级政府部门重视抢救、扶持广彩的传统特色工艺的保护，支持传承人授徒和传艺，开展非遗的教育传承。从 2010 年起，赵艺明、冯瑞华夫妇走出赵兰桂堂，担任广州市轻工高级技师学院广彩传承班、广州市岭南画派纪念中学广彩课程的指导教师。他们还先后担任后乐园街小学、第十中学、广州市南海中学、广州市荔湾区青少年宫等学校的广彩课程老师。赵兰桂堂的后人找到了传承广彩的路径，他们在传承中既教育了年轻一代如何传承民族民间美术和传统手工技艺，也提升了对中华优秀传统文化的责任感和使命感。如今，赵艺明已是广彩的省级非物质文化遗产传承人，冯瑞华是广彩的市级非物质文化遗产传承人。

赵兰桂堂的第五代也成长起来，赵艺明的女儿赵咏从 2008 年开始学广彩，近几年也参加小学广彩课教学，现任岭南画派纪念中学助教、荔湾区青少年宫助教、教育路小学广彩课程老师、大南路小学广彩课程老师、芦荻西小学广彩课程老师，效仿前辈传承广彩的接力棒。赵兰桂堂的后人在传授广彩手艺的同时，也传递了耐心、专注、坚韧的精神，这是一切广彩手工艺人所必须具备的特质。他们意识到，这种特质的培养，要用教育的途径，在课堂上进行人与人的情感交流和行为感染，这种言传身教的教育传承，已经超越了旧时代师徒制度与家族传承的模式。

义顺隆第四代司徒洪一直坚守在广彩厂，终身执着于做广彩。他从20世纪初60年代进厂当学徒，跟的师傅都是技艺过人的大师，如何炳祥、王兆庭、谭炎、赵国垣等。他像父亲一样聪明，思路开阔，他还向黎雄才、梁占峰、黎葛民等大画家请教，打下扎实的美术工艺基础，掌握了花鸟、山水、人物、龙凤等加彩技艺，尤其擅长“长行人物”的绘画和设计。后来司徒洪成为厂的设计室主任，为广彩厂带了60个徒弟，为政府设计过精美礼品，自己也创作了多件精品。司徒洪见证了广彩厂的兴衰，20世纪90年代，1000多人的广彩厂只剩下二三十人，他仍然作为厂的技术骨干留下，直到60岁退休，在广州织金彩瓷厂工作了40多年。司徒洪为人低调，从来没有“申遗”或去评选各级工艺大师，但心里从来没有放下广彩，一有精力便继续创作，他的作品成为收藏家的大热，有海内外的商家不时前来收购他的作品，其广彩作品还到北京饭店等高档场所展示。司徒洪认为广彩事业不会停止，尽管他的子女都没有从事广彩工作，但广彩已经成为他的生命线。

历史走到今天，广彩从当年世界性的贸易品成为当今博物馆的收藏品，成为中国非物质文化遗产名录。广彩向何处去？百年义顺隆和赵兰桂堂的故事是否到此结束？谁也不敢说。尽管世事难料，一代接一代的广彩艺人仍然执着地传承着这传统手工艺，续写着广彩百年老字号的发展，正是这种与根生来的对广彩的热情和执着，给日渐式微的广彩业，也给广州的文化事业产生了无限的价值与深远的影响。

参考文献

1. 广东民间工艺博物馆编：《赵国垣广彩论稿》，岭南美术出版社2008年版。

2. 广东民间工艺博物馆编：《世纪嬗变——十九世纪以来的省港澳广彩》，岭南美术出版社2008年版。

3. 李焕真、曾应枫编：《堆金织玉——广州彩瓷》，广东教育出版社2011年版。

（曾应枫：广州市文学艺术创作研究院一级作家）

明清佛山冶铸会馆中的神明崇拜习俗

申小红

明清会馆的建立，除了功能性的需求外，自建成之日起，还会有功利性的需求，具体表现就是奉祀乡土神明，从一尊神到多尊神不等。会馆神明的设置一般有两个基本特征：第一，会馆多数最初仅设一神，其后渐渐附祀多神，如果说最初的一神仅仅作为整合的精神纽带的话，那么附祀神明的增加则包含了追求全面或多方面发展的进取性；第二，会馆神灵最初既然作为集体象征，便不可避免地带有附会因素和功利性的目的，正如“后世求福情胜，不核祀典，往往创为臆说，曰某事某神司主，其业某神主之。支离附会，其可笑如老君之为炉神，何可殚述”①。

明清佛山冶铸行业及其会馆的神明崇拜的对象主要包括祖师和水神这两大神明系统。主体为民营性质的佛山冶铸行业与其他手工业一样，“在发展过程中势必会与商业资本相结合，走上了工商一体、互相促进的发展道路”②，而其行业祖师爷、水神等神明崇拜进一步夯实和强化了这个联系和纽带。

---

① 《重修炉神庵老君殿碑记》，李华编《明清以来北京工商会馆碑刻选编》，文物出版社 1980 年版，第 40 页。

② 潜伟、刘培峰、刘人滋：《明清时期中国钢铁行业组织研究——以山西译州与广东佛山地区为例》，《中国科技史杂志》2011 年增刊，第 2 页。

一 祖师崇拜

祖师爷崇拜也称行业神崇拜，是我国历史上曾经普遍流行的一种民间宗教信仰。一行多神与几行共一神的情况普遍存在，某一行业的神明，少则一个，多则十几个，一般视本行业的需要或所祀对象的特点而定。

各行业为了加强本行业内部的团结，需要以行业神为旗帜来号召同业、统一精神、维护行规，这就促使行业神的地位越发隆崇。明清以来的工商业会馆、公所、行会都会在一些重大节日如神诞日来祭祀行业神，演戏酬神是神诞日的重要活动之一，仪式隆重，场面壮观。

祈福禳灾的心理是供奉行业神的最重要的心理基础。如明清时期的佛山冶铸业祭祀火神、炉神，祈求保护炉温稳定，多出优良铁品；陶瓷业祭祀火神、炉神，则祈求窑温恒定、不出次品，这是典型的祈福心理；产品质量好，达到了预期目标，就会请戏酬谢神祐，如果出了质量问题，就会认为是得罪了神灵，也要请人唱戏，向神谢罪，这是典型的禳灾心理，而这两个行业又都与火以及防火有关，所以都祭祀火神、炉神以及北帝，因为北帝司水，水能灭火，表现出的也是一种禳灾心理。

祈福禳灾心理的产生，既源于人们追求幸福的愿望，又源于人们对无法掌控之事和对未知世界的恐惧与迷茫。慎终追远的宗法意识具体又表现为崇古、敬祖、重传统等意识，这些意识源远流长，表现在行业内部就是行业神崇拜。①

（一）火神崇拜

火神也是中国民间俗神信仰中的神祇，佛山的火神主要有以

---

① 申小红：《明清佛山民间的神祇崇拜》，（厦门大学）《道学研究》2014 年第 1 期，第 89 页。

下两个。

一是祝融。汉族一般以祝融为火神，在南方又称之为“火德星君”，但在南海神庙中，祝融却是掌管南海的“水神”。对此，屈大均《广东新语·神语》曾解释说：“祝融，火帝也。帝于南岳，又帝于南海者。司火而兼司水，盖天地之道，火之本在水，水足于中，而后火生于外，火非水无以为命，水非火无以为性，水与火分而不分，故祝融兼为水火之帝也。”①

南方火德星君版画

石湾窑口处的南方三气火德星君塑像

资料来源：左图：佛山市博物馆藏木版年画；右图：石湾窑口。申小红摄，2017 年。

火神满脸通红，双目圆睁，张嘴怒喝，模样倒是有些凶狠。虽然火神相貌不像有些佛像那样慈眉善目，但他却被人们奉为恩赐光明和

① （清）屈大均：《广东新语》卷六《神语·南海之帝》，中华书局 1985 年版，第 207 页。

财富、能够使家族繁衍兴旺的保护神。

二是华光大帝。在明清时期的佛山，祭祀的火神主要是华光大帝或称作华帝。据乾隆版《佛山忠义乡志》记载：“（农历九月）廿八日，华光神诞，神为南方赤帝、火之司命，乡人事黑帝、天妃以祈水泽，事赤帝以消火灾。是月各坊建火清醮，以答神贶，务极华侈，互相夸尚。”① 不仅如此，佛山还修建了多间华光庙。道光年间，佛山古镇的华光庙就有7座②，而且乡志有明确记载：“华帝庙，祀火神”③。到民国年间增至11座④。

（二）炉神崇拜

太上老君：明清时期的佛山炉神崇拜主要以太上老君为主，这大概是受《西游记》中太上老君炼丹炉故事传说的影响，所以被冶铸炉户当作炉神，也建有太上庙供人们膜拜。⑤

涌铁夫人：在明清时期的岭南，特别是在广东地区的冶铁作坊中，涌铁夫人也曾被当作炉神来祭祀。据清初屈大均《广东新语》的记载：“铁矿有神，炉主必谨身以祭，乃敢开炉。……其神女子。相传有林氏妇，以其夫欠官铁，于是投身炉中，以出多铁。今开炉者必祠祀，称为‘涌铁夫人’。”⑥

---

① （清）陈炎宗：《乾隆·佛山忠义乡志》卷六《乡俗志》，佛山市博物馆藏线装书，出版者暂无定论，清乾隆十七年（1752）刊本，第7页。

② （清）吴荣光：《道光·佛山忠义乡志》卷二《祀典》，佛山市博物馆藏线装书，出版者暂无定论，清道光十年（1830）刊本，第13—17页。

③ 同上书，第13页。

④ 冼宝干：《民国·佛山忠义乡志》卷八《祠祀二》，佛山市博物馆藏线装书，出版者暂无定论，民国十二年（1924）刊本，第17页。

⑤ （清）吴荣光：《道光·佛山忠义乡志》卷二《祀典》，佛山市博物馆藏线装书，出版者暂无定论，清道光十年（1830）刊本，第15页。

⑥ （清）屈大均：《广东新语》卷十五《货语·铁》，中华书局1985年版，第409页。另见（清）李调元辑《南越笔记》卷五《铁》，（上海）商务印书馆1936年版，第73页。

（三）石公太尉崇拜

铸锅行业供奉石公太尉即陶冶先师，又简称石公或太尉。明清时期的佛山古镇有三座太尉庙：第一座在祖庙铺的太尉庙道，嘉庆十二年（1807）建造；第二座在栅下铺的司直坊，道光十七年（1837）建造，也是最出名的，是铁镬西家行陶全堂所在地；第三座在岳庙铺的永丰前街，咸丰九年（1859）建造。

石公太尉不仅是铸造业行业的祖师爷，制陶业也把他当作自己的祖师来崇拜，这表明了佛山冶铸行业与制陶业的关系，进一步证明了两个行业在技术上有着密不可分的渊源。另外，铸铜行业除了奉祀陶冶先师（太尉）外，还兼祀“炉头风火六纛大王”。①

（四）鄂国公崇拜

鄂国公即唐代开国元勋尉迟恭。佛山国公古庙即鄂国公庙，始建于明代，但确切时间已不可考，清代历经康熙二年（1663）、乾隆三十年（1765）、道光十五年（1835）、同治二年（1863）及光绪十七年（1891）等多次修葺扩建，是佛山市现代唯一幸存的古代行业神崇拜的建筑。

每逢神诞或其他重要时刻，炒铁行及其相关行业的负责人都会来鄂国公庙虔诚祭拜并观看酬神戏。同治年间的《修庙碑记》还详细记载了参与修庙的众多行业及其捐资数量，主要分为“行”、“会”以及店铺炉户等三类捐资主体。

---

① 区瑞芝：《佛山新语》，佛山南海系列印刷公司1992年版，第295页；孙丽霞：《浅析清代佛山的行业神崇拜》，《中国民俗学会2009年年会暨学术研讨会论文集》，南昌，2009年11月。

（五）四圣

清人陈炎宗在《鼎建佛山炒铁行会馆碑记》中对佛山炒铁行的奉祀的四圣有记载："门庭之制，敞以宏堂，庑之模典而肃，恭奉四圣香火，用邀福于神，以佑人和。门左右有两小肆，收凭值以供祀典。"为了表达对四圣的虔诚恭敬，还将左右两小茶楼的租金用来祭祀四圣。

查有关史料，"四圣"有儒家四圣，即伏羲、文王、周公和孔子；佛教有四圣，即佛、菩萨、缘觉、声闻；道教中也有四圣，也称北极四圣①，即天蓬大元帅、天猷元帅、翊圣元帅和真武元帅，这里所说的四圣是道教经典中的北极四圣，因为与其行业诉求如祈求炉温稳定、预防火灾等方面情况息息相关。②

二　水神崇拜

在神话传说中，水神是十分重要的自然神，是农耕文明发展的产物。佛山多雨水的自然条件以及河网纵横的交通现状，既给人们以福祉，也给人们带来了洪涝灾害。宋至明清以来，佛山冶铸行业的兴盛，再加上佛山处于南方，按照五行之说，处于火位，因此佛山的水神崇拜一方面要兼顾水上运输的安全，另一方面要考虑防止火灾发生的可能，因为水能灭火，故佛山的水神信仰一开始就是广大民众自觉自愿的选择，而且是多元的。水神崇拜习俗的形成既反映了佛山民间信仰功利性的特点，也体现了佛山水乡的地域特色。

佛山的传统手工业行业，特别是冶铸行业、制陶行业等受传说的

---

① 《道藏》第六册，文物出版社、天津古籍出版社、上海书店 1988 年版，第 606—607 页。

② 详见申小红《佛山北帝崇拜习俗研究》，南方日报出版社 2016 年版，第 81—82 页。

影响，为祈求原料燃料的输入、产品的输出的船只以及人员的安全，从功利性的目的出发，在心理层面选择水神来作为保护屏障和精神寄托。

（一）龙神崇拜习俗

龙是中华民族的象征，是海内外华人一致认同的民族精神符号。在民间信仰中所说到的龙或龙神，一般指龙王。“牛头鹿角鱼鳞身，蛇体鹰爪虾眼睛”，这就是人们想象中的龙的形象。为了祈求风调雨顺，在农耕文明时期的中国，几乎处处都建有龙王庙，江河、湖畔、海边更不在话下，因为龙王掌管着风、雨、浪、天火等，威力无比。

传说中的佛山龙神，主要有龙王和龙母。龙母崇拜几乎遍布西江流域，有龙母庙近千座。明清时期，佛山龙母庙里“男女祷祀无虚日”①。清咸丰年间，佛山顺德龙母庙还与天妃庙一起致祭②，佛山南海黄岐和西樵蟠龙洞的龙母庙也十分出名。

佛山是典型的水乡泽国，龙是佛山民间信仰中的重要水神，有水的地方就必然有龙神崇拜习俗，人们甚至将街道、河涌等也命名为龙，故带有龙字的地名景观最多，这既是对佛山自然环境的认知，也体现了佛山人的水神崇拜情结。

（二）天后崇拜习俗

自唐宋以来，随着海上贸易运输逐渐增多，捕鱼、晒盐等行业日益发达，人们与海的接触也日益频繁。水运虽比捕鱼相对要安全一些，但风险依然很大，生命时时会遇到自然和盗匪的威胁，于是，天

---

① （清）陈炎宗：《乾隆·佛山忠义乡志》卷六《乡俗志》，佛山市博物馆藏线装本，出版者暂无定论，清乾隆十七年（1752）刊本，第6页。

② （清）郭汝诚等纂：《咸丰·顺德县志》卷十六《胜迹》，咸丰六年（1856）刻本，第28页。

后就随着他们和他们的船只来到了北江，后来人们又将天后的神像从船上移到岸上，进而建立了天后庙，天后崇拜习俗由船民逐渐扩大到陆地上的普通民众，天后的神职也由海神演变为水神。

岭南特别是广东因靠近海边，再加上河道纵横，变幻莫测的生存环境，使广东人在祈求自己的生命安全的同时，自觉自愿地接受了天后，并在日常生活中逐步形成了根深蒂固的天后崇拜习俗。

在佛山民间，天后是一位十分重要的水神："天妃司水，乡人事之甚谨，以居泽国也。"① 每年天后神诞，庙前张灯结彩，烧爆竹放烟火，演戏、建醮酬神，十分热闹，"其演剧以报、肃筵以讶者，次于事北帝"②。其规格仅次于北帝神，可见天后在佛山民众心目中地位的重要性。

（三）洪圣崇拜习俗

据传说，南海神实际上是洪圣的前身，民间俗称南海神为"洪圣大王""洪圣爷"或者"洪圣公"，称南海神庙为"洪圣庙"，明清时期的佛山古镇有多座洪圣庙。③

关于洪圣的地方传说主要有以下两种版本。

其一，洪圣大王本名洪熙，是唐代的广利刺史。他廉洁爱民，精通天文地理，曾经设立气象观测所，使出海的渔民和商人都颇受其益。在他逝世后受到人们的敬仰和供奉，成为民众心目中的海神。

其二，洪圣大王是一个屠夫。他每天杀牲很不忍心，想放下屠刀，便拜一位老僧为师。老僧起先不肯收他，经苦苦恳求，老僧只好答应。

---

① （清）陈炎宗：《乾隆佛山忠义乡志》卷六《乡俗志》，佛山市博物馆藏线装本，出版者暂无定论，清乾隆十七年（1752）刊本，第5页。

② 同上。

③ （清）吴荣光：《道光·佛山忠义乡志》卷二《祀典》，佛山市博物馆藏线装书，出版者暂无定论，清道光十年（1830）刊本，第14—17页。

自宋元以来，广东民间每逢农历二月十三日南海神诞期，便会举行热闹的迎神赛会来纪念南海神。因此，民间谚语中有“第一娶老婆，第二游波罗”的说法，佛山洪圣崇拜的情况也大抵如此。

（四）龟神崇拜习俗

龟是中国传统社会中的“四灵”之一，且是“四灵”中唯一的实有之物。在传统文化中，龟具有甲虫之长、阴虫之老、长寿、通神、避邪、力大无比、惩恶扬善、导气、引路、预测洪水等神性，是长寿、财富、祥瑞、圣贤、专制王权、权威、荣耀、为官清廉的象征。

龟神在佛山民间也是重要的水神，其崇拜习俗也是一种重要的民间信仰，佛山人的祀龟习俗与一个神龟的传说有关[①]：相传很久以前，佛山高明区每至盛夏，瘴气密布，水患成灾，蛇蝎遍地，民不聊生。人们无奈之下祈求神灵，解灾救难。南海有只神龟，得知高明人民有难，便前往解救。它沿沧江而上，来到高明海口附近，施展神威法力，驱逐祸水、消除瘴气、杀灭蛇蝎，从此阳光明媚，万物复苏，人们安居乐业。神龟因精疲力竭而无力爬行，就睡在了江边，从此再也没能醒来游回南海。后来，睡着的神龟慢慢变成了一座小山，地方民众称之为龟峰山。

明万历二十九年（1601），在当地进士区大伦的倡议下，士绅民众集资在龟峰山上建造了一座灵龟塔，以纪念这只神龟。灵龟解救了高明老百姓，人们便视其为灵物，祀龟的习俗也从那时起一直延续至今天。

（五）水神与火神兼备的北帝崇拜习俗

广大民众选择供奉灵验神仙，以求祈福禳灾，目的是希望神灵能

① 参见李小艳《水与佛山的信仰民俗》，《中国民俗学会2010年年会论文集》，山西太原，2010年11月。

够给自己带来俗世的幸福，传说中的玄武所具有的北方神①、火神②和水神、战神、司命神③等神职，满足了他们拜神的实用性和功利性等方面的需求。经过宋元明三代乃至近现代，北帝神祇被当作能够消灾祛祸、送子增福的全能神而被人们供奉膜拜，受官方祭祀，享万民香火。

随着时间的推移，在珠江三角洲地区民间信仰的诸神中，北帝神的地位越来越隆崇，北帝崇拜习俗成为明清时期珠江三角洲地区最主要的民间习俗之一，不仅供奉北帝的祠庙遍及各乡，而且普通民众的家中也普遍供奉着北帝神像或神位。

左图：清代佛山木版年画：北帝坐像　　**右图：佛山石湾陶冶行业会馆中的北帝**

资料来源：左图采自佛山市木版年画专题展览，申小红拍摄，2015 年；右图：申小红拍摄，2015 年。

---

① 按照中国古代阴阳五行理论，玄武具有司北方、司冬等神职，详见申小红《佛山北帝崇拜习俗研究》，南方日报出版社 2016 年版，第 109—110 页。

② 玉皇大帝派遣北帝收服龟、蛇二妖时，曾送给他 500 颗火丹，故北帝也就具备火神神职，详见（明）余象斗《北方真武祖师玄天上帝出身志传》（又名《北游记》）卷二《祖师下凡收二怪》，上海古籍出版社 1992 年版，第 94—97 页。

③ 详见申小红《佛山北帝崇拜习俗研究》，南方日报出版社 2016 年版，第 110—111 页。

北帝在佛山人心目中有着非常尊崇的地位，原因之一就是民众认为北帝在民间崇信的诸神中为司水之神，珠江三角洲河网交错，水道纵横，再加上南粤佛山位于广东珠江三角洲腹地，独特的地理位置与水文环境导致易发水灾。旧时广大民众外出的交通工具又大都以舟船为主，原材料及货物的运输大多非舟楫不可。所以，作为地方传说中的水上保护神而存在的北帝就受到老百姓的顶礼膜拜。

另外一个原因是，宋代以来佛山以鼓铸为业，成为岭南著名的冶铁中心，铸冶、陶冶等大部分都与火有关，拜北帝以祈求防火患，以保生产安全。

另外，北帝的形象初为龟、蛇合体，而龟和蛇都是中国民间信仰中十分重要的水神，这也从另一个方面说明北帝是司水的神明。北帝的塑像为玄武大帝脚踏龟、蛇，寓意北帝镇住龟、蛇，禁止它们兴风作浪，从而保佑当地风调雨顺。

明清时期佛山手工业、商业、服务业发达，行会众多，会馆林立。以冶铁、制陶、纺织业等为代表的手工业或商业都有自己的保护神或祖师爷，祖师爷的崇拜活动频繁而且形式多样，成为佛山民众信仰的重要组成部分。行业神崇拜一方面对佛山各行业的行业自律、自我监督、规范行业竞争、协调行业间的关系、团结行业内部等方面发挥了重要作用；另一方面也丰富了佛山民俗文化活动的内容，对整合佛山社会文化生活、强化民众崇祖敬宗的社会心理以及延续某些民俗传统等方面发挥了重要作用。

三　演戏酬神

戏剧的起源与古代社会的祭祀有关，无论是欧洲的神院戏剧，还是东方的民族戏剧，起源都可以追溯到古代祭祀活动中的巫觋以歌舞娱神。“巫之事神，必用歌舞。……古代之巫，实以歌舞为职，以乐神人者也。”①

从原始社会至历史时代的早期，“鼓乐歌舞一直是沟通人神两界的重要手段”②。因此，鼓乐歌舞及晚出的戏剧成为后来庙会及娱神活动中的组成部分就不难理解了。在“神”权支配一切的传统社会里，人们祈雨贺晴、消灾祈福、求子生财等，都想依靠神明并求得神明的保佑，因而向神献戏就成为一种风俗。

早在汉代，佛山已有歌舞表演。佛山的戏剧文化从诞生起就与民间信仰结下不解之缘。唐代佛山民间信仰中已有演戏酬神，宋代开始出现土生土长的地方戏，至明清时期地方酬神戏达到最高峰。新中国成立后的佛山庙会文化活动仍保留着演戏酬神的风俗，成为佛山社区集体娱乐活动中一个不可或缺的项目。

酬神戏，也称作神功戏、神戏、谢神戏、娱神戏、酬愿戏等，其中神诞日的戏被称作“寿戏”。③

演戏酬神是庙会文化活动不可缺少的一个环节。在传统社会的神庙信仰中，在广大民众的思想意识里，认为要想答谢神恩、获得神灵的欢心和保佑，除了献上丰盛的祭品和进行虔诚的礼拜外，还有演戏酬神、演戏媚神或演戏娱神这一重要途径；不但神诞日要演戏酬神，传统节日、婚嫁寿庆、祭祖、寺庙落成、神灵点眼开光、庙会、祈雨、五谷丰收、斋醮仪式等活动都要演戏酬神。

明清时期，佛山庙会的酬神演戏盛况空前，十分热闹，是佛山民众的盛大集会。据乾隆《佛山忠义志》记载：

---

① 王国维：《宋元戏曲考》，《王国维戏曲论文集》，中国戏剧出版社 1984 年版，第 93 页。

② 童恩正：《中国古代的巫》，《中国社会科学》1995 年第 5 期，第 33 页。

③ 欧阳予倩编：《中国戏曲研究资料初辑》，艺术出版社 1956 年版，第 24 页。

三月三日，北帝神诞，乡人士赴灵应祠肃拜。各坊结彩演剧，曰重三会。鼓吹数十部，喧腾十余里。①

（三月）廿三日，天妃神诞，天后司水乡，人事之甚谨，以居泽国也，其演剧以报、肃筵以迓者，次于事北帝。②

（九月）廿八日华光神诞，……集伶人百余，分作十余队，与拈香捧物者相间而行，璀璨夺目，弦管纷咽。③

这种酬神演戏也不只是在神诞庙会之日才有，在冬季农闲时节，酬神演戏几乎没有间断，“自是月至腊尽，乡人各演剧以酬北帝，万福台中鲜不歌舞之日矣”④。酬神演戏成了佛山民众广泛参与的文化娱乐活动之一。

旧时的戏曲演出，以敬神为正宗，人随神娱。戏剧歌舞的功能既有原始娱神的遗存，又有后增的娱人的成分。

演戏敬神是民间神祇崇拜活动的重要组成部分，在民众看来，祈求和酬谢神佑，不仅需要供品，也需要娱乐，而将戏敬献给神就如同上供品一样，因而演戏献神就被称作“献戏”。给神献戏前，一般还有一定的仪式或程序，如请神看戏的仪式：戏台前一般贴一张红纸或挂一个木牌，上书“某月某日早（或午）献某某戏一本”，给神看的，也是给人看的，正所谓“心到神知”“上供人吃”，酬神戏或娱神戏最终是娱人的，也可以说是人神共娱的，它不仅具有“供品”的性质，而且具备娱人的功能。

佛山一年之中各种各样的祭祀活动中都离不开演戏酬神，神诞期

---

① （清）陈炎宗：《乾隆·佛山忠义乡志》卷六《乡俗志》之《岁时》，佛山市博物馆藏线装书，出版者暂无定论，清乾隆十七年（1752）刊本，第4页。

② 同上书，第5页。

③ 同上书，第7页。

④ （清）陈炎宗：《乾隆·佛山忠义乡志》卷六《乡俗志》之《岁时》，佛山市博物馆藏线装书，出版者暂无定论，清乾隆十七年（1752）刊本，第8页。

间更是如此。神诞当天，各个庙宇、祠堂和会馆等处笙歌嘹亮，人烟辐辏。演出的剧目有例戏《八仙贺寿》《六国大封相》《跳加官》《天妃送子》等数十部。

开戏之前，一般都要举行一定的仪式。笔者采访和走访了一些高龄老人，根据他们的记忆和讲述，简单的仪式有三四种，或六七种，而繁复的仪式多达 12 种[①]，据笔者查阅的资料，结合这些老人的口述史，笔者整理出 17 种仪式。简单的仪式，适用于其他规模较小的庙宇的法事或其他活动，主要有点燃红烛、焚香祷告和默立肃拜等。明清时期，在佛山所有的酬神戏中，以北帝诞的酬神戏的场面最为壮观，仪式也最为隆重，包括请神、拜祖先、拜地方菩萨、拜戏神、破台、酬神开笔、上例戏、贺诞、封台、送神等 19 种。[②]

酬神演戏的剧目都是传统的古装戏，从内容上来看主要有五大类：忠孝节义的伦理戏；精忠报国的忠良戏；解民倒悬的清官戏；因果报应的宗教戏；男欢女爱的爱情戏。酬神演戏，要求对神明敬重，故一般以前四种戏为主，具有一定的伦理道德教化的意义。古典戏曲多以喜剧为结尾，表达了人们对邪不压正，或好人一生平安的良好愿望。同时，它还将佛道的因果报应等思想融入其中，是佛山广大民众接受伦理教育的另外一种寓教于乐的方式。

明清时期，佛山民间经常以歌舞、演戏等形式祭神、酬神，在这个过程中，各地也相应形成了社区的文娱活动，除有人组织自行集资筹办外，百姓也积极参加，自娱自乐，以他们各自喜欢的形式投入其中。酬神演戏实际上成为某一地区民间定期举办的纵情娱乐盛会，甚

---

① 笔者 2012 年采访粤剧爱好者麦虾（时年 79 岁）、蔡二妹（时年 80 岁）、霍荣贵（时年 83 岁）等 7 位高龄老人。

② 具体仪式细节与内容请参阅申小红《佛山北帝崇拜习俗研究》，南方日报出版社 2016 年版，第 251—254 页。

至出现“载歌载舞”“举国若狂”[①] 的欢乐场面。由于酬神演戏并非出自官府的强迫，因此人们可以自由地抒发自己的情感，享受日常生活中所无法得到的一份快乐和内心的满足。

所以，这类活动在传统社会中起着调节器的作用。一方面，它是日常单调生活、辛苦劳作后的调节器；另一方面，它也是传统礼教束缚下的人们（特别是广大妇女）被压抑心理的调节器（尽管她们自己往往也未曾觉察这种心理）。更进一步看，这样一种调节器“起到了社会控制中的安全阀的作用”。[②]

四　余论

传统社会中，广大民众在复杂的自然现象面前束手无策，自觉或不自觉地选择各种神明来加以崇拜；统治阶层为了安抚民心、稳定社会秩序，会加以引导甚至推波助澜，在客观上扩大了民间神明崇拜的基础，巩固了地方神明在广大民众心目中的地位。从民众的角度出发，他们也需要这样的保护神，这既是社会生活的需要，也是经济生活的需要，更是精神生活的需要。

佛山民众崇祀行业神和水神，也是相信这些神明能够保护一方平安，带来风调雨顺的福祉，而这些愿望正好从一个侧面反映了佛山特殊的社会环境和自然条件。

明清时期，佛山庙宇主要分布在古镇水道畅通的西部及东南部的栅下铺一带，祭祀的主要对象为北帝、天后等司水神明和鄂国公等行业神明。水路乃佛山经济社会特别是明清冶铸行业发展的前提条件，水灾亦是制约佛山社会经济发展的瓶颈与障碍。因此，这些神明在佛

---

① （民国）《滦县志》卷四《人民·风俗习尚》，民国二十六年（1937）铅印本，第7页。

② 赵世瑜：《狂欢与日常——明清以来的庙会与民间社会》，生活·读书·新知三联书店2002年版，第135页。

山古镇各铺特别是从事冶铸行业的各铺皆有供奉，而且往往一铺之中同时供奉多位神明，为明清时期佛山社会、经济发展提供心理抚慰、信仰合力和前进动力。

（申小红：中国三峡工程博物馆副研究馆员，
广州大学广府文化研究中心研究员）

近代实业家郑观应扶乩信仰初探

蒋艳萍

郑观应（1842—1921），本名官应，字正翔，号陶斋，又号居易、杞忧生，别号罗浮待鹤山人，道号：通济、一济、虚空，广东香山县（今中山市）籍人。郑观应是中国近代著名的实业家、思想家、早期资本主义改良派，最为人们熟知的是晚清近代实业的起步，如轮船招商局、机器织布局、电报局、汉阳铁厂等的草创与早期发展，都与他有很大的关系，《盛世危言》一书的问世，更使他成为近代最早具有完整维新思想体系的资产阶级改良派的主要代表人物。

多年来，学界从不同角度研究了他实业救国的商战思想、外交思想、教育思想等，而对他的道教徒身份及道教思想却研究不多。郑观应说自己“行世七十八，求道六十年”，可以说道教信仰贯穿其一生，对他的人生与事功追求造成深远的影响。正如马平安所评价的，郑观应是晚清民初实业界与思想界中终生服膺道教，热衷追求仙道，既具有实修经历，又具有自己独到的道教观的为数不多的几个士大夫之一。另外，他又是近代民间道教徒中最能入世、最能适应社会转型、能用自己经商与学问去弘扬与传承传统道教的实业家和思想家。[①]

① 马平安：《长生、济世及一统：郑观应与近代道教》，《世界宗教研究》2017 年第 1 期。

郑观应接受过西方文明洗礼，希望借西方优秀的文化来改良中国的弊病，却有着浓厚的道教信仰，不仅喜欢炼丹养生，还痴迷于扶乩、风水等现代人认为迷信的活动。文明与愚昧看似互相矛盾，实则复杂地纠缠在郑观应的一生。本文正是想借助史料，循着历史还原的目的，从扶乩信仰这一角度入手，探寻扶乩信仰对郑观应人生及事业的影响，并以此来一窥近代中国商界人士的信仰世界及道教在近代的发展。

一　扶乩及对扶乩的认识

扶乩，又称扶箕，属于占卜术的一种，是古人发明的一种对未知命运的预测活动，以此解答各种生活中的疑惑和决定自己的命运。中国古代流行一种"箕卜"占法，就是观察簸箕的动静移动变化来卜问所占的事情的吉凶，"扶箕"之名即由此而来。扶乩是这一仪式的演变。"求乩者先将要问的问题或用口说出，或写在纸上，乩手根据求者的问题，再请示神灵，记录下来，予以解答。这个仪式通常由几个人组成一个小组，每个人各负一职。扶乩时在簸箕里装满了沙，沙面平整，将一支笔捆在绳子上，再把绳子拴在房梁上，然后扶乩的人手中握笔，在沙面行走，按照天意来划出痕迹，旁边的人看笔形辨字，报读乩文，再由听报乩文的人记录下来，然后誊写出来，交给求乩的人。"① 可以看出，其实施手段和过程充满神秘性，在现代化科学主义取向的影响下，人们很容易把扶乩简单地定位为落后的"迷信"或"巫术"加以抵制。

据许地山《扶箕迷信的研究》称，扶乩的起因可追溯到5世纪前后在江南地区传播的紫姑神信仰，紫姑是中国民间传说中的厕神，相传生前是人家之妾，遭到正房欺凌，不堪其辱，正月十五日自杀身

① 铂净：《扶乩是什么》，《世界宗教文化》2003年第2期。

亡。后代人感其身世，认为其能先知，每逢正月十五，在茅厕或猪圈放置人偶，或以箕、帚、草木，着衣簪花，请神降附，妇女们就把自己的心事向其诉说，或代自己未出嫁的女儿祈祷。如果人偶大动便是吉，若上仰不动则判断为凶。也有插上笔或筷子，让两孩童抬起，使其写字；也有女性请紫姑神上身，用手中笔撰写文章，等等。①

随着扶乩的演变，宋明以来，扶乩便并不仅仅是一种占卜术了，而是发展出一套复杂的仪式，“它至少承载着供文人学子消遣、宗教仪式、创造宗教经典等诸方面的功能”②。读书人热衷于通过扶乩求问神仙关于科举、个人命运、生死等各种事务，甚至还喜欢结成诗文社，与乩仙降笔诗文唱和，“使用文字、不伴随狂乱行径的扶乩，对知识分子而言是较易接受的与神明交往的手段。”③ 譬如清代著名文学家纪昀在《滦阳消夏录》（四）中谈到自己和堂兄扶乩的经历：“余稍能诗而不能书，从兄坦居，能书而不能诗。余扶乩则诗敏捷而书潦草，坦居扶乩则书清整而诗浅率。余与坦居，实皆未容心。盖亦借人之精神，始能运动。所谓鬼不自灵，待人而灵也。蓍龟本枯草朽甲，而能知吉凶，亦待人而灵耳。”④ 认为扶乩行动与扶乩之人有着密不可分的关系，自己善诗则扶乩时诗敏捷，堂兄善书则扶乩时书清整，说明他对扶乩术是有着较为清晰的认识的，类似于一种游戏，故而说：“故乩仙之术，士大夫偶然游戏，倡和诗词，等诸观剧则可；若借卜吉凶，君子当怖其卒也。”⑤

道教经典通过扶乩被创造出来也成为道教传教的一种模式，早在

---

① 参见许地山《扶箕迷信的研究》，上海商务印书馆 1941 年版，第 10—13 页。

② 侯亚伟：《民国学者的扶乩研究》，《世界宗教研究》2017 年第 5 期。

③ 志贺市子：《香港道教与扶乩信仰：历史与认同》，香港中文大学出版社 2013 年版，第 43 页。

④ 孙致中、吴恩扬等编：《纪晓岚文集》（第二册），河北教育出版社 1995 年版，第 64 页。

⑤ 同上书，第 225 页。

魏晋时期，上清派的创教就是由杨羲通过扶乩请仙，魏华存等各路神仙依次降临，传授其经典及修炼之道；到了明清时期，一些新兴宗教团体采用集体公开的飞鸾降笔方式，创造道教经典、以神其教的情况更是常见之事。正如盛克琦所说，“明清间丹道的特点，就是丹家多从乩坛授受口诀”[①]。

清代以后，扶乩被大量运用到善堂、鸾堂等慈善机构，突破了一般扶乩拜神求福避祸等私人领域，而转向针对社会民众的劝善、教化、慈善等公共领域，至民国时期，各种善社道门大兴，更加是乩坛广布，信徒众多，其供奉道教系统的神仙，举行道教仪式，其从事的主要活动有通过扶乩领受神仙教导编写善书、开方施药，举行神诞、法会，为死者提供超度仪式，保管及供奉祖宗牌位和骨灰盒，经营以慈善为目的的学校、养老院、医院，开展募捐救济难民等慈善活动，其蕴含的社会意义不容忽视。正如志贺市子所说：“在清代以后，乩示带有劝善惩恶、因果报应等通俗道德说教的善书形式，广泛传播于不同地区和阶层之间，为确立大众宗教伦理观念发挥了巨大作用”，“清末扶乩的盛行成为近代以降生发宗教潮流的原动力之一”。[②]

从以上扶乩发展的历史来看，我们不能简单地将它视为迷信而一棒子打死，而应该客观地评价它在历史上的作用及对民众信仰世界的影响。正如严复所说：“至于迷信一事，吾今亦说与汝曹知之：须知世间一切宗教，自释、老以下，乃至耶、回，犹大、火教、婆罗门，一一皆有迷信，其中可疑之点，不一而足；即言孔子，纯用世法，似无迷信可言矣，而及言鬼神丧祭，以伦理学 Logic 言，亦有不通之处。但若一概不信，则立地成 Materialism，最下乘法，此其不可一也。又

① 郑观应原著，盛克琦编校：《郑观应养生集》盛克琦前言，宗教文化出版社 2015 年版，第 12 页。

② 志贺市子：《香港道教与扶乩信仰：历史与认同》，香港中文大学出版社 2013 年版，第 41、42 页。

人生阅历，实有许多不可纯以科学通者，更不敢将幽冥之端，一概抹杀。迷信者言其必如是，固差，不迷信者言其必不如是，亦无证据。故哲学大师，如赫香黎、斯宾塞诸公，皆于此事谓之 Unknowable，而自称为 Agnostic。"① 严复认为科学不可将幽冥等神秘主义信仰一概抹杀，因为科学无法证实鬼神确为子虚乌有，只能将它归诸"不可知"。严复是晚清第一个比较系统地引入西方实证科学的人物，但他承认实证科学认知的有限性，以平静心态看待鬼神信仰。这种对"迷信一事"的认识无疑是开明而客观的。而作为个人来说，从事抽签、扶乩、求神之类活动往往有着特殊的心理需要，特别是在社会动荡时期，对于消除、减弱不确定感，能起到一定的心理安慰的作用，对于维持社会稳定也有一定的作用。

二　郑观应的扶乩信仰

仔细考察郑观应的扶乩活动及相关诗文，我们可以将其扶乩的目的大致分为两种：简言之，一为炼己修仙，二为济世度人。为己求真经，解除自身烦恼，使自己身体康健，成仙得道；为民寻求救国良方，为振兴道教、振兴中华求取良策，劝善，推行慈善事业。

1. 扶乩求仙，希冀仙真降示修炼秘诀与仙丹

郑观应自小多病，身体孱弱，晚年更是被痰疾所困，通过修炼强身健体是促使他走上求道生涯的最初动力。他修道一方面苦读前人经书，另一方面遍访名师，结交道友，还有一个方法就是通过扶乩向仙真求助，登上其乩坛的仙真主要有吕祖、张三丰、陈抱一等。

郑观应晚年师从万启型，虔诚礼师陈显微真人，故而陈显微（抱一）之名在诗文中出现较多。陈显微号抱一，生卒未考，据郑观应刻

---

① 严复：《与诸儿书》，《严复集》第3册，中华书局1986年版，第825页。

本《关尹子九篇》云："陈祖师名希贤，道名显微，号抱一，山东潍阳县人。宋理宗时官御史，因乱世辞官修真。四十五岁，遇尹真人化度。四十八岁成道……历元、明、清，均有显迹。"郑观应得获陈抱一赐"一济"道号，还多次在文中表达对抱一祖师授秘旨与丹诀的感恩。"乙卯岁以前，缘获遇仙真陈抱一祖师，授以玄科秘旨，勤习三年，无敢少懈。"① "蒙陈抱一祖师授我玄科秘诀，复命入室行功，皆先从心性入手，即尽性以致命之学……陈抱一祖师谓观应老来铅汞少、丹财不足、急难求效，须静候机缘。"② "待鹤夙慕剑仙，能除邪扶正，时深向往。惟有蒙抱一真君陈圣师准授三元丹诀，静待机缘，志在成仙，未敢背盟。"③ 其实这些丹诀和秘旨都是通过乩坛降仙扶乩而得。郑观应还因年老多病，多次向陈抱一祖师求示救治之法："今观应年已七十有六，时多疾病，所谓铅枯车又破，亟欲救老残，诚有迫不及待之势。应如何救法，谨求抱一祖师训诲遵行。"④ "自愧年老，德薄魔重，外则人事纷扰，内则病魔缠绵。而且往日所积之款，已为护法善举用罄。世态炎凉，室人动辄交谪，于养性坐功有碍，恐今世不能成道。惟希冀者死心不退，幸蒙陈祖师仁慈垂救耳。故急欲效马祖随同王重阳祖师遁迹潜修，不知痰喘何日痊愈。陈祖师准如所请，可示机宜否？"⑤

在扶乩过程中，郑观应还向张三丰祖师多次诉说衷肠，告知自己的求道之决心和艰辛。如在《上张三丰祖师疏文》中，郑观应对自己

① 郑观应：《重刻〈陈注关尹子九篇〉序》，盛克琦编校《郑观应养生集》，宗教文化出版社2015年版，第127页。

② 郑观应：《致刘和毅真人书》，盛克琦编校《郑观应养生集》，宗教文化出版社2015年版，第150页。

③ 郑观应：《致曹一峰先生书》，盛克琦编校《郑观应养生集》，宗教文化出版社2015年版，第144页。

④ 郑观应：《再致扬州修道院同学诸道长书》，盛克琦编校《郑观应养生集》，宗教文化出版社2015年版，第124页。

⑤ 郑观应：《致刘甸侯道友书》，盛克琦编校《郑观应养生集》，宗教文化出版社2015年版，第125页。

的求道经历有详细的记述："待鹤求道已五十年，凡有道之士靡不执贽求教，指示迷津；凡有善事无不尽力倡助，冀消魔障。奈夙孽重、德行薄，虽不惮跋涉，北至京、奉，南至闽、浙，东至芝罘，西至巴蜀，曾经护师入室：江西万先生三次，四川廖先生二次，江苏徐先生潜修十年；江苏丁先生，四川陈先生、徐先生，云南杨先生，福建彭先生，厳省苏先生，均已行功数月或年余，小有应验，无大效果，不能如金丹真传所论立竿见影：行之五月而体貌异，九月而丹成。竟失所望。更有自称广华山剑侠者，因公受累，所亏数千金追索甚急，求待鹤解救，愿将剑术等法传授，藉以救世。待鹤力薄，曾邀张道友相助。其所试有形剑术小法，不甚奇异，均不愿学。彼尚纠缠，贻人笑柄。可知世上借道骗钱者多，岂上苍故令群魔煅炼我心所致耶！然年老多病，心益惶惶。久已黄粱梦醒，不贪世间名利；屡拟出外从师，为病所阻，又苦无真师提拔，故刊《丹经剑侠图传》。访道曾遇法师云峰山人，许授长生符水活人之术，并携资代为择地筑室同修，约于乙卯年春，偕耿师祖来传符法，并赐神丹以除喘病。待鹤以为奇逢，可继宋朝罗浮真人所赐八十老翁苏庠之神丹，服后大病立除，须发再黑。不料逾期已久，渺无音信，又不知云游何处。"① 郑观应还经常就张三丰祖师赐诗进行唱和，如《张三丰祖师赐和有感三叠韵敬答》《张三丰祖师赐诗次韵感怀》《张三丰祖师赐和有感叠韵敬答》《张三丰赐诗有"时至赐丹丸，终是人间仙"之句，赋此敬答》等。

以上无疑是郑观应不平之气抑郁多年的倾诉，内容丰富全面，对我们了解郑观应的求道访仙具有重要的参考价值，我们可以得知，他自十几岁开始求道，为寻道访真，足迹遍及大江南北，结识了大批志同道合的道友，相互切磋，共同探讨长生之道，但在求道过程中也屡

① 郑观应：《上张三丰祖师疏文》，盛克琦编校《郑观应养生集》，宗教文化出版社2015年版，第68页。

屡受骗，反映出乱世大道不行、骗子横流的动荡时局。时至晚年，求仙不成，疾病缠身，心情消沉，但他对修道长生仍笃信不移，只怪自己德行薄，修为还不够。在扶乩过程中，虔诚地将自己的所思所想告诸乩坛祖师，将内心抑郁不平之气一吐为快，重新回复内心的平和，能帮助郑观应在遇到挫折和坎坷时找到一个情绪的宣泄口，体现出宗教对人心的抚慰功能，体现出一定的积极意义。

2. 设坛扶乩，希冀仙真降下救国救民之良方

郑观应一生笃信道教，他不仅希望通过学道延年益寿，而且更在乎通过修道成就他的成仙救世的恢宏梦想。郑观应的求道济世思想萌芽于19世纪后半期内忧外患的年代。他认为求真修仙有助于人心之向善，人人积善成德，这样就可以拯救社会、拯救世人。他在《致天津翼之五弟书》中说："兄志大才疏，恨无实际，少时有三大愿：一愿学吕纯阳祖师得金丹大道，成己成人；二愿学张道陵天师得三甲符箓之术，澄清海宇；三愿学张三丰真人得黄白之术，令各州县多设工艺厂以养贫民，并设格致学校以育人材。"① 在哀鸿遍野、是非颠倒的乱世中，他还特别希望修剑仙来除邪扶正，其中剑仙的代表吕祖成为其时时倾慕的对象。

郑观应说："盖时际内哄外侮，是非颠倒，赏罚不公，有强权无公理，趋炎附势，不顾廉耻，无道德，无法律，视苍生贱如马牛，哀黎遍野，凄惨可怜。且各国杀人火器日出日精，近有四十二生的大炮，有毒炸弹，有飞行机，有潜水艇，动辄杀人流血千里，伤残惨酷，为自有战史以来所未见。然欲挽浩劫而靖全球，非应龙沙会之谶，有多数道成法就者广施仙术，不足使至奇极巧之火器销灭于无形。盖神仙身外有身，散则成器，聚则成形，出入水火，飞腾云雾，

---

① 郑观应：《致天津翼之五弟书》，盛克琦编校《郑观应养生集》，宗教文化出版社2015年版，第181页。

万里诛妖，一电光耳。剑仙虽是符箓之法，亦不缺内功，所谓静则金丹，动则霹雳，凌虚隐遁，除暴安良。……既未能以术延命，自应内养欲，于洞府修炼，学符箓三五飞步之术，以救哀黎。”[①] 郑观应早年一腔热血，以道德济世，主张商战立国，后又主张变法改良，希望改变中国积弱积贫的面貌，然而现状却是世界发展日新月异，而中国的现实却是“内哄外侮，是非颠倒、赏罚不公，有强权而无公理……”虽然文中希望通过符箓之法去除暴安良，解国之危难近乎天方夜谭，但面对如此混乱不堪之时代，郑观应痛心疾首之余，期待用神仙法术快速解决种种乱象的心情还是可以理解的。

郑观应文集中存有多篇向仙真陈情祷告之文，如“上张三丰祖师疏文”“焚香祷告老祖师火龙真人疏文”“上吕纯阳祖师、陈抱一祖师、张三丰祖师”“上通明教主权圣陈抱一祖师表文”“上吕纯阳祖师、陈抱一祖师、张三丰祖师、何合藏祖师禀”等，这些文章反映出郑观应晚年欲建修真院，希望得到乩坛仙真点化，降下救世良方的宏愿。如《上吕纯阳祖师、陈抱一祖师、张三丰祖师》中说：“窃闻欧战虽停，中原逐鹿，南北分驰，众虎环伺，各逞其并吞割据之谋。政府失权，军、党只争私人之利。时局如斯，分裂不远，所谓危急存亡之秋、三期浩劫降临之日乎？一济等同处漏舟，欲挽此劫，非得内圣外王之才如轩辕、太公者，必须设有特别修真院，而后有真人材出，所谓有圣师方得圣弟，故必求六通四智之真人为该院主教。盖该院非世俗寻常之道院可比，不得已仰求祖师俯念时势已急，奏请上帝垂怜下界浩劫已萌，生灵涂炭，派一六通四智之真人纡尊莅临，为该院主教，日临一次。此是非常功德，出自圣慈。如蒙蒙准，一济等当集资创办，选合格者入院，认真潜修，俾人材日出，挽救五洲大劫，而大

---

① 郑观应：《上张三丰祖师疏文》，盛克琦编校《郑观应养生集》，宗教文化出版社 2015 年版，第 69 页。

同之世可望矣。无任悚惶，待命之至!"① 从这些文字里我们可以看出，郑观应到了晚年，沉迷在扶乩的世界，在实业与商战救国无望的情况下，他认为唯有通过宗教来救世，通过筹建修真院，选合格者入院，认真潜修，等待这批人才成长起来挽救五洲大劫。其想法固然迂腐，但也反映出在社会环境急剧变动情况下，民间宗教团体的迅速成长。

清末民初，各地纷纷设立乩坛，各种道堂、善堂林立，无疑是民众在乱世之中祈求安宁生活的一种愿望的表达，而与个人扶乩遣兴不同的是，这一时期的扶乩活动与慈善事业的结合，它们普遍奉行着普济劝善的宗旨，通过编集各仙真在扶乩中降下的乩文，出版公之于世，解答信众人生遭遇的各种疑难，济施时疫，施医赠药。郑观应也不例外，他在《感赋七律八章藉纪身世》中说："公学仙坛及广仁，维持善举与修真。筑基炼己求真我，得药还丹论色身。频刻仙经思普渡，遍求佛法救沉沦。函关紫气东来满，浩浩登台大地春。"他自己标注说，所谓的"公学仙坛与广仁"是指"前偕同志捐资请上海英界工部局在租界设华童公学，现与招商局同事复设公学，总理广州两粤广仁善堂，维持上海道德会、崇道院两处仙坛"。② 可见其与同道筹资兴建了多处善堂、仙坛与公学，并大量刊印仙经、劝善书普济众生，倡导七教统一，在近代中国宗教发展中有不可磨灭的贡献。

综上所述，扶乩信仰在郑观应的信仰体系中占据重要的位置，在近代社会转型、兵连祸结、道德滑坡的情势下，他一方面从经济、政治、教育、外交等方面积极探寻救国救民的真理，另一方面想方设法寻求挽救道德人心、维护社会和谐秩序的良策，于是借用了在近世社

① 郑观应：《上吕纯阳祖师、陈抱一祖师、张三丰祖师》，盛克琦编校《郑观应养生集》，宗教文化出版社 2015 年版，第 146 页。

② 郑观应：《感赋七律八章藉纪身世》之五，盛克琦编校《郑观应养生集》，宗教文化出版社 2015 年版，第 247 页。

会深具影响力的扶乩形式，来劝导世人扬善弃恶，实现一定程度的道德重建。他的作为亦可认为是拯救时弊的努力之一。他大量参与道堂、仙坛的慈善活动，大量刊印善书、仙经，宣扬七教合一、普度救世的思想，也从一个侧面反映出近代道教民间化、世俗化、多元化的新发展。郑观应留下的扶乩诗文再现了清末民初中华大地上文人阶层与商人阶层身处乱世寻求心灵寄托的真实境况，欲借助神灵改变现状的愿景，虽然不乏愚昧迷信的一面，但也真实地反映了当时的民间信仰和文人生活，反映了特定历史时期的民族心理和价值取向，故也有一定的文化和文献价值。

（蒋艳萍：广州大学人文学院副教授，广府研究中心文化研究员）

土地神文化中的“粤化”演绎

莫　凌

土地载万物，又生养万物，长五谷以养育百姓，此乃中国人之所以亲土地而奉祀土地的原因。掌管土地的神仙，民间称其为土地神，土地神的发源最早可追溯到公元前的殷商时期，其后一直流行于汉族地区及部分受汉族文化影响的少数民族地区，民间又称为“福德正神”“土地爷”“后土”“土正”“社神”等。在历史长河的发展和演变中，土地神的早期可谓位高权重。殷商时期，祭祀土地神即祭祀大地，因而土地神更多地带有自然属性。据《礼记·祭法》载，同时祭祀土地神已有等级之分，文称：“王为群姓立社曰大社，诸侯为百姓立社曰国社，诸侯自立社曰侯社，大夫以下成群立社曰署社。”汉武帝时将“后土皇地祇”奉为总司土地的最高神，各地仍祀本处土地神。自东晋以后，随着封建国家从中央到基层官僚制度的逐渐完善，土地神地位日益卑微，演变为在道教神阶中只能管理本乡本土的最基层的“九品芝麻官”。而同时，土地神信仰扎根民间，以保一方平安为己任，在其管辖区内，其职掌功能被不断具体化、细致化，无论是地方的自然灾害，民俗的时令节例，百姓的家宅安危、婚丧嫁娶、生儿育女、经商出行，还是饮食生计，统统都与他有关，所以，他又成为功能分布最为广泛的神祇，因而备受人们尊崇。

在我国各地，尽管土地神信仰的起源内容大同小异，但因东西南北文化背景、习俗传承等因素，这种信仰文化在传播中亦被大众不断进行演变、加工和补充，以便更适应当地人的日常需求和观念认同。这种“一方水土养一方神”“一方神养一方人”的关联式创作叠加，必然导致各地土地神衍生出浓厚且多元化的地域特色。所以，探究土地神信仰，不能只停留在其历史渊源、自身形象、司职功能等方面，还要着眼于挖掘这种地域特色中的成因、应用、发展过程和规律，因为这些背后，必然联系着相应的民风民情、社会形态、自然经济。全面认识这一民间信仰，有助于我们以小见大、见微知著地了解传统文化的特质。

岭南文化是在大量吸收中原文化的基础上发展起来的，中原文化良久以来成为岭南文化的传统导向。叶春生教授说过：“所谓传统的导向，是指在人们的思想和行为中，由于对传统的崇拜而形成的一种极力维护传统的现象，这种‘传统导向’在人类社会早期有一定的标杆作用。而随着社会生产力的发展，它的积极作用就逐渐减弱，而消极保守的一面则日益显露。岭南地区远离中国传统文化内核，处处迸发出一种超越‘传统导向’的进取精神。”① 岭南一方面有着得天独厚的地理条件，另一方面因其边缘文化的特征而具有变异性、包容性较强的社会观念体系，在善于博众家之长的开放风气下，广东的土地神信仰形成了特殊的形态，与中原文化有着明显的差异。

一 “土主诞抢花炮”：粤人互惠、共赢的人文氛围

“有土斯有财”，在古代农业社会，由于民生日用衣食所需均取自土地，所以古人对司管土地的神是十分尊重的。据《白虎通义》载：“地载万物者，释地所以得神之由也”。随着城乡差别随步缩小，土地神崇拜也相应有所改变，在各个不同的文化传统区域虽有不同的说

① 叶春生：《岭南民俗文化》，广东高等教育出版社2011年版，第16页。

法，但基本上土地神崇拜都属于抽象的地神崇拜。

每年的农历二月二，相传是土地神的生日，称“土地诞”，也俗称“社日”。为给土地公公“暖寿”，有的地方有举办“土地会”的习俗，即家家户户凑钱为土地神祝贺生日，到土地庙烧香祭祀，敲锣鼓，放鞭炮。诞日拜土地神，以报土地长出万物之恩。新中国成立前，广州农村许多地区在这天公祭街头路边的神社土地公，祈求风调雨顺。入夜焚烧用禾秆束制成的巨大花炮，其中带有两个小炮，称“猪仔炮”，相传拾获者有添丁的征兆。习惯上将这种形式称为“抢花炮”，各乡村都有演戏打醮的活动。近年为了节约经费，很多地方只是保留了“烧炮”这个仪式。

广州市海珠区新村便是目前市内为数不多的仍保留烧炮活动的地方。“烧炮”的时候，每次均烧3—4个炮：头炮是平安炮，二炮是发财炮，三炮是康寿炮，四炮是添丁炮。炮仗烧得越多，声音越响，就表示越有“声气”。由于国家实行了计划生育政策，所以后来有些地方会取消第四炮，也有的会保留，只是改名为“好运炮”。事实上，放多少炮都是随村民的心意和经费而定，有钱时多烧，钱不够就少烧一点。烧炮的活动经费一般为街坊集资，或个别经济环境好的村民独家赞助。

土地诞前一天晚上到当天凌晨，村前的老土地庙香火萦绕，村民上香、合掌、闭眼、默念，祈求老土地保佑风调雨顺，生活安康。下午3点，各地乡亲齐聚土地庙前，齐齐向土地神拜寿，乡亲们向庙祝送上利市，然后领回有吉祥意头的烧猪肉一块、花生若干。

1. 行炮

“抢花炮”活动最开始是先“行炮”。一群人抬送花炮、烧猪、熟鸡等供品在各大路段巡游一趟，一路走，“米公”会一路撒米。“米公”这个角色不是人人都能做的，那必须在村里选一个声誉好、大家公认性格老实而且身体强壮的人，所以能担当“米公”的人，都会因这个身份而在当天格外有面子。性格要老实，是因为不怕他“贪污”了米粮，身体强壮，因为一路提着米桶走那么远的路，那可是个体力活啊。

“行炮”时，有不少人会一路跟在米公的人身后，如果有米撒到他们身上，就表示自己“得米”，“得米”在广府人的心目中，一直都是获得好运，获得成功的寓意。如果走得慢，米都被前面的人挡住了，有些不甘心的人就干脆快步跑上去，直接在米公的米桶中拿。这种“成功”面前，不坐等别人给予，而是勇于“自力更生”的精神，也体现着广东人历来独立自主、自强求富的心理。对上来拿米的人，米公一般也不制止，只要不要拿太多就行，如果确实有一时情急，拿多了米，人们就自觉把米也撒在其他人身上，反正，好运面前，人人有份，也就大家开心。

新村土主诞“行炮”活动中的“米公”。

2. 烧炮

烧炮一般从下午三时开始，炮台搭在村口广阔、空旷的平地上，用竹木架成，高达十余米。炮台前十米左右设一神台，陆续到来的人们按例在神位前奉上一份大小不拘的利是，然后烧香礼拜，祈求神灵的保佑。烧炮时，炮声隆隆，烟尘滚滚，震耳欲聋，有村民笑说经过土主诞烧炮的“锻炼”，即使胆小如鼠的人，日后遇到满天响雷，你也会处之泰然，听到突发暴响，你也会安之若素。有些人“胆量”就是这样练就的。

3. 抢炮

在以往，吉时一到，点炮手开始攀上炮台点炮。炮引点燃后，火炮“轰然”一声把炮头冲飞，飞到半空然后坠落地面。烧完之后，人们就一拥而上，奋力拼抢，谓之“抢头炮”。抢到“头炮”的人如同中了六合彩，也就是抢到了今年的好彩头。但后来由于考虑人身安全问题，“抢炮”已经没那么激烈了，大家都约定俗成，谁最先捡拾到头炮，别的人都不能再争抢。而得炮者一定要第一时间大声说出自己的愿望，这个跟西方“愿望说出来就不灵”的讲法刚好相反，大家不仅认为愿望要说出来才灵验，还认为在场者都能“听者有份”，这也是独乐乐不如众乐乐的形式了。所以说愿望的时候，得炮者都会扯着嗓子高声呐喊，然后大家又兴高采烈地跟着高声附和，好沾沾光，这往往才是烧炮仪式中的高潮。鞭炮则由过去的火铳、小排炮发展到现在长达几十米的鞭炮，甚至有碗口粗、30多厘米高的大炮头。烧炮后遗留的纸屑越多越红就越有“彩数”，村民称为“满堂红”。

4. 意头酒

烧炮、抢炮仪式后，得炮者领了头炮，晚上便设宴招待亲朋，称“意头酒”或“彩头酒”。“意头酒”其实一早已经安排好，只是最后由得炮者“埋单”。华灯初上，祠堂里、主道旁，一张张大餐桌整齐排开，一般都有五六十围。本村村民、旅居外地的乡亲，还有居住在本地的非本村人，有缘的都相聚在一起，在欢声笑语、杯碗碰撞的交织声中，品尝由乡村厨师烹制的传统村宴。

到次年二月初一，得炮者便要“还炮”，把炮头连同利是一封，烧肉一块，熟鸡一只，糕点、水果若干，一同送回土地庙。

二 “鱼生粥做牙”：粤人就地取材、灵活变通的创新力

广东在唐宋时代已经成为我国重要的对外贸易区，广东人充分利用珠江三角洲海外贸易的便利条件，发展出自己独有的商业网络，“四民之中，商贾居其半”，便是当年的南粤人民生活写照。明、清两代，全国的经济重心南移，明朝虽然实行海禁，但官方机构市舶司垄断的“四夷朝贡”贸易，则不在禁例之内。嘉靖皇帝撤掉福建、浙江两个市舶司，只留下广东市舶司，作为中国海上丝路的唯一通道。广东商人纷纷打着朝廷的旗号，造船出海，拓展贸易。广东人做生意的本事，如有天授，几年间又把广州变成“百货之肆，五都之市”了，内地货品经长途贩运至广州出口，称为“走广”。“粤式行商”以珠江三角洲为中心向外辐射开去。清中叶以后，广州、佛山、潮州、惠州、江门、石岐等多地均已形成成熟的商业市镇格局。商品经济发展的背后，有着广东人灵活变通的思维，随缘乐观的心态，以及自由浪漫的创意，这对本地区的文化生活和社会习惯也产生着深远的影响。

随着时代背景的改变，民间对于土地公祭拜的信念也逐渐转移。一方面，土地神主宰万物生长，能使农人致富，在农耕文明的时代被赋予了能为人们带来丰收与财富的功能；另一方面，家门口供奉土地神体现人们对家宅平安的祈盼，深信土地神秉承守护财富、守护平安的责任。经济安全是家庭平安的基础，在这种愿望下，土地神在广东

“懒”要“卖”给土地公？那是因为“懒虫”离开小孩的鼻子后如果无处可去，就会危害庄稼，而土地神既然有保护各地五谷丰登的能力，那他当然就具有对付害虫的能力了，所以把“懒虫”卖给土地公去喂鸡，就万无一失了。

土地神虽是神话中一个被神化的小人物，但客观上给人们多元化的精神依偎。“卖懒”是一种适用于儿童的象征仪式，通过“卖”的方式，摆脱过去“懒”的罪名，继而获得大众高度认可的美德——勤奋，这是人们对美好生活的一种精神追求。这种追求与土地神信仰的“无缝结合”，其实是一种人对神的功能进行需求、联想、创造的过程。德国古典哲学家费尔巴哈说：“并非神按照他的形象创造人，而是人按照自己的形象创造神。神不过是一个梦，不过是人想象的、仅在人的幻想中存在的东西罢了。”①

四　糕点暖寿兼养生：粤人“识饮识食”的生活智慧

民间一年四季的节令活动十分丰富，似乎每个节令都离不开“吃”，土主诞这天也不例外，传统的广州人通常会做一些发糕、汤丸和杂粮糕等，为土地神庆祝生日，民间称之为“暖寿”。

发糕是把湿糯米磨成米浆后放入蒸笼，煮至熟透后取出放凉，切成小块食用。发糕取其“发”字，普遍用于人生各种礼仪的喜事中，可谓是喜事专用食品。发糕成品色泽洁白如玉、孔细似针，闻之鲜香扑鼻，食之甜而不腻、糯而不黏。其最大的特色是在制作过程中加入适量糯米酒发酵而成，营养丰富，尤其适合老年人、儿童食用。杂粮糕也是土主诞中的传统特色点心，是用粟米、淮山、绿豆、红米、紫米以及小麦做成的糕点，营养全面，非常健康。汤圆是必吃的主食，“汤圆”与“团圆”字音相近，自古就象征全家人

---

① 费尔巴哈：《宗教的本质》，商务印书馆 1959 年版，第 36 页。

团团圆圆，和睦幸福。广州人喜欢吃的汤圆一般有甜和咸两种口味，甜汤圆的馅料一般有红糖、花生酱、莲蓉、芝麻酱等。咸汤圆不用放馅料，把面团搓成弹珠般大小的球形就行，煮的时候加虾米、冬菇丝、咸葱菜头、肉丝、咸花生粒等一起煮。众多汤圆品种中，有一种汤圆可能是最有特色的，那就是鸡屎藤汤圆。鸡屎藤民间叫土参，初闻有股腥怪味，闻久则香，其味通心入肺，令人提神醒脑，心旷神怡。做的时候首先把鸡屎藤蔓、叶切成碎条，接着随着浸软的糯米一起碾（或舂）成粉末，然后拌上适量的水掐成大小直径为一厘米的汤圆，最后放入滚烫的水中煮。汤圆熟后再放入适量的砂糖，美味可口的鸡屎藤汤圆就做好了。鸡屎藤汤圆虽然名字十分奇怪，却深受人们欢迎。

文化人类学功能学派的另一位大师马林诺夫斯基指出，“文化是包括一套工具及一套风俗——人体的或心灵的习惯，它们都是直接地或间接地满足人类的需要”，“文化根本是一种‘手段性的现实’，为满足人类的需要而存在”。[①] 人们对饮食的选择，也正是文化长期潜移默化影响的结果。粤式美食的改革与创新千变万化，但万变不离其宗，以文化为基础，以享受为目的。广州地处沿海，交通便利，开放的环境，赋予了广州人开放的思维方式，反映到饮食上便是一种“无所不吃”的勇气。但若只是“滥吃”，又岂能体现粤式饮食文化中蕴含的智慧？广州人生活的精髓应该为“识饮识食”，如各种时令养生的妙方。中医认为，人体应和着季节的变化，存在春生、夏养、秋收、冬藏的节奏。农历二月，岭南大地正是晚春时节，历年多见的潮湿梅雨、回南天频繁来袭，这种特定气候环境下人体更容易被湿气所困。对付“湿气”，广东人历来办法不少，发糕中的糯米酒能补中益气、补充营养。在寒凉的早春吃些糯米，可温补脾胃、养血安神；杂

① 马林诺夫斯基：《文化论》，中国民间文艺出版社 1987 年版，第 90 页。

粮糕中的淮山、红米、小麦等材料有健脾祛湿之用；咸汤圆则开胃消气；鸡屎藤有补虚劳、调理脾胃元气的功效。粤菜厨师中流传着“有传统，无正宗”的祖训，表明粤式饮食千百年来在兼收并蓄中移植改造，推陈出新。

五 “庙小神仙大”：粤人务实与功利的价值取向

在国人的意识里，有土地就有土地神，有土地神就应有土地庙。然而，一般而言，广东并没有单纯类似北方的土地庙（祠）的。考察古代文献后可以发现，道教对土地神信仰的影响非常大，从《后汉书·方术传》《搜神记》《预章记》和《幽明录》等书籍来看，土地神都为道家方士所驱使。东汉时道教神仙之说流行，土地神被纳入等级色彩浓厚的道教神仙系统。古南越地区由于开发比北方晚，还没有完全形成北方的道教一元神仙体系（仙谱），同时，由于土地神的数量可以随意地增多，以至于城市有城市土地神、城市里的每条村庄有土地神、村里的各家各户有自己的门口土地神，这便使人们对祭祀土地神的场地从原来尊贵、庄严的场地而下移到方便、简易的层面。

供奉土地神神位的“小屋”俗称“社坛”，各种文献对“社”的规模有不同的说法，有**100**家和**25**家之说，但“社”作为古代社会的基层单位已被大众所认可。社坛属于小型建筑，面积大则数平方米，小则如一箱子，简陋的甚至只用四片石块，三片作墙，一片当顶；或用一只破缸覆于地上，开一个洞门，内供土地神牌位，也算作土地庙堂了。传统雕塑或绘画的土地公像，大多数是白发髯髯，右手拿龙杖，左手执元宝，象征既执掌土地行政，又兼理财务。

位于海珠区土华村的土地庙

民众信奉土地神，祈求家庭幸福、事业兴旺，不需丰厚祭品。每逢初一、十五，迎神、谢神、年关、节日，或家中喜庆、寿诞，都会拜祭。拜土地神的供品可以非常简单：少量糖饼、果品、鱼肉；或者是一些白米和印着金元宝的冥币；或者是几杯清茶、红酒和三炷清香。

由于土地神能保佑百姓的出入平安，因此，很多人也把土地公迎进自己家里祭拜。给土地神安神位，仪式也有一定的讲究：首先要找一尊与自己“有缘”的神像。所谓的“有缘”其实就是“合眼缘”，自己看着欢喜的就行，然后找高人“开光”，或者到高人处用掼圣杯的方式询问哪尊土地神愿意跟自己回去；选到合适的神像后，要用红纸封上土地神的眼睛，把他“请”回家。回家后要先上香，再揭开红布封印。神像一般选择放在家里大门首左侧置神龛，安奉“门官土地福德正神”；两旁配祀“年月招财童子，日时进宝天官”。门口安放土地神的仪式极为讲究，主要步骤是：首先择吉日，以期得天时、地利、人和的配合；然后用柚子叶或溪钱擦拭神位牌以作开光；接着将一个香炉安置于神位前，香炉需以瓷器制品为宜。然后是敬贡品，贡品包括三牲（即鸡、烧肉及鱼或鸭）、生果（通常是橙和苹果）、一杯酒及一杯茶或水（先敬酒、后敬茶）。最后是烧衣纸。衣纸包括：圆贵人、长贵人、银纸、溪钱、金宝、银宝、土地衣、长寿香三支。“门口土地神”神位安放完毕后，每天供奉一杯清水，天天上香，如果神像是放在佛堂，还可用四时鲜花或长明灯供奉。

地主是一宅之主，对家宅非常重要。如要搬新家时，原来一直使用的神柜是不能一起搬到新居的，否则会造成新旧两地主互相争位，引起家宅不宁，住在里面的人经常争吵或因小事产生摩擦。若因搬家而请走旧居“土地神”，也必须准备一份土地衣纸，点香三支，蜡烛一对，禀明土地不能供奉的原因，再化香烛衣纸，然后用红纸包好土地牌位，弃置于垃圾桶便可。

土地神虽然享受不到庙堂之宠，却是“位卑未敢忘忧民”。在百姓日常生活中，其职掌不断被叠加，甚而由功能神向人格神转化。这种转化，有自觉与不自觉的成分，更多体现了一种实用主义的价值取向。

此外，土地神在广东的日常生活中还充当着“契爷”“押魂官”和“宣政教化官”等角色。

“契爷”的角色：旧俗认为，跟神灵“上契”可以消灾解难、趋吉避凶、岁岁平安。因此，一些人家中儿女出生不久即备祭品到社坛拜祭，把儿女刚取的名字和“生辰八字”[①] 工整地书写在红纸之上折叠成三角型，放在土地神像下面或一侧，禀明情况奉上供品后，便完成“上契”仪式。

“押魂官”的角色：对于重死如生的中国民众来说，报丧送魂是丧葬仪礼中非常重要的环节，土地神就承担了这一重任。《法苑珠林》

① 也叫四柱，即以天干地支表示人出生的年、月、日、时辰，合起来是八个字。

卷七八引《幽冥记》曰："晋巴丘县有巫师舒礼，晋永昌元年死，土地神将送诸太山。"① 太山就是泰山，是古人认为的魂归之处。不少地方人死后都要到土地神前报丧，让土地神送魂。《续番禺县志·俗事》载："里社之神为土地，人死后，魂气归于天为阳，而邢魄归于地为阴。"② 民国之前，广东如有新丧之家，于举殡之时在社坛前停棺，让女眷举行"运木"仪式，由"喃呒佬"带领亲属围着棺木转圈，即"运木"。此俗在殡葬改革后消失。此外，还有丧家持死者入殓的衣服在社前烧穿一个小孔，名为"过社"，即表示土地神已登记了，否则死者到阴间无法认领自己的衣物。这些习俗是民间赋予阴曹地府土地神与人间基层管理者相仿职责的体现。

"宣政教化官"的角色：《周礼·地官·司徒》曰："若以岁时祭祀州社，则属（会集）其民而读法。"③ 故社祭之日利用大家集会的机会，在神社前发布或重申乡规民约，可以增强大家的法纪意识和道德观念。社祭虽是民间活动，但因其具有教化功能，所以也得到统治者的重视。明代春秋社日在祭神结束会饮之前要先宣读《抑强扶弱之誓》："凡我同里之人，各遵守礼法，毋恃力凌弱，违者先共制之，然后经官。或贫无可赡，周给其家。三年不立，不使与会。其婚姻丧葬有令，随力相助。如不从众，及犯奸盗作伪，一切非为之人，并不许入会。"④ 由此可见，民社作为良民自发形成的民间祭祀活动，在互助互济、抑强扶弱、和睦乡里等方面起了积极作用。乡里是一个社会最基层的组织单位，各朝代统治阶级的思想意识、价值观念、道德标准只有深入这个基层才算落到了实处，才能实现其统治的目的。正如杨

---

① 何星亮：《中国自然神与自然崇拜》，生活·读书·新知三联书店1992年版，第110页。

② 梁鼎芬修：《续番禺县志·俗事》，成文出版社1968年版，第87页。

③ 郑玄注：《周礼》，商务印书馆1919年版，第31页。

④ 《明会典》卷八七《里社·洪武礼制》。

知勇先生所言：民间信仰，是多种成分构成的复合体，因而民间信仰中的神灵也就呈现出比较复杂的状态。又及：原始意识和原始崇拜的内容，只作为遗留物保存于其中，其神性内容的主题，基本属于人为宗教意义及道德规范的形象体现。①

土地神的职掌当然不限于上述几个，但从其承担的几项基本社会职责来看，都与民众生活联系紧密，贴近百姓的心理需要。如果把土地神的原始形态和发展形态相比较，可以得知，以周朝人物“张福德”传说产生的“福德正神”，只存在于考证材料之中，而活在民间信仰中的土地公，才是真正活在百姓身边“有求必应”的全方位保护神。

在广东的诸多神灵中，其实并没有一个观念纯粹的神，而是各种功能、形态被不断糅合、杂交的神灵居多，这种现象恰好也反映出南粤文化所具有的南北融合、东西交流的特色，而缺乏中原文化的大一统格局，最终导致了广东多样性、复杂化的文化形态。民众的敬神意识表现出较强的功利性，神灵只有在职能、责任、道义上不断为民众最基本、最细微的日常生活带来良性影响，才有获得民众信奉的机会。著名的文化人类学大师拉德克利夫·布朗认为，“一切社会制度或习俗、信仰等等的存在，都是由于它们对整个社会有其独特的功能，也就是说，对外起着适应环境、抵抗能力，对内起着调适个人与个人、个人与集体或之间关系的作用。”又及“在社会进化中，一个群体对其环境的调适与构成社会接合的‘功能效能和内部调适的和谐’之间，也存在一定程度的相互依存”。② 这也是土地神自产生后地位日益卑微，却又备受敬仰的根本性原因。

（莫凌：中山大学讲师，广东省民间文艺家协会会员）

① 杨知勇：《宗教　神话　民俗》，云南教育出版社 1991 年版，第 190—191 页。

② 拉德克利夫·布朗：《社会人类学方法》，华夏出版社 2002 年版，第 212 页。

咸水歌即兴演唱特征初探

——以广州市南沙区的三种腔调为例

屠金梅　何嘉敬

咸水歌，又称疍歌、白话渔歌、咸水叹，是广泛流传于珠江三角洲一带的古老民歌。咸水歌起源于疍民的劳动生活，是疍民劳动智慧的结晶，具有浓厚的岭南风情和历史遗韵。疍民是一个靠江海谋生、以船为家的群体。他们过着依水为生的生活，多在海上漂泊，与陆上文明交流较少，故也很少有机会学习到文化知识，长期处于当时社会低下层，生活非常贫苦。在枯燥、艰苦且单调的生活中，唱歌似乎是他们唯一的娱乐方式和珍贵的生活调剂。

广州市南沙区的地理位置独特，历史上分别隶属于中山、东莞、番禺等，与周边顺德、东莞、中山等地相距较近，所以其咸水歌的风格特点相互交融而又在演唱上有各自不同的地方特色。南沙地区由于是多地多文化种类的交集地，故其咸水歌既有自己的特色，也融合了珠三角其他地区的特点，使得咸水歌歌曲种类和数量比较丰富。如：南沙地区的粤语，区别于广州等其他地区，在音调上面发生了一些变化，如："脚"字读作"角"字，"旺"字读作"房"字、"娘"字读作"狼"字等的一些声母和音调变化，所以有着其独特的韵味。

针对南沙区咸水歌研究，前人成果已经较为丰硕，如《中国民间

一方唱问什么，一方要随机应变答什么，而且不能断音（就是不能停留时间太长），不用乐器伴奏，没有音乐间奏和过门，不需老师教唱。歌词俚俗，不尚雕饰，以生动自然、比喻贴切，妙喻如珠者为上品。”① 咸水歌即兴演唱的歌词比较贴近生活，一般多是即兴采取身边事物等作为唱词内容，注重唱词的灵活性，以求在歌词内容上压倒对方。语言上使用方言俚语，在对歌、迎宾、婚嫁等场合则为即兴取物、取景作词，而且非常注重歌词的对称。

二　南沙区咸水歌三种常用腔调的即兴演唱分析

流传至今的咸水歌歌曲数量众多，按照腔调种类大致有“姑妹腔调”“高堂歌调”“担伞调”“大缯歌调”等，而南沙区比较流行的咸水歌调为“姑妹腔调”“高堂歌调”“担伞调”三种。为了探讨咸水歌即兴演唱特点，通过对“姑妹腔调”“高堂歌调”“担伞调”三种常用腔调流传范围较广的版本和南沙区咸水歌手何柳燕演唱的版本进行比较，分析其节奏、节拍、结构等方面异同。

（一）以“姑妹腔调”为基础的即兴演唱

“姑妹腔调”因在歌词中多有“姑妹”等衬词而得名。演唱“姑妹腔调”时，歌曲都以“妹啊哩”“哥啊好”等衬词作为开头，其后才唱出主题。有些咸水歌则以“姑啊妹”“兄哥”等词作为半终止。“姑妹腔调”多用于歌唱爱情，演唱形式或独唱或对唱，对唱多是以一问一答的形式为主。曲调节奏闲适、悠扬，唱起来如同人与人之间聊天，让听者觉得情景交融，亲切感人而又抒情。“姑妹腔调”在珠三角地区颇为流传，尤其以番禺区石楼镇沙田地区为甚，形成了“石楼姑妹腔”这样的地区特色腔调，南沙区横沥镇、万顷沙镇等都是

① 吴竞龙：《水上情歌——中山咸水歌》，广东教育出版社 2008 年版，第 80 页。

“姑妹腔调”的流行地。

珠三角地区的咸水歌，尤其是中山、顺德等地与南沙地区多有交流融合，有很多相似之处，因此，笔者选择了中山的“姑妹腔调”咸水歌《虾仔冇肠鱼冇脏》和笔者实地采访南沙区咸水歌手何柳燕演唱的咸水歌《唱花歌》来进行对比。

谱例 1：咸水歌《虾仔冇肠鱼冇脏（“姑妹腔调”）》①

《虾仔冇肠鱼冇脏》是对花体民歌，六声 F 徵调式，音列为 **567123**，演唱形式为男女对唱。歌曲为上下句结构，上句落 la 音，下句落 sol 音，旋律进行较为平稳，偶有如高音 do 至高音 la 的六度跳进和 la 至高音 mi 之间的五度跳进，全曲多以二度三度进行为主，主音 re 贯穿整首咸水歌的始终。

谱例 2：《唱花歌（姑妹腔调）》②

---

① 《中国民间歌曲集成 · 广东卷》编辑委员会编：《中国民间歌曲集成 · 广东卷》，ISBN 出版社 2005 年版，第 104 页。

② 南沙区榄核镇咸水歌手何柳燕演唱，何嘉敬记录。

何柳燕演唱的《唱花歌》（“姑妹腔调”）是六声 G 徵调式，音列为**567123**。《虾仔冇肠鱼冇脏》和《唱花歌》两首咸水歌曲，共性体现在以四二拍为主，因为演奏中音符的时值较为自由，出现临时转为四三拍。常见 la 至高音 mi 之间的五度跳进，均分节奏型使用较多，给人整体感受较为抒情。节奏型都是常见的几种节奏型不变，这也反映出了咸水歌与其他民歌一样的大众化特点，简单易学。此外，在两首“姑妹腔调”咸水歌中，“呢”“哩”“嘿”“阿妹”等衬词的大量运用是“姑妹腔调”特有的风格，歌曲最后以 sol、mi 两个音下行结尾，是咸水歌典型的旋律进行方式。

（二）以“高堂歌调”为基础的即兴演唱

“高堂歌调”多用于疍民婚嫁举行仪式时演唱，新婚夫妻在当天晚上会与各方亲友一起放声高歌，场面非常喜庆热闹。经过长久的岁月累积，该腔调形成了音调高亢、嘹亮，歌声充满热情喜悦、开朗奔放的特点。旧时，该腔调为个人独唱，后来多以一问一答的对唱方式为主，传唱场合不仅限于喜庆、婚嫁场合，在其他日常生活劳作等方面也可使用。“高堂歌调”较之其他腔调类型而言，旋律具有较强的歌唱性。该腔调又细分为“新腔高堂歌”“古腔高堂歌”等：“古腔高堂歌”的腔调结构比较自由，采取的是随心随唱，而曲调和歌词更多给人一种较为忧郁和压抑的感觉。与“古腔高堂歌”相比，“新腔高堂歌”具有结构工整、热情喜悦、开朗奔放的特点。

演唱“高堂歌调”时，前两句与后两句都要一口气唱完，因此在演唱过程中，要求非常连贯，产生一气呵成的效果。相对于其他咸水歌调，“高堂歌调”的演唱难度比较大。笔者选择了中山咸水歌的《来到高堂失失慌》和何柳燕演唱的咸水歌《家乡人民好儿郎》进行比较。

谱例 **3**：《来到高堂失失慌（高堂歌）》①

《来到高堂失失慌》是一首六声 F 徵调式独唱歌曲，音阶为 **567123**，歌词为四句。高堂歌调的特点是歌声高亢嘹亮，唱歌时充满激情，所以这首中山的高堂歌的速度为快速，与前面两首“姑妹腔调”歌曲不同。从歌词结构看，“啰”这样的衬词是不变的特点，另外在拖腔方面，“高堂歌调”这样的腔调类型咸水歌，拖腔比其他腔调的更长，拖腔的旋律变化多，符合高堂歌高亢嘹亮的特点。

谱例 **4**：《家乡人民好儿郎（高堂歌）》②

何柳燕演唱的《家乡人民好儿郎》是五声 G 徵调式，四句体，与《来到高堂失失慌》相比，最大的不同是这首咸水歌的速度是中

① 《中国民间歌曲集成·广东卷》编辑委员会编：《中国民间歌曲集成·广东卷》，中国 ISBN 出版社 2005 年版，第 111 页。

② 南沙区榄核镇咸水歌手何柳燕演唱，何嘉敬记录。

速，整首歌曲旋律上较为抒情柔和，唱词比较规整。

通过比较《来到高堂失失慌》和《家乡人民好儿郎》发现，其中衬词“啰”的使用是该腔调的一大特点，另外拖腔明显会更长一些，最后的歌曲结尾也是以 sol 音和 mi 音作为结束音。两首咸水歌四个乐句的落音基本一致，如第一、第二、第三个乐句分别落在高音 re、sol 和 sol 上。均分节奏型在“高堂歌调”中也是主要的节奏型，与“姑妹腔调”相同。

（三）以“担伞调”为基础的即兴演唱

“担伞调”是疍家人日常休闲时演唱的腔调种类，该腔调节奏欢快、活泼，因咸水歌《膊头担伞》而得名，该歌曲叙述的是一对疍民青年男女凄美的爱情故事。“担伞调”也可填上不同的歌词，根据现场环境需要而改变。“担伞调”的曲调叙事性较强，多为讲故事、唱诗等一些歌词篇幅较长的歌曲。因其具有发挥自由不受拘束的演唱特点，在南沙地区咸水歌中有广泛的使用基础。何柳燕曾告诉笔者，她十分喜欢“担伞调”的轻松活泼，所以其演唱多以“担伞调”咸水歌曲为主。以下是咸水歌曲《膊头担伞》和何柳燕演唱的《卖菜歌》的比较。

谱例 5：《膊头担伞（担伞调）》①

① 《中国民间歌曲集成·广东卷》编辑委员会编：《中国民间歌曲集成·广东卷》，中国 ISBN 出版社 2005 年版，第 108 页。

《膊头担伞（担伞调）》是一首六声C徵调式，与前述两个咸水歌腔调比较，“担伞调”的音域跨度较小，在一个八度之内，旋律进行较为平稳，叙事性较强。在节奏、节拍、结构等方面都与其他腔调歌曲相似。

谱例**6**：《卖菜歌（担伞调）》①

何柳燕演唱的《卖菜歌》为六声G徵调式的“担伞调”，以咸水歌特有的衬词拖腔特点润色，旋律以级进为主，最后都是以sol为结束音。

从以上三个咸水歌腔调的即兴演唱分析来看，尽管腔调名称相同，但因为流传地域不一致、演唱者不一致、演唱内容不一致，故三个咸水歌腔调在旋律发展方式和歌曲结构方面存在较大的差异。也就是说，运用同一个民歌腔调，演唱者有比较大的创造发挥的空间，只要保持每个句尾的结束音相同，特性音相同，就可以认定是同一种腔调类型。这是中国民间歌曲的一个重要特征。

三　咸水歌唱词的即兴创作分析

探讨咸水歌的即兴演唱，必须了解其歌词的即兴编创方式。笔者

① 南沙区榄核镇咸水歌手何柳燕演唱，何嘉敬记录。

分别从修辞手法、演唱形式和演唱场合与咸水歌唱词的即兴创作三个方面进行分析。

（一）修辞手法与咸水歌唱词的即兴演唱

咸水歌的歌词常运用比喻、对偶、排比三种修辞手法。

比喻手法是一种常用的修辞手法，抓住和利用不同事物之间的相似点，用简单易懂的事物来替代描绘出所想要表达的事物。咸水歌常用的比喻手法有明喻、借喻、暗喻等，如中山咸水歌《对花》[①]：

> 男：（妹好啊咧）乜嘢花开（啊咧）蝴蝶样（啊咧）（好妹啊啰嗬嗳），（妹好啊咧）花开（啊咧）结子尺多（啊咧）长（啊啰嗳）？
>
> 意译：什么花开是蝴蝶的样子，花开结子尺多长？
>
> 女：（弟好啊咧）豆角花开（啊咧）蝴蝶样（啊咧）（好弟啊啰嗬嗳），（弟好啊咧）花开（啊咧）结子尺多（啊咧）长（啊啰嗳）。
>
> 意译：豆角开花像蝴蝶的样子，花开结子尺多长。

歌曲中使用了明喻，以问答的方式，把豆角花比喻成蝴蝶，还用了夸张手法，把结出来的豆角子形容为一尺长。

对偶手法是指用句式、字数、音节等数目基本一致的句子来表达一个相对独立的意思。句子前后两部分内容相互关联，用词凝练，概括性强，而又均匀对正、音节押韵，充分利用了汉语的声调特点。如何柳燕演唱的《甜水娃唱新南沙》[②]：

---

① 《中国民间歌曲集成·广东卷》编辑委员会编：《中国民间歌曲集成·广东卷》，中国ISBN出版社2005年版，第102页。

② 南沙区榄核镇咸水歌手何柳燕演唱，何嘉敬记录。

金秋喜鹊叫欢天，南沙人民喜连连。

高楼大厦平地起，工厂林立在村前。

夏暖秋凉果飘香，沙田果蔗已登场。

香蕉大蕉南北往，水乡生活奔小康。

句式对称工整，句子的结尾词如“天”字、“连”字等，讲究汉语的押韵。对偶手法的运用，淡化了咸水歌自由即兴演唱的特性，却又增加了中国汉语语言的美感。

排比手法是指用结构相同、意义相关的词组或者句子排列组合，从而形成一个加强语势的语言环境而采用的修辞方法。如阳江市阳春市咸水歌曲《麻篮担水上高山》[①]：

难（个）难，难（个）难，麻篮担水上（他）高山，

意译：难啊难，难啊难，麻篮担水上高山，

麻篮担得几多水（啰），你话穷人饿得几多餐（啰）。

意译：麻篮可以担得多少水，你说穷人可以饿多少餐。

歌曲中“难个难”连续出现了两次，强烈表达出穷人生活的艰苦感受。

此外，和其他各地民歌一样，咸水歌还常见“起兴”的手法，即以生活中的常见物起兴，起到借物言志的作用，如番禺的咸水歌《情歌》[②]：

（有情呀妹妹呀哩）蕹菜落塘（就）唔在（哩又）引（哩有情呀妹）

---

① 《中国民间歌曲集成·广东卷》编辑委员会编：《中国民间歌曲集成·广东卷》，中国ISBN出版社2005年版，第109页。

② 同上书，第105页。

二家有情情愿（就）使乜媒（呀哩）人（呀啰）。

意译： 通心菜长在池塘里不需要牵引，两个人情投意合不需要媒人。

（有情呀哥哥呀哩）落雨担（呀）遮（就）热携（哩又）扇（哩有情呀哥）

共哥携手万（呀）千（呀哩）年（呀啰）。

意译： 下雨时带雨伞天热时拿蒲扇，和哥哥牵手万千年。

咸水歌《情歌》以通心菜落入水中不需要牵引，为了两个人情投意合不需要媒人来牵线做铺垫。下一句以下雨带伞、天热带扇子来形容和情哥携手是自然而然的事情。

（二）演唱形式与咸水歌唱词的即兴演唱

咸水歌演唱一般分为独唱和对唱。独唱的歌曲一般都是对日常生活的表述，对唱形式的歌曲相对来说内容更加的丰富。独唱形式中，唱词的创作多以身边的事物为主线，描写疍民对生活的期盼，或者表达对艰苦生活的不满和忧虑等，如：描写劳作的《肥鱼满仓歌满篷》，“渔船出海”，“肥鱼满仓”等字眼，就是表达了疍民对出海捕鱼的真心期盼。以何柳燕的一首自我介绍独唱歌曲为例：

人字写来，二字飞开，添个可，说明小妹是姓何。

松字写来，公字抛开，卯字衬，我将柳字讲你知闻。

鲜花廿朵向北方，一口常来扑鼻香，后来四朵同欣赏，连将燕字说端详。①

该歌曲把何柳燕三个字分拆成三个句子，歌曲歌词结构工整，利

① 南沙区榄核镇咸水歌手何柳燕演唱，何嘉敬记录。

用“人”字、“松”字等偏旁部首的拆分，重新在歌曲里面组合成新字，借此把何柳燕这三个字组成的人名给唱出来。

而对唱形式中，又大概分为男女问答对唱、情歌对唱等，男女问答对唱的唱词内容以“阿哥”，“阿妹”互相问答为主，如香港电影《浮城》中咸水歌选段：

女：买木唔知心里烂，拣木[①]容易拣哥难（阿哥呢）。

意译：买木不知道木头心里是否腐烂，选木容易选哥哥（对象）难。

男：买包花针随路撒，揾针[②]容易揾妹难（阿妹呢）。

意译：买包绣花针随意撒下在路上，（从地上）找绣花针容易找妹妹（对象）难。

该咸水歌选段讲述了男女两人互相问候的故事情景，歌词使用了对偶、比喻手法，以购买木头时看到外表看不到内在和细小花针掉在地上难以找寻的两个生活事件，用来比喻当时疍民们在男女之情上面的态度和爱情感受，歌词工整，用意深刻，体现出疍民以此对唱形式来互相表达自身感情和加深对对方的了解之意。

情歌对唱多为疍民每天出海捕鱼时，女方表达对男方的关切之情而演唱的歌曲。如《返航人月两团圆》描述了丈夫出海捕鱼归家，与妻子倾诉在海上的经历，歌曲处处流露出夫妻之间恩爱甜蜜的感情，表达了妻子对丈夫的深切思念和希望丈夫早日归家的期盼之情。

再有《伴郎歌》[③] 中，亲朋对伴郎提问和调侃，伴郎随即对唱解答：

---

① 拣木：找木。

② 揾针：找针。

③ 《中国民间歌曲集成·广东卷》编辑委员会编：《中国民间歌曲集成·广东卷》，中国 ISBN 出版社 2005 年版，第 115 页。

（问）伴郎你是伴郎，你贪人衣食贪人炜①，你贪人利是塞落荷包袋。

意译： 伴郎你是伴郎，你贪恋人家的衣服食物贪恋人家的富贵，你贪恋人家的红包放进口袋。

（答）我伴郎不是伴郎，我不是贪人衣食贪人炜，我不是贪人利是塞落荷包袋。

意译： 我伴郎不是伴郎，我不是贪恋人家的衣服食物贪恋人家的富贵，我不是贪恋人家的红包放进口袋。

《伴郎歌》中，提出问题的一方，以排比的修辞手法连续发出三声质问，批评伴郎的贪心。而后，伴郎也使用相同的方法回答对方。一问一答中，歌词演唱气氛相当有趣。

（三）演唱场合与咸水歌唱词的即兴演唱

疍民以渔业生产为主，渔船出海少则三五天，多则半个月，因此，咸水歌的演唱场合多为日常生活劳作、民俗活动等，下面笔者对疍民咸水歌演唱场合作一对比分析。

生活交流如男女对唱情歌，事物的对唱问答，对生活事情的感慨表达等，如中山咸水歌《海底珍珠容易揾》②：

男：（妹啊咧）海底（有）珍珠（咧）容易揾（咧）（我话知好妹呀啰），（妹呀咧）真心（咧）阿妹世上难（咧）寻（啊啰嗳）。

意译： 海底珍珠容易找，真心妹妹世上难寻。

女：（哥呀咧）海底（有）珍珠（咧）大浪涌（咧）（我话知好哥呀啰），（哥呀咧）真心（咧）阿哥世上难（咧）逢（啊啰嗳）。

---

① 贪人炜：这里指贪人富贵的意思。

② 《中国民间歌曲集成·广东卷》编辑委员会编：《中国民间歌曲集成·广东卷》，中国 ISBN 出版社 2005 年版，第 103 页。

意译：海底珍珠大浪涌，真心哥哥世上难逢。

既表达了男女双方的爱慕之情，也表达出男方愿意照顾女方，女方愿意跟随男方一同努力工作，为更美好的生活一起努力的良好期盼。

疍民民俗活动如婚嫁、喜庆，或者是疍民嫁女时的“哭嫁”等，如《十送阿姑》①：

一送阿姑别爹娘（哩），爹妈养育廿多年长（哩），几多心血唔（我）在（呀）讲（啰），叫姑永远（就）记心肝（啦）。

意译：一送姑姑离别爹娘，爹妈养育二十多年，多少心血我就不说了，叫姑姑永远记在心上。

二送阿姑别双亲（哩），父母恩情（又）海洋深（啦），养育功劳心（我）记（呀）紧（啦），由细养大姑成人（啦）。

意译：二送姑姑离别双亲，父母恩情像海洋一样深，养育功劳谨记在心，从小养大姑姑成人。

这是一首嫂子送小姑出嫁时演唱的歌曲，歌词采用对偶的修辞手法，加上“啰”“呀”“哩”等的衬词，营造出一幅出嫁离别的忧伤气氛。

结　语

即兴演唱是民歌演唱和传承的一个重要特点。咸水歌的即兴演唱特点与我国其他民歌在某些方面有相似之处：如都是来源于广大劳动人民的集体生活创作，属于一种口头创作，即兴性强；咸水歌的歌曲结构也

① 《中国民间歌曲集成·广东卷》编辑委员会编：《中国民间歌曲集成·广东卷》，中国 ISBN 出版社 2005 年版，第 118 页。

与其他种类的民歌相似，总体结构简单，较多用四二拍为主，节拍平稳，旋律简单易记易学；咸水歌的内容与我国各类民歌一样，即兴唱作的题材均来自生活劳动等方面，具有很强的民族特色。然而，咸水歌的即兴演唱特点与我国其他民歌的即兴演唱相比，也有着比较明显的地域特色。首先是演唱语言上的不同。咸水歌流传于珠三角地区一带，演唱时多用粤语演唱，具有十分明显的岭南色彩，所以在即兴演唱时，衬词拖腔等方面也有所不同。其次由于咸水歌是水上生活的疍民所演唱的歌曲，歌词内容多反映海上生活特色，与山歌类、号子类的歌唱内容有所不同，其歌曲即兴演唱时的风格也偏于水乡风情。

郭乃安的《试论民间曲调的可塑性》一文中提道，“许多民间曲调的变化，发展，都是以填词为起点的，从利用旧曲调（填词）到改造旧曲调（演变），这是民间音乐的一个创作过程，从历史发展的观点来看，它和专业音乐创作起着同样的作用。”① 对咸水歌来说，真正具有长久生命力并且能够不断适应时代发展，也是填词丰富多样的重要原因。咸水歌本身即是为了宣泄疍民们自身的情感，所以每一个人唱出来的同一腔调咸水歌也会有不同的味道。

咸水歌是我国古老的一种民间歌曲种类，如今却因为环境变化、历史发展等不可抗力因素渐渐地消失在人们的生活中，外界知者甚少。本文主要从咸水歌的腔调种类与即兴的特点等方面进行分析，目的在于对咸水歌这一歌种的演唱特征等进行初步的探索，希望能给咸水歌的传承与发展提供一些帮助。

（屠金梅：广州大学音乐舞蹈学院讲师；
何嘉敬：广州大学音乐舞蹈学院 **2017** 级毕业生）

① 郭乃安：《试论民间曲调的可塑性》，《中国音乐学》1960 年第 2 期。

粤西傩舞的传承、创新以及文化价值研究①

金　念

傩舞历史悠久，学术界一致认为其起源于原始狩猎时代的巫术，根植于图腾崇拜、祖先崇拜、神鬼崇拜等巫术意识，是古代人探索人与人、人与自然之间关系的一种艺术表现形式，也是人们祈求风调雨顺、五谷丰登、国富民强的美好祝愿。正如曲六乙在其专著指出："傩文化是人类最早发挥本体精神力量，借助巫术手段向极端恶劣的自然环境索取起码的生活条件，拓展生存空间，进行两种互为关联的生产活动——物质的生产和人口的繁殖，从而展示人类早期生命的价值。"② 从某种意义上说，傩文化及傩舞正是古人在人类智力、能力欠发达的时代，借助于宗教信仰寻求精神慰藉，积极探索人如何活着、更好地"活着"这一根本问题。本文选取了粤西傩舞作为研究对象，重点分析粤西傩舞的历史传承与创新发展，揭示其在当代社会发展中存在的问题，进而探究傩舞的文化内涵及文化价值实现的路径，并对如何挖掘、保护粤西傩舞艺术提出几点思考。

---

① 本文为2016年广州市人文社科重点项目"粤西傩舞的传承与创新研究"（项目批准号：1201610513）的研究成果。

② 曲六乙、钱茀：《中国傩文化通论》，（台北）学生书局2003年版，第24页。

一 粤西傩舞的历史传承

傩文化是当前我国古老的、具有丰厚的历史积淀、生命力极其强盛的“活态”遗存文化，其包括傩舞、傩戏等。① 其中傩舞脱胎于原始仪式舞蹈的形式，后经新石器时期，萌生于夏、商，形成于周。周代是傩舞发展的关键时期，这一时期傩舞被纳入国家典章制度“礼”的范畴，成为具有重要政治意义的祭祀活动。

（一）粤西傩舞的发展历程

傩舞在周代已经形成了固定的程式化内容，立春、立夏、立秋举行的傩舞称为“大傩”，只有皇室贵族阶层才有资格参加；立冬季节举行的傩舞称为“乡傩”。与此同时，傩舞已从早期含混模糊的简单概念“疫”（鬼），转变为对祈求风调雨顺、人畜平安、国富民生等美好祝福。秦汉时期，傩舞规模、仪式都得到扩大；到唐宋时期，由于政治经济文化的繁荣，进一步促进傩舞的内容、阵容、种类等的发展。按照其形式、场合等，隋唐时已出现了国傩、寺院傩、民间傩、军傩、乡傩等几个主要的类型，傩舞气势更加大气磅礴，傩舞力量也更具有威慑力，这一时期也促进了傩舞从宫廷大事发展成为各地级及州县最重要的祭祀活动，并呈现出从“娱神”向“娱人”的转变。与此同时，儒释道以及民间宗教信仰与傩舞的结合，为其添加了更多的祭祀内容，尤其是两宋时期，宫廷大傩的主角已从周代傩仪主角方相氏变成了金刚力士、钟旭甲等民间传说神和佛教、道仙人物。宋元时期戏曲艺术的发展也加速了傩舞仪式的改变，梨园伶人上演傩舞中新增人物形象，极大地冲淡了宫廷傩舞严肃、庄重的宗教色彩，促使

① 曲六乙：《中国各民族傩戏的分类、特征及其“活化石”价值》，贵州省民委教处主编：《中国傩文化论文选》，贵州民族出版社 1989 年版，第 1 页。

其朝着世俗化、娱乐化、艺术化的方向发展。因此，有学者提出，宋元时期傩舞的性质“已从宗教性向民俗性、娱乐性发展演变是世俗娱乐化与‘唯灵是信’信仰心态的双重体现”①。明清之际，宫廷傩仪式消失了，但“乡傩”仪式的民间祭礼进一步发展，而且从最初的祭祀活动变成一种文化表演，并不断地向西南少数民族地区扩展，与当地的民风、民俗、宗教交融，丰富了傩舞的表现形式与内容，成为各地重要的民俗舞蹈。

今天的粤西主要包括湛江、茂名、阳江几个地区，从文化区域来看，西江流域、阳江、茂名地区、雷州半岛几部分，其文化特征各有特色，但都是以土著文化为底蕴、富有地域色彩的汉文化。粤西地区形成兼具共性与个性特征的文化风格，与古代粤西地区民族迁徙、融合有直接的关系。自秦汉以来，不断有汉人迁居粤西地区，尤其是唐代闽南居民大批迁移到粤西，也有北人南来。② 因此自秦汉以来，中原文化、吴越文化一直影响着粤西地区，《雷州府志》记载傩祭俗仪的情况：“自正月十二起，曰‘开灯’，连至十五夜……妆鬼判诸杂剧，丝竹锣鼓迭奏，游人达曙，是曰傩。城中为最，各乡圩间有之，谓之遣灾。”宋元民间，从中原、闽、浙等地区移居到粤西的人越来越多，同时也带来各地的文化，丝竹就是典型的江南地区的音乐。在长期民族融合发展中，粤西地区的土著文化逐渐与中原文化、吴越文化相结合了，形成了风格独特的粤西傩文化。

（二）粤西傩舞艺术特色

粤西傩舞经过数千年的发展演变以及多种文化的洗礼，特别是其与宗教、儒释道以及民俗文化的血肉交融，形成了极具历史文化底蕴

① 高波：《傩舞的历史演变及文化内涵》，《兰台世界》2009年第19期。

② 高焕：《20世纪80年代以来粤西地区民族研究现状及思考》，《黄山学院学报》2008年第1期。

的艺术特色。目前，粤西傩舞在湛江遗存的种类主要有《考兵》《走清将》《舞二真》《舞六将》四种。《周礼·夏官·司马》详细描述傩舞的艺术形式："方相氏掌蒙熊皮，黄金四目，玄衣朱裳，执戈扬盾，帅百隶而时傩，以索室驱疫。大丧，先柩，及墓及塘，以戈击四隅，驱方良。"[①] 本节将从面具、服饰、音乐舞蹈动作等方面概括粤西傩舞艺术特色。

面具是傩舞艺术重要的表达载体。傩舞继承原始舞蹈驱鬼辟邪的功效，从这个意义来讲，面具是神在巫师身上的化身，是联系神、自然与人的中介，是祖先灵魂的附体。因此，这些面具都是经过手工艺人精心设计、雕刻，再经过彩绘、装饰而成，风格夸张，粗犷而又庄严威武。面具造型丰富多彩，兽型、象征形、写实型、民俗型，动物、图腾、神将应有尽有，与服饰、道具等共同构成了充满宗教历史文化的身体符号。

粤西傩舞舞蹈艺术呈现出古朴、粗犷、夸张、雄壮等风格特征，具有原始生活的气息，主要表现在三个方面：一是粤西傩舞多为群体性舞蹈，从两人到上百人均有，如《舞二真》是两人，《走清将》是七人，《跳花棚》从几人到上百人。其中既有领舞，也有群舞。如《走清将》有师公领舞。师公手执马鞭做"提腿扬鞭"动作，又有六雷神群舞，四方站丁步，两手于腰间，手指成"香火诀"，按节奏不停左右翻动，头随之左右摆动。二是傩舞舞者都佩戴不同的面具，随着音乐节拍起舞，通过鲜明的节奏来表现人物性格变化。三是舞蹈动律固化且动作严格。马步是粤西傩舞最基本、使用最多的动作，有"没有马步不成傩"之说；还有左右踏步、跺步、前后点步、半蹲、绕腕、摇头、拧身以及武术动作等。[②]

---

① 祝宇、庞德宣：《湛江傩舞》，中国文史出版社2010年版，第7页。

② 潘多玲：《粤西傩舞考略》，《北京舞蹈学院学报》2012年第3期。

粤西傩舞伴奏音乐主要以打击乐为主，呈现出单一性的特征。乐器以陶鼓为主，大小圆鼓、大小锣、堂鼓、钢胆等乐器相配合，节奏旋律较为简单，有助于营造声音雄浑、激昂、威武的音响效果。此外，《考兵》与《舞二真》也会有唢呐伴奏。

粤西傩舞服饰也具有地域性特色。粤西地区有壮族、瑶族、越族、俚族等少数民族及汉族。壮族服饰色彩明快、艳丽，图案精美，讲究色块之间的对比，极具装饰性，头戴包巾。傩舞服饰汲取了少数民族服饰色彩艳丽、对比鲜明的特色，大多数以红、金黄、蓝系列为主，少有黑色。

如前所述，傩舞是一种充满仪式感的驱邪逐疫、祈福纳吉的祭祀舞蹈活动，舞蹈程式化，舞者戴上面具化身为人与神沟通的载体，传递人们的祈求，传达神灵的旨意，浓缩了远古时代“万物有灵”的宗教思想，以及“天地人神、和谐统一”的民族传统文化精神。

二　粤西傩舞的创新发展

当我们用现代眼光审视傩舞这一古老舞蹈文化时，或许会显得茫然与不理解。然而，傩舞毕竟是民族传统文化的一种重要存在，当今，如何在大众娱乐审美语境中创新傩舞舞蹈艺术，使其在坚守传统文化与展现现代审美之间获得平衡，成为大众喜欢的艺术形式，这才是当前傩舞创新必须解决的问题。北京舞蹈学院郭磊教授秉承原汁原味地展现傩舞文化内涵与精神态度，多年实地搜集江西南丰傩舞素材，“凭借研创舞剧的形式创造出舞剧作品《傩情》，第一次将傩舞从民间推向舞台，使古老傩文化在当代多元的艺术语境中得以表达，带领当代人走进傩舞中人与神对话的精神世界，实现了傩文化传统与现代的对话。”①“将傩的外在素材与内在精神加以整理、提炼，并融入

① 刘正刚、张文杰：《明清以后广东北江茶文化研究》，《岭南文史》2016年第2期。

当代人的审美需求，尤其是契合国际的审美需求来创新发展。”① 郭磊教授在外在动作素材方面，整体上抓住傩舞动作的本质，提炼出最核心而典型的动作、赋有极强风格性动作作为一个原点，创造性地运用后现代主义的解构与拼贴手段，使每一个动作都蕴含有意识有观点的精练、取舍、解构，在结构上定准方向，掌握动作相互之间起承转合的联系与走向，再按照现代审美思维进行重构，形成符合现代人审美、适合舞台舞蹈表达的艺术语言。郭磊教授的探索，为粤西傩舞乃至任何民间舞蹈提供了借鉴。

现存粤西傩舞主要有《走清将》《舞二真》《考兵》等，均有典型的动作姿势，如《走清将》领舞者手挥马鞭“提腿扬鞭”的动作；群舞者丁字步、“香火决”手指动作以及左右摆动的头部动作；“傩公傩婆”和蔼可亲、摇头晃脑的颤步，等等。《舞二真》“提右腿左移步”和“左右转身步”，《考兵》“前弓步”向前迈进三步、然后“碎步”往后急退等等，都是其典型的具有傩舞祭祀仪式特征的舞蹈动作姿势，这些都应该原封不动地加以继承。但继承并不等于是简单的照搬，而是要运用现代艺术审美思维进行创新。我们借鉴郭教授后现代主义解构与拼贴的表现手段，用自己的身体感受粤西傩舞每一个动作的要领，以及动作与动作之间联系的基础上，明晰整体舞蹈动作的轨迹：头部—上肢—下肢—躯干逐一分析中找到规律，对其进行合理解构，确定每一个动作的幅度大小及与其他肢体动作之间的配合。

在傩舞外在素材——动作的继承与创新之外，其内在精神意蕴的表达也是傩舞创新的重要内容。傩文化历史悠久，内容博大精深，如何在有限的时空舞台上展现这一古老而深厚的历史文化？在当前多元化的文化语境中，中西文化碰撞、文化交融已是常态，如何坚守民族文化阵地，是当前文艺工作者的重要责任。基于此，本文认为粤西傩

① 曾婕：《走近“傩·情”走近傩舞》，《舞蹈》2016 年第 4 期。

舞的创新，要基于多元文化的视角，抓住民族民间舞创作的文化原点——傩文化，紧紧围绕傩文化的神秘艺术特色，实现粤西傩舞时空转换：从生活中仪式转变为舞台艺术，为观众营造出神游的氛围，带领观众一起进入人神对话的精神世界，品味傩舞的文化审美与精神启示。如原始粤西傩舞《走清将》有三个表演程序：一是设坛。举行“请将练兵”仪式；二是舞傩。在农户庭院中设坛迎神；三是退兵钉柴符。每一个程序时间、地点、空间之间都在变换，且都具有固定的祭祀仪式，如在设坛中有一个非常重要的情节，即烧香点炮以鸡血酒祭宗敬祖。由于舞台动作有特殊的要求，只能对该情节进行删减、提炼动作意象，以突出整体傩舞文化，并借助现代舞蹈设计、舞美艺术等以增强傩舞舞蹈艺术的视觉表现。

由此可见，对原生态舞蹈典型动作的解构并不是一种破坏，也不是一种简单意义上的拼贴，而是在历史继承中融入现代审美意识，使其既保留了原汁原味的内蕴与风貌，又契合当代欣赏者的审美趣味。

三　粤西傩舞文化价值的当代思考

如何在当代社会语境中挖掘、保护傩舞的文化价值，继续发挥其社会功能，培养大众向上向善的精神信仰，是当前傩舞舞蹈创新的重要意义所在。

（一）粤西傩舞文化内涵：多元化的民间信仰

1. 原始宗教

傩舞蕴含原始宗教文化内涵。一是图腾崇拜与自然崇拜。远古时期，人们面对不可认知、强大的自然充满了恐惧与敬畏，为祈求自然的眷顾、垂怜，将日、月、雷、电等各种自然现象以及虎、鹿等图腾都视为崇拜的对象。二是祖先崇拜、鬼神崇拜。万物有灵论使人们相信生活中灵魂的存在，祖先、鬼神乃至英雄的灵魂永远存在于后代的心中，人们通过祭祀祖先、神鬼来实现心灵的安慰和取得信心。而且祖先或英雄崇拜主要是拜祭血缘相近和有功绩的英雄与祖先，血缘关系成为一种群体的共识，因而傩事活动中的祭祀傩公、傩母，实际上是儒家思想体系形成之前一种社会群体意识的产物。①

2. 儒释道的影响

儒释道是我国民族传统文化的重要内容。以礼、仁为核心的儒家学说从汉武帝时代开始就被历代统治者重视，成为中国社会的主流思想，因此无论民间文化还是官方思想都受其影响。西周时傩文化已被列入国家礼仪文化之中，成为官方意识形态一部分。隋唐到两宋时期，虽然民间出现丰富多彩的傩文化，但依旧是国家定期举行的礼仪活动，不管是哪种形式的傩礼，除了驱邪逐鬼之目的外，也注重团结、友好、正义、仁爱、孝亲、文明、勤劳等思想的教育，而这些正是当今社会主义核心价值观的内容。粤西傩舞在诞生之际就与继承巫术、成仙之术以及先秦“阴阳说”的道教紧密相连，如《走清将》五行、五方理念就源自道教教义，“东、西、南、北、中”五雷神与“金、木、水、火、土”的五行观念相契合，面具颜色也是红、黄、蓝、白、黑五色。傩舞的经文有不少出自道教经文，还有“真武堂”“雷祖祠”等道观。佛教虽是外来文化，但与中国本土文化相互融合、相互影响，形成了“三教合一”的文化格局，佛教的因果修行、来世等观念以及普度众生的风俗与信仰，影响人们的日常生活习惯与思维模式。在今天遗存的傩文化庙堂建筑中，既有孔子的塑像、道教神祇，也有释迦牟尼佛。

① 柯琳:《傩文化合论》，中央民族大学出版社1994年版，第19页。

（二）粤西傩舞文化价值的实现路径：从对生存、生命的关注指向精神信仰

粤西傩舞诞生之初，借助于巫术方式向强大的自然祈求人类的生存空间，通过面具这一载体以及神灵附体的中介身体——巫师，来与世界万物进行沟通，传达神灵的旨意，体现了人类对自身生存问题的高度关注。人们用隆重的礼节、虔诚的心态敬奉、祭祀人类的神灵，祈求神灵给人类带来幸福吉祥，保佑人类能够绵延不断地繁衍，在这一过程中傩舞已变成一种精神信仰。当然，随着神灵观念的拓展以及儒释道文化的融入与影响，人们也崇拜祖先、崇拜英雄、崇拜圣人等，傩舞也从早期的驱鬼逐疫功能发展为祭祀、祈福、许愿等包括多种功能共存的傩舞文化。因此，笔者认为粤西傩舞文化价值的实现路径是从对生存、生命的关注最终指向了精神信仰。

（三）当代粤西傩舞文化价值的挖掘与保护

博大精深的傩舞艺术与与生俱来的宗教信仰力量，在今天的粤西地区依旧发挥重要的作用。笔者在调研雷州松竹镇的傩仪时，当地人员说："经常开展傩活动的村里关系十分和谐友善、知礼守法；而只有傩面具却未举办傩舞文化活动的乡镇，经常出现村民打架斗殴等不良行为。"可见，傩舞文化意识形态与当代社会主义核心价值观有异曲同工之效。那么，如何挖掘、保护才能有效地发挥其文化价值，使粤西傩舞文化真正走进大众的视野？我们认为，首先应该了解其历史文化的传承、当代创新发展的进程以及存在的问题，进而在分析粤西傩舞文化内涵与价值的基础上，认真思考三个问题：第一，如何将民间的傩舞祭祀舞蹈从特殊的场景转移到舞台创作环境中，如何确保这一转换传承傩舞舞蹈形式与内容的原汁原味？第二，傩舞文化经过数千年的文化洗礼，建构了独特的文化意识形态，那么现代人的意识形

态中是否与傩舞文化有共通之处？第三，粤西地区的百姓们依然热情参与傩舞活动，他们的心理如何沉淀如何思想？这些思想如何融入当代傩舞舞蹈艺术的创作中？只有回答了这几个问题，当代傩舞艺术宣传者、创作者才能把握傩文化的核心，创新傩舞艺术，将其融入大众生活之中。

当今世界上许多古老的文化随着社会文明的进步而逐渐消失，似乎已成为一种规律。随着科学技术的发展，人们认识到自然界下雨、打雷、刮风等现象，不再相信雷神、风神等的存在，而傩舞中的驱鬼逐疫、除灾呈祥的功能便失去了作用；过去民众刀耕火种的生活方式也发生了重大变革，很多青年乡民进入城市，甚至不少青年不再相信傩舞文化而拒绝学习，加上傩舞老艺人的相继离世，造成了傩舞继承人的断裂。因此，国家、当地政府应该尽快组织专家学者整理、搜集、研究粤西傩舞舞蹈艺术的各种文化载体，面具、服饰、道具人像、彩绘、音乐、舞蹈、经文等都应成立专门的博物馆，并录制纪录片等供人们欣赏。同时，投入资金用来恢复与傩舞相关的庙宇建筑，培养接班人，扩大继承人培养方式，突破传统家族式传承，将傩舞纳入学校、社区乃至推广到全国，吸引对傩舞有兴趣的人群整理、完善、恢复傩舞生存发展的生存空间、文化空间、物质空间，并在这一过程中提炼傩舞艺术的文化意象，将其作为一种艺术形式搬至舞台之上，使得更多的人都能欣赏到传统粤西傩舞的艺术审美形态。

目前，地方政府开发传统文化发展地方文化产业时过于看重经济效益，轻视了对传统文化的保护与可持续性发展。有些地方甚至分不清民间信仰与封建迷信，如“文化大革命”时期批斗巫师、道公，摧毁寺庙、道观、宗祠等，侵害了传统文化的传承性。如此惨痛的历史教训警醒着我们：只有尊重传统文化主体，才能使其发挥价值。粤西傩舞艺术是一种多教合一的民间信仰文化，以祭祀、祈福等为主，蕴藏着丰富的精神文化审美，指引人们团结友善、勤劳勇敢、文明礼仪等，我们不应该一味按照当代审美及政府意图去刻意改变其审美形态。奥斯曼曾言："文化记忆是一个集体概念，即借助一个社会的互动框架指导所有的行为和经验的知识，一代代都在重复不断的社会实践中获得的知识。"① 粤西地区百姓每年定期举行的傩舞艺术活动，已成为一种集体文化，一种文化记忆，在世世代代的傩舞舞蹈中传递着信仰文化、精神知识，指引了一代代人的价值取向。

（金念：广州大学音乐舞蹈学院舞蹈讲师）

① Jan Assmann, "Collective Memory and Cultureal Identity", *New German Critique*, No. 65, Cultural History/Cultural Studies (Spring – Summer, 1935), pp. 125 – 133.